危機の時代と「知」の挑戦

上

照屋寛之
萩野寛雄
中野晃一
［編著］

論創社

危機の時代と「知」の挑戦（上）

序論

中野晃一

「平等志向・個人の自由尊重・反戦平和主義（ハト派）・植民地主義の反省と謝罪」を左、「不平等や階層間格差の是認・国家による秩序管理の強化・軍事力による抑止重視（タカ派）・歴史修正主義」を右にそれぞれ位置づけて政治座標軸を捉えたとすると、日本政治はポスト冷戦期に加速度的に「右傾化」してきたと言わざるを得ないのではないだろうか。

例えば、「平等志向」から「不平等や階層間格差の是認」という意味での右傾化については、政府統計で一九八五年には一六％（男性七％、女性三二％）だった非正規雇用の割合が、二〇一六年では三七・五％（男性二二・一％、女性五五・九％）にまで大幅に増えている。非正規雇用の増加には労働者の高齢化も重要な要因となっているが、結果的に正規雇用と非正規雇用間の賃金格差の増大に寄与している。

『労働力調査（詳細集計）平成二八年（二〇一六年）平均（速報）結果』の概要によれば、「仕事からの年間収入階級別割合を男女、正規、非正規の職員・従業員別にみると、男性の正規の職員・従業員は二〇一六年平均で五〇〇〜六九九万円が二二・九％（前年に比べ〇・九ポイントの上昇）と最も高く、次いで三〇〇〜三九九万円が一九・八％（同〇・七ポイントの低下）などとなった。一方、非正規の職員・従業員は一〇〇〜一九九万円が三〇・三％（同〇・五ポイントの低下）と最も高く、次いで一〇〇万円未満が二七・六％（同一・〇ポイントの上昇）などとなった。女性の正規の職員・従業員は二〇〇〜二九九万円が二八・四％（同〇・二ポイントの上昇）と最も高く、次いで三〇〇〜三九九万円が二二・四％（同〇・四ポイントの上昇）などとなった。一方、非正規の職員・従業員は一〇〇万円未満が四五・一％（同〇・一ポイントの上昇）と最も高く、次いで一〇〇〜一九九万円が三九・五％（同〇・一ポイントの低下）などとなった」と年間収入の格差は大きい（http://www.stat.go.jp/data/roudou/sokuhou/nen/dt/pdf/ndtindex.pdf）。

同様に、相対的貧困率（等価可処分所得の中央値の半分に満たない世帯員の割合）を見ても、一九八五年に一二・〇％だったものが（http://www.mhlw.go.jp/toukei/saikin/hw/k-tyosa/k-tyosa10/2-7.html）、二〇一二年までには一六・一％まで増加しており（『相対的貧困率等に関する調査分析結果について』（二〇一五年一二月一八日内閣府、総務省、厚生労働省）http://www.mhlw.go.jp/seisakunitsuite/soshiki/toukei/dl/tp151218-01_1.pdf）、ＯＥＣＤ（経済協力開発機構）平均を大きく下回っている。

ＯＥＣＤが二〇一五年五月二一日に発表した『格差縮小に向けて　なぜ格差縮小は皆の利益となり得るか。日本カントリーノート』は、「日本における所得格差は、ＯＥＣＤ平均より高く、一九八〇年代中盤から拡大している。これは、大半のＯＥＣＤ加盟国と同様の傾向である。日本では二〇〇九年には、人口の上位一〇％の富裕層の平均所得は、下位一〇％のそれの一〇・七倍になり、一九九〇年代中盤の八倍、一九八〇年中盤の七倍からの増加となる。二〇一三年のOECD平均は九・六倍だった。相対的貧困率（所得が国民の「中央値」の半分に満たない人の割合）は、日本では人口の約一六％である（これはOECD平均の一一％を上回るもの）。相対的貧困率は、世代間では、高齢者が最も高く、六六歳以上の約一九％に影響をもたらしている。総じて、一九八五年以降、日本では、家計収入の平均はほとんど増加しておらず（毎年約〇・三％増加）、さらに下位一〇％の貧困層では家計収入が毎年約〇・五％減少している。格差は二〇〇六―二〇〇九年の金融危機の間にも引き続き拡大し、人口の上位一〇％富裕層の所得は横ばいだったものの、可処分所得は合計で五％減少した。」と指摘している（https://www.oecd.org/japan/OECD2015-In-It-Together-Highlights-Japan.pdf）。

また、「個人の自由尊重」から「国家による秩序管理」の強化ということで言えば、例えば、「国境なき記者団」による報道の自由度ランキングは、二〇〇二年に二六位（一三四カ国中）だったものが、民主党政権時代の二〇一〇年に一一位（一七二カ国中）まで上がったものが、二〇一六年現在七二位（一八一カ国中）まで大きく下げている（https://rsf.org/en/japan）。これは二〇一三年末に強行された特定秘密保護法の影響が大きいが、さらに安倍政権は過去に小泉政権時代に三回提出されては廃案になった共謀罪をテロ等準備罪と名前を変えて成立させた。また一九九九年に盗聴法（通信傍受法）が制定され、さらに二〇一六年改正によって適用範囲が大幅に拡大されている。

学校教育を通じた国家の秩序管理強化ということでは、一九九九年に国旗国歌法が制定され、二〇〇三年には東京都教育委員会がいわゆる10・23通達を出し、君が代不起立を貫いた教員に対して処分を開始した。二〇一一年には大阪府、翌二〇一二年に大阪市で国旗国歌条例が制定された。二〇一五年からは文科大臣が国立大学に対して卒業式や入学式における国旗の掲揚と国家の斉唱の要請を始めた。第一次安倍政権では教育基本法が改正された。教科書検定基準が二〇一四年に改正され、（1）未確定な時事的事象について特定の事柄を強調しすぎない、（2）近現代史で通説的な見解がない場合はそのことを明示し、児童生徒が誤解しないようにする、（3）政府の統一的な見解や最高裁の判例がある場合、それらに基づいた記述とすることになった（「義務教育諸学校教科用図書検定基準及び高等学校教科用図書検定基準の一部を改正する告示」http://www.mext.go.jp/b_menu/hakusho/nc/1343450.htm）。さらには道徳が二〇一八年度より小学校、二〇一九年度より中学校で正式な教科となる。

「反戦平和主義（ハト派）」から「軍事力による抑止重視（タカ派）」への転換では、一九九二年のPKO法制定によって自衛隊の海外派遣が始まり、一九九〇年台後半にはガイドラインの改定や周辺事態法の制定によって朝鮮半島や台湾有事の際の日米安保条約の運用についての法的整備が進められた。二〇〇〇年代以降は「周辺事態」に制約されないかたちで日米同盟を基軸とした自衛隊の海外出動がテロ特措法やイラク特措法などによって行われるようになった。小泉政権ではさらに有事法制の整備が進められ、その後の第一次安倍政権では防衛省への格上げや憲法改正に向けた国民投票法が制定された。

第二次安倍政権以降では、特定秘密保護法と合わせて国家安全保障会議（日本版NSC）が設置され、二〇一四年七月の集団的自衛権行使を容認する解釈改憲の閣議決定を経て、二〇一五年九月に安全保障関連法が強行された。これと同時に、武器輸出や軍事研究に関する制限が大幅に撤廃されている。

最後に、「植民地主義の反省と謝罪」から「歴史修正主義」への転換ということでは、一九九三年の河野談話や一九九五年の村山談話などの和解を目指した取り組みが、一九九〇年代後半から攻撃の対象となった。一九九七年に検定を通過した中学歴史教科書全てに初めて「慰安婦」記述がなされたものが、一〇年後には完全に消えてなくなった。先に触れた二〇一四年の教科書検定基準改正により、歴史修正主義的な教科書記述が進められている。

こうした右傾化プロセスの特徴として、以下の三点が挙げられるだろう。

一つには、現代日本における右傾化は「政治エリート主導」であって、社会主導ではないということである。近年になって社会そのものの右傾化を示すような指標が見られるようになってきたが、日本の場合、一般世論がまず右に傾き、それを後追いして政治家や政党が右傾化したわけではない。

二つには、右傾化のプロセスは単線的に一気に成し遂げられたのではなく、寄せては返す波のように逆方向への限定的な揺り戻しを挟みながら、時間を掛けて進展した。

三つには、こうした右傾化の本質は「新右派転換」と呼ぶべきもので、旧来の右派（旧右派連合）がそのまま強大化したのではなく、新しい右派（新右派連合）へと変質していくなかで起きたものなのである。

図１　日本の旧右派連合

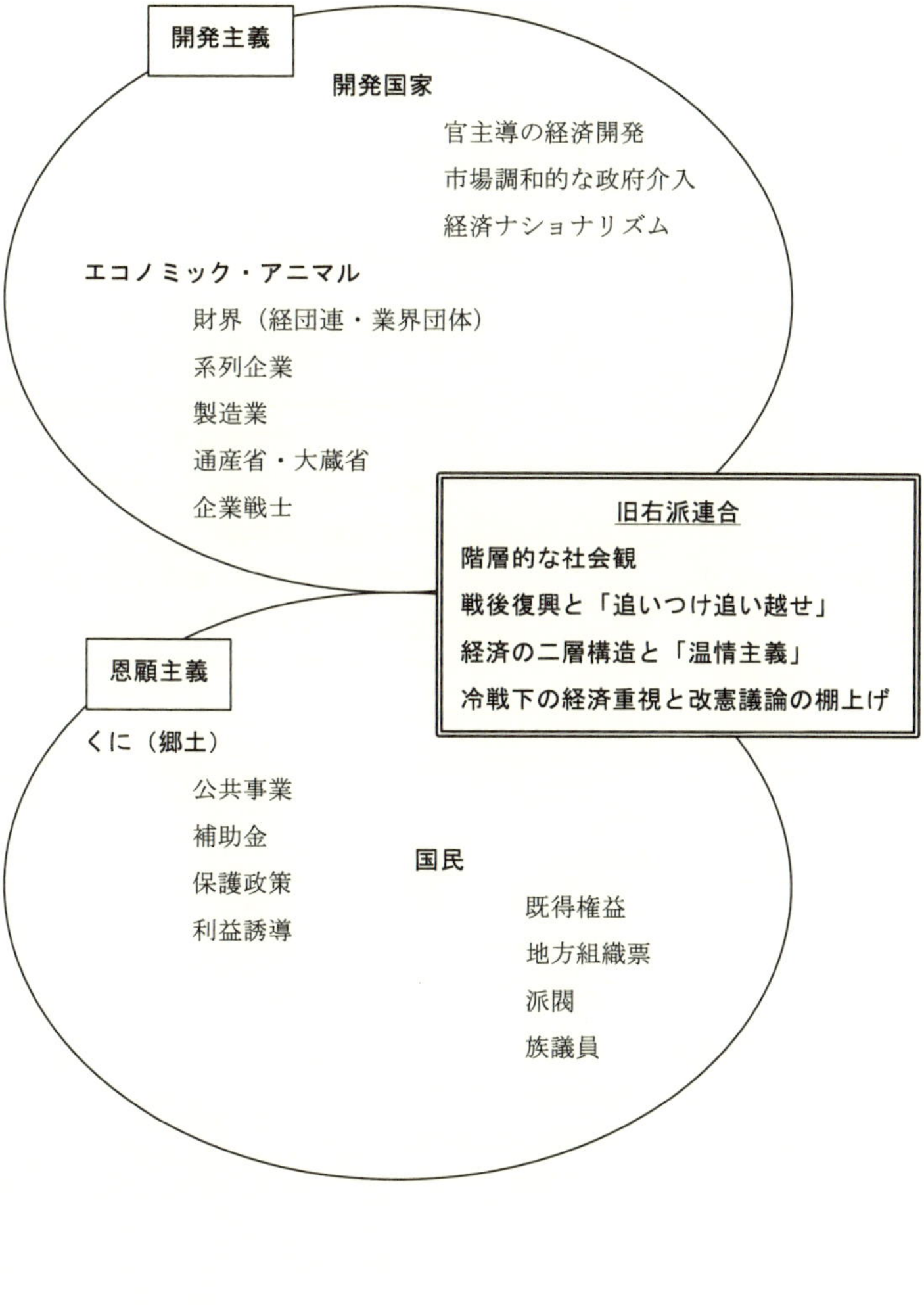

開発主義
開発国家
官主導の経済開発
市場調和的な政府介入
経済ナショナリズム
エコノミック・アニマル
財界（経団連・業界団体）
系列企業
製造業
通産省・大蔵省
企業戦士
旧右派連合
階層的な社会観
戦後復興と「追いつけ追い越せ」
経済の二層構造と「温情主義」
冷戦下の経済重視と改憲議論の棚上げ
恩顧主義
くに（郷土）
公共事業
補助金
保護政策
利益誘導
国民
既得権益
地方組織票
派閥
族議員

図２　日本の新右派連合

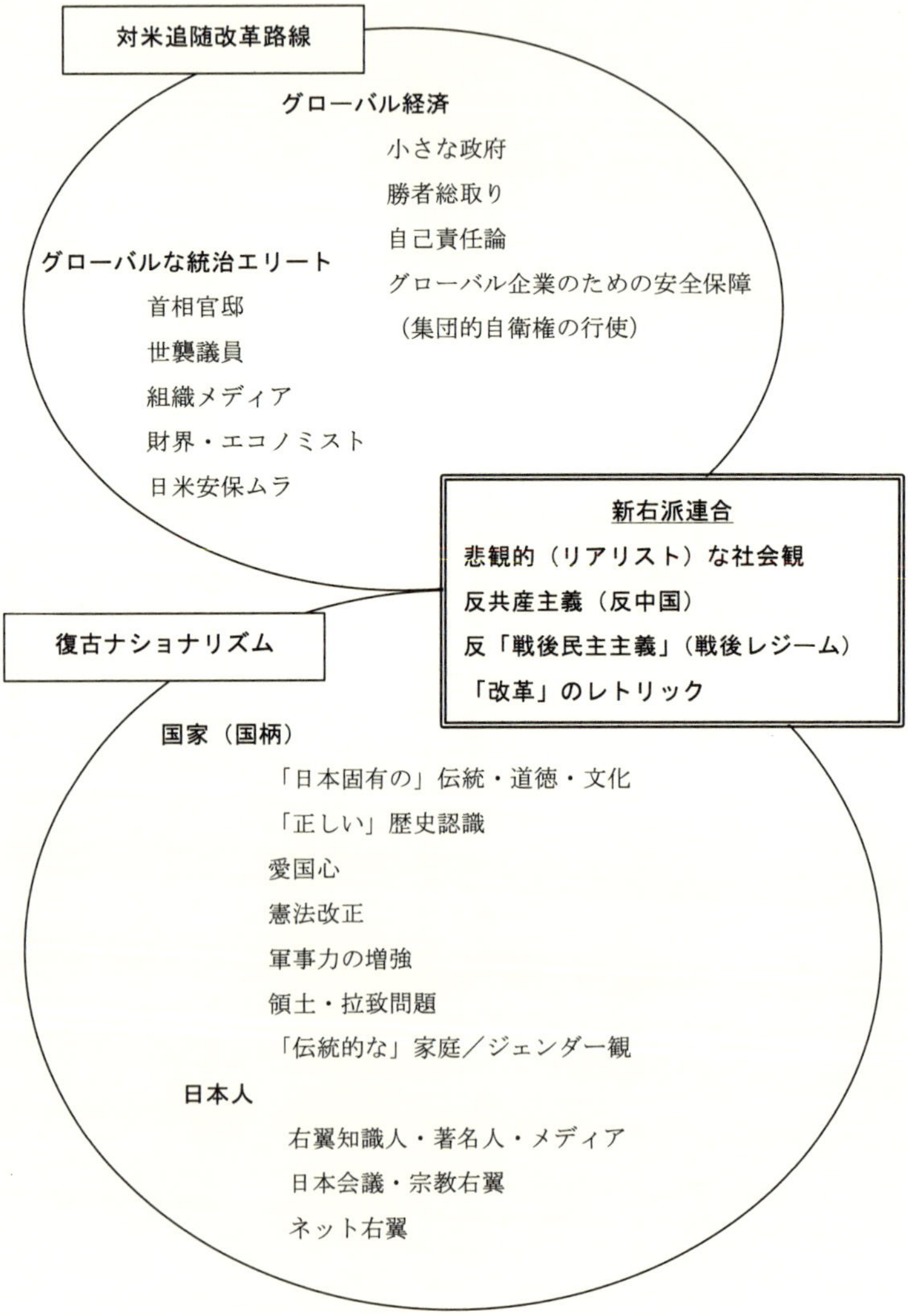

対米追随改革路線
グローバル経済
小さな政府
勝者総取り
自己責任論
グローバル企業のための安全保障
（集団的自衛権の行使）
グローバルな統治エリート
首相官邸
世襲議員
組織メディア
財界・エコノミスト
日米安保ムラ
新右派連合
悲観的（リアリスト）な社会観
反共産主義（反中国）
反「戦後民主主義」（戦後レジーム）
「改革」のレトリック
復古ナショナリズム
国家（国柄）
「日本固有の」伝統・道徳・文化
「正しい」歴史認識
愛国心
憲法改正
軍事力の増強
領土・拉致問題
「伝統的な」家庭／ジェンダー観
日本人
右翼知識人・著名人・メディア
日本会議・宗教右翼
ネット右翼

これらの特徴が、右傾化を見えづらくしている面があり、また右傾化ではなく改革がようやく目に見えて進捗しているだけだと主張する論者も少なくないことの背景にあることは疑いを容れない。

さらには、このような新右派転換による右傾化傾向を示してきたのは決して日本だけでないことも確認しておきたい。そもそも「新右派」すなわちNew Right（ニュー・ライト）という言葉は、一九七九年にイギリスで政権についたマーガレット・サッチャーや一九八一年にアメリカ大統領に就任したロナルド・レーガンら新しいタイプの保守政治家を指して使われるようになったものである。伝統的な価値規範や社会秩序の復権を声高に提唱する復古的なナショナリズムと合わせて、規制緩和や民営化など新自由主義的な経済政策を推し進め、また軍事力増強を通じたタカ派的な安全保障政策を追求する「保守革命」とも呼ばれた。

日本における新右派転換もまた、大摑みに言って、歴史観や政治観における復古的なナショナリズムと経済政策や安全保障政策面における対米追随的な改革路線の組み合わせによって形成されてきたと言えるだろう。この両者が、一見鋭く矛盾するように見えながら、実際には、理念的な親和性、利害の適合性、そして政治的な補完性によって結ばれている。「復古ナショナリズム」と「対米追随改革」が排他的な関係にあるわけではないことは改めて指摘しておきたい。例えば、憲法改正であるが、復古主義的な色彩が濃厚な自民党改憲草案とアメリカが望んできたような再軍備化ということで言えば、九条の無効化という共通点で重なる。

もちろん復古ナショナリズムがむき出しの先鋭化したかたちで表出してしまうと、アメリカの日本政府に対する政策要求との間の緊張関係が露呈するわけだが、この両者は二〇一二年一二月の政権復帰以来、第二次安倍晋三政権においてせめぎあってきた。

復古ナショナリズムは安倍首相本人とその周辺の中核的な信念であるが、第一次政権の失敗を踏まえてカムバックを図る過程で、アベノミクスと称される経済改革パッケージが前面に押しだされた。政権復帰後も、安倍政権は復古ナショナリズム的なアジェンダと、アベノミクスや対米追随的な安全保障政策面での政策の推進との間のバランス取りに腐心してきた。しかし、二〇一四年夏頃から二〇一五年冒頭まで復古ナショナリズム方向に前のめりになったが、その後は対米追随路線に舵を切り直し、アメリカの容認する範囲で復古ナショナリズムを推し進める方針に転じた、と指摘できる。

これは復古ナショナリズムが封じられたというのではなく、とりわけアメリカとの間の外交問題になるようなかたちで先鋭化することを政府としては極力回避しようという姿勢の表れと考えられる。むろん日本国内では、むしろ軌道に乗ったとさえ言える歴史修正主義や言論の抑圧といった復古ナショナリズムは継続され、海外においてもいわゆる「歴史戦」から完全撤退したとまでは言えないだろう。

さらには二〇一七年に入り、アメリカでオバマからトランプへと政権交代が起きたことによって、安倍の復古的ナショナリズムと対米追随改革の間の矛盾は解消されていく傾向がある。当面は、憲法改正に焦点を絞り、アメリカの反応を注視しつつ、長期政権化を最優先してきた安倍政権だが、オバマよりトランプとの方がはるかにイデオロギー的な親和性が高いからである。むしろ今となっては、日本政治のさらなる右傾化リスクの最大要因は、安倍とトランプが手を携えるようにして、北朝鮮の核およびミサイル開発に「すべての選択肢」つまり武力行使まで含めて、対話ではなく圧力をもって対処しようとしていることにあると言えるだろう。

二〇一六年夏に参議院選挙で改憲勢力として三分の二の議席を獲得し、さらに二〇一七年一〇月の衆議院選挙においてもまた連立与党で議席の三分の二を手にした安倍政権だが、悲願の憲法改正へとひた走ることができるとしたら、それは北朝鮮とアメリカの緊張の高まりを追い風にすることなくしては、実は容易ではない。先に右傾化のプロセスの三つの特徴を挙げたが、政治エリート主導で進められてきた新右派転換に対する市民社会の反発が、単なる一時的な揺り戻しにとどまらない程度まで高まってきている可能性が窺えるからである。

二〇一七年一〇月衆議院選挙の表面的な「圧勝」にもかかわらず、実は自民党の絶対得票率(棄権者を含めた全有権者のうち自民党に投票した有権者の割合)は低迷しつづけている。それどころか当時の民主党に惨敗した二〇〇九年の一八・一%から、二〇一二年は一六%、二〇一四年に一七%、そして今回二〇一七年もわずか一七・三%(いずれも比例区)と下回ったままである。安倍自民党は、現実には麻生自民党より一貫して不人気なのだ。政権の長期化にともない、森友・加計学園問題や南スーダン自衛隊日報隠蔽問題などが明るみに出て「国家の私物化」に対する批判が広がり、今後支持率を高い水準で維持できる条件は乏しい。

「他よりましだから」「他にいないから」という消極的支持に依拠してきた安倍政権の最大の秘訣は、野党を分断し弱体化することにあるが、二〇一七年総選挙はそういう意味でも野党が底を打った兆しを見せた。小池百合子と前原誠司による民進党の希望の党への合流によって、「対米追随改革」路線による最大野党・民進党の「乗っ取り」の企てを、市民が立憲民主党や日本共産党、社会民主党と連携して退けたことの意義は決して小さくない。

民主党として二〇〇九年に比例区で二八・七％あった絶対得票率が、二〇一二年に九・三％、二〇一四年に九・四％と激減したことが、安倍政権下での急速な右傾化進展の基礎条件をなしてきた。公示日のわずか一週間ほど前に駆け込みで結党し、公示前議席数わずか一五議席、争われた全四六五議席に対して七八名しか候補を立てることができなかった立憲民主党が、五五議席を獲得し、希望の党を抜いて最大野党の地位を得たわけだが、圧倒的に不利な条件にもかかわらず比例区で一〇・三％の絶対得票率と民主党の過去二回の実績を若干とはいえ上回ったのであった。

むろん今後、立憲民主党に対する安倍政権からの攻撃も強まり、党勢をさらに向上させることには困難もあるものと考えられるが、安倍自民党を支える消極的支持の脆弱さを示す有権者の動きと言えるだろう。

憲法改正のために政権を維持することが自己目的化している安倍政権だが、内閣支持率を高止まりさせることができないかぎり、衆参両院で三分の二以上の議席を有していても国民投票で勝利できるめどが立たず、発議に踏み込むにはリスクが高い。民意を置き去りにした政治エリート主導の右傾化は、ついに彼らにとっての「総決算」とも言える憲法改正へと進むのか、それともここで壁にうち当たるのか、大きな山場が目前に迫っていると言える。

第1章　憲法原理の危機と英知

高良鉄美

第1節　日本国憲法の現況

日本国憲法は人類の英知の結晶といわれる。[1] 前文には、「自由のもたらす恵沢を確保」すること、「政府の行為によって再び戦争の惨禍がないようにすること」、「主権が国民に存すること」が、憲法確定の重要目的として挙げられている。そして、国政がその権威の源である国民の厳粛な信託を受けていることは、人類普遍の原理であり、これに反する憲法、法令等も排除されることを強い語調で謳っている。

ここに特に英知として指摘されていることは、核時代の戦争を予想し、人類がいかに戦争を回避するかを徹底的に追求する姿勢、すなわち「戦争放棄」原理のことなのである。未来の世界のあるべき姿を示した理念が表われた日本国憲法の戦争放棄条項は、それまで存在していた戦争放棄条項、すなわち「侵略戦争放棄」とは、まったく異なる戦争放棄であるというべきであろう。フランス一七九一年憲法六編一条（現行憲法にも条文維持）、ブラジル一八九一年憲法八八条（現行憲法にも条項維持）などにも規定する「侵略戦争放棄」条項と同じ意味であれば、第二次大戦の悲惨な体験は戦争放棄に関してさして重要な意味を持たないことになり、日本の戦争の反省もあまり顧みられなかったことになる。原爆投下による人類史上初の被爆を体験した日本だからこそ、まったく新しい「戦争放棄」条項として盛り込んだとみるべきであろう。因みに、戦後の同時期の諸国の憲法、たとえば、前述の条文を盛り込んだフランス一九四六年第四共和国憲法前文や大韓民国一九四八年憲法四条（現行憲法五条）、西ドイツ一九四九年憲法二六条一項（ボン基本法、現行ドイツ連邦共和国憲法）は、相変わらず「侵略戦争放棄」にとどまっている。日本国憲法は少なくとも条文上、侵略戦争に限定しておらず、すべての戦争を放棄しており、それゆえに、日本だけでなく、戦勝国でも未曾有の戦災を受けた、国際社会の英知の結晶だといえるのである。もちろん、日本の現状では、いきなりすべての軍備を放棄するのは困難であろうが、英知の結晶の原点に立ち戻るための「国を挙げての絶対的努力（後述帝国議会衆議院決議）」とともに軍縮に向けたリーダー国としての不退転の決意とをあらためて示していくことが肝要であろう。日本国憲法制定に際して、憲法制定小委員会委員長芦田均の演説は、戦争に対する日本の責任と世界、人類共通の問題があることを次のように述べている。(2)

「……降伏条件の受諾と云う如き、我が国に取（ママ）って受け身の、そうして外交的記録に依ってのみこの憲法改正の動機は説明し得られるものではないと思います。動機はもっともっと深いところにあると思う。この議事堂の窓から眺めて見ましても我々の目に映るものは何であるか。満目蕭条たる焼野原であります。ここに横たわって居った数十万の死体、灰燼の中のバラックに朝晩乾く暇なき孤児と寡婦の涙。その中から新しき日本の憲章は生まれ出ずべき必然の運命にあったと、内閣は御考えにならないか。独り日本ばかりではありませぬ。戦に勝ったイギリスでも、ウクライナの平野にも、揚子江の柳の蔭にも、同じような悲嘆の叫びが聞かれて居るのでありま す。……我々はそこに人類共通の根本問題が横たわって居ることを知り得ると思います。この人類共通の熱望たる戦争の抛棄と、より高き文化を求める欲求と、より良き生活への願望とが、敗戦を契機として一大変革への途を余儀なくさせたものであることは疑いを容れないと思う。（後略）」

翻って、日本の現状を見れば、日本国憲法が人類の苦難の歴史を経て築き上げてきた諸原理に対して、国家権力による浸食が進んでいる。そしてその綻（ほころび）は日本社会の中でいろいろな形で顕在化している。国家の基本法である憲法そのものが、政治権力の運用によって、根本規範としての性質をないがしろにされている危機的状況にある。このような現状に対して、あらためて、憲法の基本原理の意義を確認し、憲法を活かしていく英知こそが、危機の時代の権力濫用に対するもっとも有効なカウンターパートと考えられる。二〇一五年秋、いわゆる安保関連法案が、反対する国民の声をよそに、国会で強行可決された。その際に、異議を唱える若者のグループが「民主主義って何だ?!」「憲法守れ!」と声を上げた。これこそが、憲法理念による対抗力の一つの例であり、国民の中にも安保関連法案への反対の輪が大きく広がった。つまり、憲法自身が憲法保障を原理的、制度的に創造し、国民自身に主権者としての位置づけの意味を照射しているのである。

本稿は、上記の視点から、いくつかの憲法原理を挙げながら、これらの危機的状況を分析し、あらためて原理的意義を考え、その抗力を示そうとするものである。

第2節　立憲主義の危機

近代のヨーロッパにおいて、国家権力は憲法に基づいて行使されるべきことを基本とする考えの下で、立憲国家が生まれてきたが、そこでは、国家機関に対する権力の授権規範としての憲法の特質が表れているにすぎなかった。その意味では国家権力に正統性を与える規範としての機能に憲法の意義が見出されていた。第一次大戦前のドイツにおいて、憲法に基づく国家権力の行使という立憲君主制の名目の下で、皇帝を中心とした取り巻きが権力をふるっていた。大日本帝国憲法（以下明治憲法）のモデルとされたプロイセン憲法は、君主の権限を強め、軍国主義を採っており、本来的な立憲主義憲法から外れていた。やがて強大な皇帝の権力行使によって、富国強兵の世界政策を展開したドイツは第一次世界大戦の責めを負う結果となった。

これと同様に、明治憲法によって天皇の権限を定めたものの、天皇は統治権の総攬者であり、大臣助言制による内閣に行政権はなく、司法権を担うはずの裁判所にも天皇の名による裁判が行われていた。わずかに協賛機関である帝国議会が立法過程に参画することができたが、天皇の勅令は法律と同等の位置づけとされ、数々の勅令が国法の地位を占めた。

天皇機関説は憲法の下に国家の最高権力機関としての天皇を位置付けて、立憲主義の形態を理論づけていたが、これに対抗した国体明徴運動は立憲主義そのものを否定したものであった。この運動では、あらためて日本の国体は天皇を中心とした皇国であり、憲法の上に存在する天皇が確認されていた。国家権力制限規範としての憲法の性質を強調した立憲主義は明治憲法下では浸透せず、形式的立憲主義がまかり通っていたのである。

第一次大戦後のドイツでは、一九一九年に世界で初めて社会権を導入したワイマール憲法が制定され、その下で選挙に基づく大統領制、議会制を実現した共和国体制が成立した。ワイマール憲法に基づく立憲政治がおこなわれ、国内外の困難な諸問題にも何とか対処し乗り越えてきた。一九二五年に旧軍人のヒンデンブルクが大統領に選出されたものの、彼自身も憲法に従うことを表明し、立憲主義は安定していた。しかし、一九二九年の世界恐慌は、経済だけでなく立憲主義にも危機をもたらした。失業者の増加など経済的・社会的不安が進む中、社会民主党や共産党など政治的にも政党間の争いがあり、その隙間を縫ってナチス党（国民社会主義ドイツ労働者党）が一九三〇年の総選挙で大躍進し、第二党となった。その後も続く経済的混乱は、共産主義者やユダヤ人の排斥、再軍備による強いドイツの回復などをアピールするナチス党を後押しするものとなった。

ナチス党は一九三二年の総選挙でついに第一党となった。その際には、首相にならなかったヒトラーは、ナチス党の力で内閣不信任議決を通し、議会解散総選挙へ追い込んだ。選挙でナチス党は第一党を維持し、ヒンデンブルク大統領は翌三三年一月、ヒトラーを首相に任命した。ヒトラーは警察権力を掌握し、ナチス親衛隊は警察権力の中に広がった。ヒトラーの組閣後、政治的意図の下で議会は解散され、同年三月には総選挙が行われた。二月の国会議事堂放火事件を共産党によるものとして、共産党幹部らが逮捕され、三月の総選挙で得た八〇以上の議席も無効として消滅させたのである。この議席数を除外して議会で単独過半数となったナチス党は、国民が党の政治主導体制を承認したとして、さらに独裁体制を強化していった。ヒトラーは全権委任法を成立させ、立法権をも掌握することになった。ワイマール憲法で保障された各種人権はないがしろにされ、ここに人権保障のために国家権力を制限するという立憲主義は崩壊したのである。

ところで、これと同じような立憲主義の危機が日本に迫っていると感じるのは筆者だけではなかろう。人権保障規範、権利章典である憲法は本質的に国家権力による人権侵害を防ごうとするが、日本では現在、基本的人権を尊重するのではなく、制限しようとする改憲案が政権政党によって発表され、まさに立憲主義は危機的状況になっている。安倍首相は、二〇一七年五月三日、二〇二〇年までに改憲すると言明し、しかも自ら九条改憲の中身を具体的に提示した(3)。きちんとした手続きを踏まずに、まるで憲法を意のままに変えることができるかのような言動は、立憲主義への理解欠如も甚だしい。国家権力の制限規範である憲法に対して、これを国家権力（政府）が自由に変えることができるという、立憲主義とは逆のベクトルの認識は、前述のナチスの国家運営認識と共通している面があるといえる。

一九五三年一〇月の日米安保体制下の防衛力問題に関する日米会談（池田・ロバートソン会談）の際に、日本側の作成文書の要旨には「たとえ国の指導者が憲法改正の措置を採ることがよいと信じたとしても……」と憲法を簡単に改正できないことへの不満が記述されていた。[4] この時点で既に基本的な部分で立憲主義への無理解を露呈していた。そして、安保関連法案審議の際に、集団的自衛権について参考人の憲法学者全員が違憲との見解を示したにもかかわらず、二〇一四年七月一日、安倍政権は、従来の政府解釈を大きく変更し、集団的自衛権行使を容認する閣議決定を行った。強引な解釈によって、政府は集団的自衛権行使を合憲と決めつけ、与党多数の力で強行可決した。安倍首相は、本人も発言したように、まるで自らが立法府の長となり、さらに憲法の番人である司法権の役割をも掌握したかのような振舞いをしていた。これは前述のナチスの政治手法と酷似しており、立憲主義最大の危機の証しでなくて何であろうか。

二〇一三年七月に、麻生副総理兼財務大臣が憲法改正問題に関連し、ナチス政権の「あの手口学んだらどうかね」などと発言した。[5] 安倍政権の改憲に向けた手法は、まさにナチスの「手口」をまねた、憲法を徐々に孤立排除していくものといってよい。「ヒトラーは、民主主義によって、きちんとした議会で多数を握っ」たということも、前述の歴史的背景とはかけ離れた安直な理解である。「ヒトラーは、選挙で選ばれたんだから。ドイツ国民はヒトラーを選んだんですよ。」「ある日気づいたら、ワイマール憲法が変わって、ナチス憲法に変わっていたんですよ。だれも気づかないで変わった。あの手口学んだらどうかね。」へと続く文脈が何を意味しているのだろうか。「ナチス憲法」という語は史実への無理解を示し、民主主義の捉え方も立憲主義からは程遠く、選挙で選ばれたなら、多数決で何をやってもよい、憲法による制限も無視することができる、というような政治姿勢が見え隠れする。これは、改憲の具体的内容と工程を自ら決め、憲法解釈も閣議決定ですべて変更できるという考え方で進められている安倍政権の政治手法そのものといえよう。

違憲の疑いの濃い法令が、一つ、二つ作られても、違憲状態はそれほど目立たず、大きな社会的影響はないように見えるが、違憲（疑義のある）法令を次々に制定していくことによる違憲状態の形成は、社会を変貌させ、逆に憲法に対する違和感を生じさせてしまう面がある。

一九九一年一月にクウェートに侵攻したイラクに対し、英米を中心とした多国籍軍が空爆を開始して、湾岸戦争が勃発すると、日本政府は米国へ一兆五千億円近くの戦争遂行費用を支援した。日本政府は、九〇年秋に臨時国会を招集し、「国連平和協力法案」を提出したが、同年一一月、法案に反対が多く、廃案となった。さらに、政府は修正を加えた「ＰＫＯ協力法案」を次の通常国会に提出した。継続審議となり、秋の臨時国会において衆議院で強行採決したものの、参議院でまたも継続審議となった（九一年一二月）。その間、法律ではなく、閣議決定で、九一年四月に自衛隊五〇〇人と掃海艇六隻をペルシャ湾に派遣した。いわゆる「ＰＫＯ協力法」が可決されたのは一九九二年六月で、九月のカンボジア選挙監視要員派遣が同法に基づいた自衛隊戦後初の海外派兵となった。[6] 自衛隊員は九三年九月まで、計一二〇〇人が派遣された。その間、九三年四月には選挙監視員として派遣された国連ボランティアの日本人青年が殺害され、さらに五月には政府派遣の文民警察官が武装グループに襲撃され、五人が死傷した。

その後、九七年に、有事を想定した新ガイドラインが示され、九九年には、同ガイドラインに盛り込まれた米軍への後方支援や米軍の民間空港使用などを定めた周辺事態措置法が成立した。この年には、国旗国歌法、通信傍受法なども制定されている。やがて、武力攻撃を受ける恐れがある場合には先制攻撃も可能とした「武力攻撃事態法」(二〇〇三年)や武力攻撃事態を想定した「国民保護法」(二〇〇四年)、愛国心等の絡んだ教育基本法改正(二〇〇六年)、省への格上げと権限、組織とも拡大した防衛省設置法(二〇〇七年)、改憲手続法(二〇〇七年、施行二〇一〇年)、憲法改正を睨んだ憲法審査会設置(国会法改正二〇〇九年)、知る権利や表現の自由・報道の自由等も関係する「特定秘密保護法(二〇一三年)」、集団的自衛権行使容認の解釈改憲を行い、強行可決した、いわゆる「安保関連法(二〇一五年)」、思想信条の自由・表現の自由・集会の自由・プライバシーなどに関わるいわゆる「共謀罪法(二〇一七年)」など、国民の反対の声が大きな中で次々と強行可決された。国家権力が自ら憲法規範による制限を解こうとし、人権侵害のおそれを拡大しようとすることは、立憲主義の破壊につながる。違憲の疑いの濃い法律群の存在によって、国民の憲法原理に対する感覚が鈍くなる現象に陥っているように思われる。

憲法が国家権力制限規範であるということは、政府は憲法の範囲内で権限を行使することができるのであって、憲法にないものを勝手に作り出してはいけないということである。たとえば昨今成立したいわゆる「共謀罪法」は、憲法が絶対的自由として保障する内心の自由、内面性精神的自由をも対象になる可能性が否めず、内心の領域に入り込む権限を政府が勝手に作り出している面がある。憲法をないがしろにしているため、国家権力の濫用に歯止めが効かず、基本的人権侵害の危険が常に付きまとっており、立憲主義が侵されている状態である。

前述した内容に代表されるような法律の制定は、手続的に適正（デュー・プロセス、Due Process）なだけでなく、法律の内容も適正・憲法適合的であるべきである。Dueというのは「本来あるべき、正当な」という意味であることを考えると、これらの法律はDueの求めている憲法理念からかけ離れた内容といっても過言ではない。政府の権力濫用が行われないように、制限規範としての憲法があり、為政者を憲法の範囲に押し留める「立憲主義」があるのである。主権者国民自らが、立憲主義や民主主義に対する感覚を研ぎ澄ませ、敏感に行動することが、立憲主義の危機を救う大きな憲法保障といえる。

第3節　国民主権の危機

明治憲法は、天皇が主権を持つというより、むしろ天皇は統治権の総攬者であり、国体明徴運動に見るような皇国観を土台にしていたという方が適切であろう。その明治憲法から日本国憲法への大きな変換点の一つが国民主権原理である。「八月革命[7]」と言われるように、これほどの一大変革によって主権が国民にあるようになったことの意味を強く認識すべきである。単に憲法によって国民に主権が与えられたというようなことではなく、憲法は本来的に国民に主権が存していること、すなわち「主権在民」を確認し、強調していると考えるべきである。

安保関連法強行可決の過程における議論では、たとえ国民が反対しても、国を守るために政府が安保法制の構築をやるべきことと考えている、旨の発言も見られた。共謀罪法の強行可決の状況も、国民主権原理において最も重要視すべき民意を差し置いて、政府が国民のために良かれと思って、責任政治を強調することは、まさに独善的判断以外の何ものでもない。民意が反対でも、国としての責任があるから実現するという義侠心まがいの独善的判断が、安倍政権の姿勢に見え隠れすることは、国民主権との関係において由々しき問題である。過半数をはるかに超える国会議員が政権与党にいるからといって、民意はすべて自分たちにある、という国民の代表概念の捉え方も前述のナチス党の国民の負託を全面的に受けたと理解する点で共通しており、問題がある。主権者国民の意見は多様である。このことを前提に国民主権を理解していかなければ、国政は数の暴力にしかならない。

また、民主主義と多数決との関係に対する理解不足も甚だしい。今回の共謀罪法の強行可決もそうだが、民主主義は多数決であるという命題が成り立つのは、人権が保障されている、つまり侵害されないという土俵があった上でのことである。多数決によってしても人権が侵害されないように、憲法がきちんと規定を置いているところに基本的人権保障の意義が見出せるのである。たとえば、ある特定の宗教を国民の九〇%が賛成しているからといって、政府がこれに国教的地位を与える法律を国会で通してしまうことは、基本的人権としての信教の自由を侵すものであり、多数決で決められるものではない。そのような手法はもう民主主義と呼べるはずもないのである。

先に立憲主義との関係において言及した、安倍首相の二〇二〇年までに改憲するとの言明、および九条改憲の中身に関する具体的提示の問題点は、国民主権との関係でも大きな問題である。憲法を制定または改正するための憲法制定権力（憲法改正権力）は、あくまで国民にあるのであって、政府の側にあるのではないことを概念的に意識しているかどうかも大いに疑問がある。行政権の行使の中心で首長的立場にある首相による改憲の指示は、まさに明治憲法における憲法制定権力の所在が天皇（国家権力）にあったことと同様の考え方に基づいた言動と異ならない。一政党の改憲案の話に過ぎないという反論もあろうが、他の少数野党の案が対等に議論されていくのではなく、国会の憲法改正案の発議をほぼ単独で行使できる政権政党における具体的改憲案の議論なのであって、国民からの意向でどう改憲したいという内容の発議ではないのである。

そして、違憲の疑いの濃い内容を含んだ改憲手続法（二〇〇七年）は、与党の数の力で成立させたものである。内容的には、最低得票率の規定もなく、国民投票の有効投票の過半数で憲法改正が決定する仕組みで、限りなく少数の過半数で重要な憲法改正が行われ得る。国民主権（主権在民）や憲法制定権力の重要な意義、憲法改正の手続的、実体的重要性などを踏まえた本来のあるべき（Due な）憲法改正手続の規範的内容からすれば、憲法九六条にいう「その過半数」とは「国民（有権者）の過半数」の意味であって、「有効投票の過半数」では意味をなさない。国民の半数がどうしても改正しなければならないという状態にあってはじめて、「憲法制定（改正）権力」が国民に在るという意味を勝ち得るといえよう。それは、憲法九六条が硬性憲法として、「各議院の総議員の三分の二以上の賛成で、国会がこれを発議し」と規定している意味を貶めることになるからである。つまり、国民の意思を限りなく軟性的価値として矮小化するもので、国会の発議条件さえ満たせば、最低投票率もない国民投票など問題なくクリアできる仕組みになってしまうからである。

国民主権（主権在民）原理で重要な意味を持つ「民意」のとらえ方についても、「為政者の意思」

「政府の意思」＝「民意」と独善的に曲解（あるいは理解が欠如）している節がある。二〇一四年一月、名護市長選で辺野古新基地建設に反対する稲嶺進氏が大差で再選された際に、防衛省の政務官は「永田町の民意もある」と発言した。(8) 民意や国民主権に関する政権与党の理解不足（欠如）が如実に表れた形となった。

第4節　平和主義の危機

平和主義は、日本国憲法を「平和憲法」として国際的に名を知らしめている基本原理であり、その危機は、取りも直さず、平和憲法最大の危機の到来と直結する。

(1) 憲法九条と自衛権、自衛戦争、自衛隊

この七〇年の間に、政府の九条解釈の変遷によって徐々に平和主義は侵食されてきた。一九四六年六月二六日、帝国議会衆議院の帝国憲法改正委員会において、当時の吉田茂首相は、「戦争抛棄に関する本案の規定は、直接には自衛権を否定して居りませぬが、第九条第二項に於て一切の軍備と国の交戦権を認めない結果、自衛権の発動としての戦争も、又交戦権も抛棄したものであります。従来近年の戦争は多く自衛権の名に於て闘われたのであります。満州事変然り、大東亜戦争亦然りであります。……」と答弁し、拍手を浴びた。しかし、それから四年後の一九五〇年七月三〇日、参議院本会議では「……（警察予備隊は）、日本の治安をいかにして維持するかというところにその

目的があるのであり、従ってそれは軍隊ではない。」とした。さらに、警察予備隊から戦力を増強した保安隊について、一九五二年一一月二五日の参議院予算委員会で示された吉田内閣の統一見解では①憲法九条二項は、侵略、自衛を問わず「戦力」の保持を禁止している、②「戦力」とは近代戦争遂行に役立つ程度の装備、編成を備えるものをいい、保安隊は戦力ではないとしていた。[9] ①は以前の解釈を変えているのではないことを強調し、②は保安隊を「戦力」の定義外の存在としたのである。駐留米軍については、憲法九条二項にいう「保持」とは、我が国が保持の主体であることを示すとし、したがって、駐留米軍はわが国を守るために米国の保持する軍隊であるから憲法九条の関するところではない、との見解を示した。「わが国が……主体」や駐留米軍に関する見解の部分は、のちに安保条約および駐留米軍の違憲性を争った砂川事件に対する最高裁判決と通ずるものがあり、内閣の見解を司法が後追いするもので、むしろ後述する「司法の危機」ともいえる。

やがて「近代戦争遂行に役立つ」装備を持つ自衛隊（一九五四年創設）は上記の範囲外の存在ということが困難となると、一九五五年三月二九日の参議院予算委員会において、鳩山一郎首相は「自衛隊法が通ったから憲法改正の必要なしとは言わないのであります。……軍隊を持ってはいけないというのは非常に不都合なことだと思いますから、九条を変えたいと思います。」と発言した。前節で述べた、立憲主義にも大きく反し、首相の一存で不都合だから変えたいという意味の重大性を考えていない発言であった。そして、憲法施行一〇周年を迎えたばかりの一九五七年五月七日、岸信介首相は、参議院予算委員会で、核兵器と名前がつけば、すべて憲法違反というのは憲法解釈論として正しくない旨の発言をした。さらに、一九七二年一一月一三日の参議院予算委員会において、吉国一郎内閣法制局長官は、憲法九条二項が保持を禁じている戦力は、自衛のための最小限度の戦力を越えるものであるとして、政府見解を明らかにした[10]。

一九七〇年三月三〇日の衆議院予算委員会において、楢崎弥之助議員の「憲法九条が許容していないと明確に考えられるもの、……、これは徴兵制度、自衛隊の海外派兵以外に具体的に何があるでしょうか」という質問に対して、中曾根康弘防衛庁長官は「やはり核兵器、特に攻撃的、戦略的核兵器、それから……他国の領域に対して直接脅威を与えるものは禁止されていると思います。」と答えていた[11]。このやりとりは、徴兵制と自衛隊海外派兵は明らかに憲法九条に違反するということが前提であり、中曾根氏もその点には異議を唱えていなかったことに注目すべきであろう。この当然の憲法違反のものとされていた自衛隊の海外派兵についても、一九九一年の湾岸戦争において、海上自衛隊の掃海艇をペルシャ湾に派遣したことで前提が崩れ始めた。前々節ですでに述べたように、湾岸戦争を受け、政府が躍起になって成立を目指していた「国連平和協力法案」は、多くの反対で一度は廃案になった。しかし、これに修正を加えたいわゆるPKO協力法は、九二年に成立した。このPKO協力法に基づく自衛隊の海外派遣は、九二年九月からのカンボジア派遣に始まり、モザンビーク、ゴラン高原、東ティモール、ネパール、スーダン、南スーダン共和国からの二〇一七年五月撤退までほとんど切れ目なく、常態化している。かつて明らかに憲法違反とされていたものが、である。ちなみに前述の楢崎議員による質問で「憲法九条が許容していないと明確に考えられるもの」として挙げられた、三つのうち、PKO協力にせよ、後方支援にせよ、「自衛隊の海外派兵」は実態として行われており、また、「核兵器は禁止されている」との答弁は、ラロック発言等で裏付けられる核密約によって、これも崩れている。この核持ち込みや沖縄復帰時に米国が支払うべき金額の日本側による立て替えなどに関する密約問題は、後述する隠ぺい体質にも関連する。

残る「徴兵制」は今のところ、憲法上許されないという旨の政府答弁が継続されているが、憲法九条との関係では、必ずしも適正な解釈がなされているわけではなく、将来的には不透明である。一九五三年一二月一一日の衆院外務委員会で、憲法の下では徴兵制は困難である旨が答弁されて以来、「憲法の許すところではない」（一九五六年三月二二日、衆院内閣委員会、防衛庁長官答弁）、「憲法のもとにおいて、徴兵制度という限りは、これはもう違憲だ、これははっきりしておる」（一九七一年五月一四日、衆院内閣委員会、佐藤内閣総理大臣答弁）など、徴兵制が違憲ということは明確であった。しかし、一九五四年四月二四日の参院外務・内閣・大蔵連合審査における木村大臣の答弁では「徴兵制と憲法九条とは私は直接の関連性はないと思っております」という答弁があった。また一九八一年三月二〇日の衆院会議録には、沖縄選出の上原康助議員の「徴兵制違憲の根拠は、憲法第九条が前提にあって第一八条が中心となっていると解するのが至当ではないのか。……九条は、徴兵制違憲の十分の根拠規定になり得るのではないか」との質問に対し、「……九条は自衛のための必要最小限度の実力組織を保持することを禁止していないが、その要員を充足するための手段についいては規定していないと解しており、いわゆる徴兵制度を違憲とする論拠の一つとして同条を引用することは考えていない」との鈴木内閣総理大臣の答弁があった。[12]

（2）集団的自衛権と海外派遣

集団的自衛権に関しては、一九六〇年八月の衆議院予算委員会での「集団的自衛権は認められない」との答弁をはじめ、政府は一貫して認めない答弁を繰り返してきた。ところが、二〇一四年七月、安倍内閣は集団的自衛権の行使を憲法違反ではないとして閣議決定で従来の政府解釈を変えて、翌一五年九月に安保関連法を強行可決、成立させた。強行採決に至る間に、多くの国民が反対運動を展開しただけでなく、憲法学者、元最高裁判事、元内閣法制局長官など、憲法解釈の専門家集団も集団的自衛権行使を合憲とすることに異を唱えたにもかかわらず、である。[13] もちろん、教科書等を執筆している著名な研究者を含め、憲法学界の圧倒的多数は集団的自衛権行使を違憲としている。[14]

翻って、国際社会において平和主義の憲法の下、日本の果たすべき役割はどのようなものであろうか？　欧米とは全く異なる平和主義を採る憲法に基づき、これまで日本が国際社会、特にアジア・アフリカ諸国で行ってきた民生活動は高く評価されており、ある意味欧米とは異なる形態の国際貢献を重ねてきたことで、各国から期待されている面がある。これに対して、欧米型の軍事力による強制的鎮圧型の貢献を日本に期待しているであろうか。日本を自ら欧米的立場・地位に置きたいとする、安倍政権の戦略は、大東亜戦争の構図を念頭に入れた明治憲法から抜け出せない欧米列強志向である。むしろ、それこそ「戦後レジームからの脱却」というのであれば、欧米追従体制から本質的に脱却すべき日本独自の平和主義対応の形成こそが日本国憲法の目的であり、めざすべき指標であろう。

二〇一七年三月一〇日、安倍首相は南スーダンにPKO派遣されていた自衛隊の五月撤退を表明した。この突然の撤退表明について振り返ると、二〇一六年一〇月に、一人のジャーナリストが、自衛隊の活動状況を記録した「日報」に対する情報公開請求を行ったことが発端となって、いわゆる日報問題が起こり、撤退判断に影響を与えたのではないかと言われる。日報には「戦闘が生起し」とあり、自衛隊　宿営地付近でも銃撃戦のあったことが記載されていた。このことが含む問題は、憲法九条を中心とした平和主義構造に絡んだ、戦闘＝武力行使の問題と文民統制（シビリアン・コントロール）および軍隊によくある情報「隠ぺい」体質の問題である。まず、「戦闘が生起し」ということは、戦闘地域への派遣となり、自衛隊が巻き込まれ、海外での武力行使につながって、憲法九条違反となる。そうなると、自衛隊は撤退を迫られることになる。このことが明らかになると、自衛隊派遣の延長をしたい政府にとって不都合で、国会論戦においても不利になることもあり、日報隠しがあったのではないかとの見方が強い[15]。実際、一九九二年のPKO協力法制定にあたり、政府が提示したPKO五原則の第一番目は「紛争当事者間における停戦合意の成立」であった。そして、この停戦合意や紛争当事国の同意、中立的立場の厳守といった条件が満たされない場合、自衛隊は撤収するとされていた。イラク特措法では、停戦合意のないところへの自衛隊派遣であったが、「非戦闘地域」での協力として正当化していた。そして、イラクへの自衛隊派遣は、違憲確認と損害賠償を求める裁判へと発展した。名古屋高裁は、賠償請求を棄却したものの、平和的生存権を認め、自衛隊のイラク派遣は、イラク特措法にも反し、憲法九条にも反するとして、原告らの要望は認められた形となった。「非戦闘地域」のはずが、証拠等に基づき「戦闘地域」の実体が認められれば、憲法九条に違反するという画期的な判決であった[16]。PKO五原則の自衛隊派遣の前提である「非戦闘地域」という条件が崩れ、その場合には撤収することになっていることから、この判決の詳細な事実認定による特措法違反と憲法九条違反との判断も、前述の安倍首相の自衛隊五月撤退に影響を与えたものと思われる。

シビリアンコントロールについては、憲法六六条二項の規定によって、「国務大臣は、文民でなければならない。」とあるのみだが、平和憲法の構造からすれば、大臣のみにとどまるものではないはずである。シビリアンコントロールの組織的体制がなければならないのであって、文官統制の緩和は、憲法の平和主義の核心に触れるほど大きな問題であったにもかかわらず、大きな議論を避けた形で決定されていた。二〇一五年の防衛省設置法改正で、それまで文民統制の一環である文官統制の規定を変更し、事務次官の下位にあった制服組のトップを次官と同等の地位に置くこととなった。その結果、文官による統制は弱くなり、文民統制の態様は、大臣等の政治家のみが制服組を統制する権限を有することとなった。防衛省では全体として、文民統制が弱体化することとなったのであり、この体制が日報隠しにつながったとも考えられる。そもそも文官統制は、明治憲法に基づく天皇の軍の統帥権の名の下に、軍部の独走によって悲惨な戦争を招いたことに対する歯止めで、いわば国家行政における軍事的組織への桎梏であったはずである。それが、すでに述べたように防衛省の設置というだけでも憲法上の大きな問題が生起されるのに対し、設置法の改正だからといって、文民統制との関連で重要な憲法問題を素通りするような国政の運営は憲法の平和主義との関係において実に大きな禍根を残す可能性があると思われる[17]。

次に、軍事組織の情報「隠ぺい」体質の問題については、大本営発表の重要情報の隠蔽やねつ造、虚偽報告例をはじめ、すでに戦前の旧日本軍の歴史が示している。それだけでなく、戦後も自衛隊統合幕僚会議によって一九六三年（昭和三八年）七月から一か月間、極秘で行われていた三矢研究が一九六五年に発覚した。国会でも大問題になり、シビリアンコントロールに反するのではないかということも議論対象になった。[18] いろいろな国際情勢に対処するいくつかのシュミレーションであったが、その一つに、北朝鮮側から中国空軍を含む爆撃機大編隊で、韓国の空軍基地や都市を攻撃したという想定があった。その中で、日本では、政府が緊急声明を発表し、首相が自らテレビを通じて「祖国防衛のため国民の決起を要請する」と述べ、危機を訴えた、というものであったが、現実的に昨今の北朝鮮ミサイル問題もあり、テレビを通じた架空の首相の姿が安倍政権の姿勢とダブって見える。さらに国策要綱に応ずる当面の施策の骨子として主なものを挙げれば、①臨時国会の開催と戦時諸法案の審議、成立、②自衛隊の本格的作戦準備開始、③国防中央機構の整備、④経済及び要員等関連施策などがあった。①の関連では、（1）（イ）現行の防衛関係法令の改正（手続きの簡素化、罰則、権限強化等）や（ロ）自衛隊の行動を容易にする法令制定（物資統制その他臨戦態勢で行動を容易にするもの）、（ハ）防衛目的達成の緊急に制定することを要する法令、（2）その他第二グループ法令に挙がっているものが、防衛目的達成のため情勢に応じて制定するもの（国家総動員体制に移行させるもの）と説明されていた。[19]

法制の現況と照合してみると、①（イ）の内容から想起されるのは、武器使用に関する自衛隊法の改正や一九九九年の周辺事態法（二〇一五年の安保関連法で一般に重要影響事態法と改称）による病院等をはじめとする公的私的施設の使用や関連法整備などがある。①（ロ）として、上記の周辺事態法（重要影響事態法）、二〇〇三年の武力攻撃事態法などが想起される。とくに後者では、国民の協力要請との関係で、立ち入り検査拒否や保管命令違反に対する罰則（自衛隊法に規定）が憲法の人権保障規定に反するのではないかとの疑義が提起される。①（ハ）についても、先制攻撃を可能とする武力攻撃事態法や国民保護法の制定が挙げられよう。国民保護法は災害のための国民保護計画のように思われるが、いわゆる戦前の疎開と同様の面があり、国民の軍への協力として（ロ）にも関係して、自衛隊の行動をスムーズにし、まさに臨戦態勢の行動を容易にするためのものといえる。①（2）第二グループの国家総動員体制は現況では存在しないように思われるが、決してそうではない。国家総動員法では各種の職業能力申告令[20]と一体化し、医師、無線免許や機関士、整備士など各種資格の所有者が軍に動員されるのであるが、このＩＴ時代の現在では、いちいち職業能力の申告は必要ない状態で個人情報が簡単に管理されていると考えられる。住基ネットでも問題になったことであり、現在ではいわゆるマイナンバー法によるデジタル管理で、国家総動員法体制は可能な状態になっているといってよい。

②に関連して、現状では日米軍事共同訓練の実施や各種の自衛隊法改正、安保関連法の制定によって、自衛隊の本格的作戦準備は、より高度に作戦展開することが可能な状態となっている。

③として、二〇〇七年に防衛庁から防衛省に格上げ設置されたが、このことの問題点については、すでに述べた。三矢研究以前の一九五六年に設置された国防中央機関として、国防会議があった。それが、一九八六年に安全保障会議へと拡大再編となった。さらに二〇一三年、特定秘密保護法制

定反対の陰に隠れた形で、実は重大な内容改正を含む国家安全保障会議（ＮＳＣ）設置法が成立した。重大な内容というのは、会議構成である。前身の安全保障会議では議長となる総理をはじめ九大臣が議員となっていたが、この九大臣会議のほかに、国家安全保障会議では通常の会議は総理、官房長官、外務大臣、防衛大臣の四大臣会議で行われるのである。これは、総理、大蔵、外務、陸軍、海軍の各大臣より成る、戦前の五相会議[21]を想起させ、メンバーも酷似している。重要なことは、明治憲法下では内閣は行政権の主体ではなく、あくまで大臣助言制の形をとる輔弼機関であったから、その一部の大臣らの機関があっても、大きな憲法問題にはならなかったが、日本国憲法下では合議体としての内閣が行政権の主体（憲法六五条、行政権は内閣に属する）なのである。四大臣会議は内閣ではないのであり、そこに重要な権限を付与することは、憲法違反の疑いが濃いとさえいえる。

④の経済及び要員等関連施策については、「軍需に応ずることを主眼として」経済統制と動員を行うとともに、産業防衛を行うとしている。項目の中では、戦略物資の統制として「軍需を優先して」石油、鉄、非鉄金属等を統制するとあり、金融統制としては「軍需産業に優先投資する」とある。経済の動員としては「軍用資材」「医療機関」「輸送機関」「土地、建造物」「軍需品増産諸施策の実施」などが挙げられている。産業防衛に関しては、「防空措置、治安対策と関連し、産業防衛の諸施策を実施する。重要軍需産業については分散疎開及びできるだけ、地下移行をはかる。」とされている。[22]近年の傾向を見れば、二〇一四年四月に武器輸出三原則が撤廃され、武器見本市への出品を行ったことなど、軍需産業に重きが置かれつつあることは大きな懸念事項である。

さらに、三矢研究から三年後、防衛庁（当時）の「法制上、今後整備すべき事項について」研究要綱[23]（一九六六年）が作成された。そこには、各種政令規定事項を増やしたり、武器使用対象を増やしたり、特別権限の付与を行うための自衛隊法の改正、海上保安庁の統制、気象庁の統制、上官命令不服従者に対する罰則強化、自衛官採用基準の緩和などが挙げられていた。とくに昨今の法制定や今後の法改正の動向との関係では、いくつか、注意を要する記述が見られる。①鉄道営業法関係では、「火薬類の鉄道輸送を拒絶しえないこととする適用除外規定」の想定がある。まさに戦争のための物資輸送に鉄道を利用するために、国鉄を創設した戦前と同様の面が見られるであろうし、軍需のための公用徴用制度と近いものと考えられる。②「非常事態の……場合における首相がとる特別措置、その他所要の事項」（非常事態特別措置法を想定）も記されている。現在、自衛隊法七六条では緊急事態について、外部からの武力攻撃に対しては内閣総理大臣が防衛出動を命ずることができるが、問題は今後の展開で、すでに安保関連法により、集団的自衛権の行使を解釈改憲で容認しており、それを緊急事態として防衛出動との関連がどのように扱われていくかということである。また、緊急事態の関係で、警察力で対応できない騒乱等に自衛隊を対処させる治安出動もあり、国民の基本的人権との関係では、より懸念は大きいとも考えられる。なぜ、特別措置法なのか、何をどうするのか内容は明確でない。さらには、先ごろ憲法改正問題で、急に出現した観のある「緊急事態条項」を想起させる。③「国家防衛秘密保護法」の制定を想定した記述は、二〇一四年、国民の反対の声の中、強行可決、制定された「特定秘密保護法」を指している。自衛隊の強い要望が表れており、軍事組織の隠蔽体質は法制の上でも大きな問題であることはいうまでもない。④自衛隊法一〇三条に基づく物資の収用等に関して、改正を加え、「防衛出動時の物資収用」を実施するための必要事項を定めるとしているが、これも内容、範囲等が明確ではなく、戦前の軍による公用収用を想起させる。財産権など基本的人権保障とも関係することはいうまでもない。⑤海上保安庁法の改正も整備すべき事項として挙げられている。これは海上保安庁に防衛任務を追加し、「武力を行使することができることとする」としており、自衛隊との一体化を目指すものといえる。外面的には一体化と逆に自衛隊として、大きな軍事組織に見なされないように、軍事予算の国際統計ではNATO方式、つまり、海上保安庁に相当する組織の予算は軍事予算として計上されているにもかかわらず、日本は海上保安庁の分を除いて算出している。

これらの法整備を想定しているもののうち、大半はすでに法制化していたり、法案提出の機会を窺ったりしているのが昨今の状況である。その際に、憲法原理、特に平和主義の原理が十分咀嚼されていないことが憲法の危機的状況を浮き彫りにしているといえよう。これまでに述べたような状況下で、安倍首相は二〇二〇年までに改憲を実施すると明言していたが、二〇一七年突然、憲法九条に自衛隊を明記する案を自ら具体的に示した。上記の経緯を振り返れば、自衛隊法があり、いまさらの観のある改憲ポイントであるが、むしろこれまでの平和主義に対する動きと照合すれば、法制度面における影響は単に「自衛隊」が明記される問題にとどまらないという懸念の方が大きいことは言うまでもない。

第5節　基本的人権尊重原理の危機

先の大戦では、日本が「国体」や「国益」の語を持ち出して、国内外で多くの国民の犠牲を生み出してきた。日本国憲法は、その反省を国民主権や平和主義だけでなく、世界で初めて憲法典に「基本的人権の尊重」を盛り込んだものとなった。それは、国益の名の下に多くの基本的人権がないがしろにされてきた歴史を省みてのことなのである。しかし、近年、政治の場では「国益」あるいは国益の名を借りた「公益」の語が徐々に氾濫し始めている。

二〇〇八年三月一一日のNHK経営委員会において古森NHK経営委員長の「国際放送は国益重視を」という発言があり、メディアへの国益判断による干渉とも捉えられる問題があった。むしろ報道の自由の立場からは、多賀谷経営委員長代行の「日本政府の立場だけをもっぱら持ち出すのでは国営放送になってしまう。」という意見は重要な指摘であろう。(24) NHKに対しては、高市総務大臣による放送電波停止圧力問題がある。二〇一六年二月八日の衆院予算委員会で「テレビ局が政治的公平性を欠く放送を繰り返した場合、電波停止を命じることができる」旨の発言をした。翌日も同委員会で「将来にわたって罰則規定を一切適用しないことまでは担保できない」と総務大臣の停波権限をちらつかせるような答弁した。放送事業者に対し、停波を引き合いに出すことは、事業者への威嚇となり、表現の自由に対する攻撃となりかねず、委縮効果が出てしまうであろう。民主党政権下では一度もなかった、放送法に基づく行政指導は、第一次安倍政権の一年間で七件に上った。

第二次安倍政権下でも、二〇一四年一一月、街頭インタビューの報道が偏っていたとして在京六社に「公平中立」を求める文書を出した。翌一五年四月にはNHKとテレビ朝日の番組内容について事情聴取し、NHKに対し、総務大臣が行政指導を行った(25)。内容によっては政権の独善的な判断による行政指導になり得るもので、憲法の保障する表現の自由(二一条)への国家権力による抑圧の典型ともいえる。

放送メディアだけでなく、報道の中心的役割を果たしているメディアの一つである新聞社の報道の自由にも大変な危機が訪れている。二〇一五年六月二五日、安倍首相に近い若手の自民党議員の勉強会「文化芸術懇話会」で、議員らからは、沖縄の新聞は左翼勢力に乗っ取られているとか、沖縄世論の歪みを正しい方向にもっていく旨の発言があった。これらの発言の源は政権政党の国会議員であり、少なくとも国家権力の一員である。自由権の基本的構図は、国家権力からの自由であって、このような圧力のかけ方は報道の自由に対する典型的な国家による干渉といえよう。それに輪をかけて、沖縄二紙(琉球新報、沖縄タイムス)への報道圧力を示したのが、同勉強会の講師を務め、安倍首相と親しい、作家の百田尚樹氏で、沖縄の二つの新聞社は絶対につぶさなければいけない旨の発言を行い、「マスコミを懲らしめるには広告収入がなくなるのが一番。経団連に働きかけて欲しい。」とまで攻撃した(26)。

防衛省は二〇一五年から軍事研究への資金助成制度を始めているが、二〇一七年三月二四日、日本学術会議は、軍事研究が学問の自由及び学術の健全な発展と緊張関係にあることを確認し「軍事的安全保障研究に関する声明」を発表した。これは、一九五〇年の「戦争を目的とする科学の研究は絶対にこれを行わない」旨の声明、一九六七年の「軍事目的のための科学研究を行わない声明」を継承したもので、研究者が戦争協力したことへの反省及び同様の事態に陥ることへの懸念が強く反映されていた。防衛省の軍事研究助成制度は、政府による研究への介入が著しく、学問の自由、ひいては大学の自治を侵害する問題をはらんでいる。

思想良心の自由から始まる、民主政のプロセスに関わる重要な諸権利にも危機は迫っている。いわゆる共謀罪法の制定は多くの問題をはらんだまま、二〇一七年六月、参議院で異例の「中間報告」の形をとって、委員会議決を省略し、強行可決、成立となった。同法は、憲法一九条の思想良心の自由を侵害する。内面性精神的自由は人間の精神活動の源泉であり、絶対的保障のはずである。共謀の実体について、計画と計画着手との間には、行動面での区別は可能であろうが、警察からすれば、計画段階から着手までの連続性を捜査対象とすることになる。着手段階だけでは一般的に言って何の着手なのか内容が判明しない。したがって、思想や信条など内面を探ることになり、精神的活動への踏み絵のように委縮効果が出ることになろう。

内面的な精神活動への委縮効果は、精神活動の外部への表出という、外面性の精神的自由として最も重要な表現の自由の侵害へ繋がる問題となる。特に多人数を想定した集会、結社は共謀罪法の監視の的になることは明白であり、憲法二一条に明示された「集会の自由」、「結社の自由」は「国家権力からの自由」をうたう自由権保障からはほど遠いものとなろう。ビラ配布、展示会、演劇などですら、監視対象から外れる保障はなく、表現の自由全体が危機に陥ることも容易に想像できる。

表現の自由等に委縮効果が伴うのは、圧力や脅迫、見せしめ等があるからである。特に適正手続きを経ない逮捕、勾留の乱発を目の当たりにした一般市民にとって、その委縮効果たるや計り知れない。警察権力の濫用が具体的に想定される違憲立法には、法案審議の手続的適正だけでなく、実体的な内容の適正を追及する手段が求められる。憲法を捻じ曲げて解釈して、違憲立法を乱立している国政状況に歯止めをかける制度的保障の模索と自らの人権侵害の問題と重くとらえる主権者国民の認識とが大きな意味を持っている。現状の司法制度では、違憲立法が施行されても、具体的な侵害、逮捕者等が出ない限り、その違憲性を主張できないという困難を克服するのは容易ではない。司法権は、違憲確認制度の構築問題はもちろんのこと、あらゆる法的紛争の場で国民の目から見ても「司法権の（行政）従属」から真の「司法権の独立」を確立するよう、主権者の信頼を取り戻すべきであろう。「憲法の番人」が憲法上の疑念に冷ややかでは、憲法保障は瓦解してしまう。

共謀罪法の制定によって懸念されることは平和運動への影響である。主権者国民が、基本的人権の行使として平和を求める集会や集団行進を実施する。これこそ戦前の反省から誕生した平和憲法の求める国民の姿を映し出す典型シーンと言ってよかろう。このような運動への弾圧が治安維持法によって行われてきたのは歴史の事実である。しかも、治安維持法は、本来は天皇制の国体変革を志向する団体、共産主義社会実現を目的とする団体を対象としていたにもかかわらず、濫用されたのである。

現代版治安維持法と呼ばれる共謀罪法が、平和憲法の下で出現したことは、人権保障が不十分な明治憲法下で治安維持法が出現したことより、さらに悪化した状況といえ、むしろ元祖治安維持法を超える悪法となる可能性さえある。治安維持法は当初の目的から離れて濫用されただけでなく、法改正もなされ、宗教団体や反戦運動、自由主義者等の弾圧へとシフトされていった。とくに政府の採る国策へ異を唱える集団等へは容赦なかったのであり、これを現在の政府の姿勢等に強く反対の声を上げている若者グループや諸団体が存在する状況と照らし合わせると、共謀罪法の強行可決が、なぜこの時期にという疑問と強い懸念が頭をもたげるのは当然のことであろう。この懸念が現実化しているのが、沖縄の辺野古新基地建設反対運動に対する政府の権力的対応である。

共謀罪法成立前から沖縄の反対運動に対しては、まるで共謀罪法が成立、施行されているかのように前倒しされているのではないかと懸念されていた。二〇一六年一〇月に市民運動のリーダーである山城博治氏らに対し、器物損壊の現行犯だけでなく、公務執行妨害や傷害罪など数か月前の行為を取り上げて逮捕、再逮捕、勾留、起訴した。検察の勾留請求を那覇簡裁は却下したが、那覇地裁が認め、体調のおもわしくないリーダーを二〇一七年三月一八日の保釈まで五か月にわたり長期勾留した。その間、再三にわたり、保釈請求をしたが、最高裁は三月一三日にも再度棄却していた。国連人権理事会の言論と表現の自由に関する特別報告者であるデービッド・ケイ氏は、山城博治氏の長期勾留が不適切であることのほか、辺野古における抗議運動中の市民への逮捕など、日本政府の過度な強圧的権力行使がなされていることも指摘し、表現の自由に対する侵害の懸念を示した(27)。ケイ氏の特別報告では、報道の独立を確保するための放送法の見直しを日本政府に求め、特定秘密保護法や教科書検定などについて改めて懸念が示された。これに対する日本政府の反論も、「わが国の説明や立場に正確な理解のないまま記述されている点があることは遺憾だ」というもので、基本的人権の視点からは大いに問題であった。山城氏に対する起訴内容ではやたらと「共謀」の語が使用されており、共謀罪法の先取りをあからさまに示すかのようであった。

国策の強行に対する、座りこみやプラカード提示等の非暴力の抗議運動に対して、逮捕、拘束などを行っていることは、これらの表現活動を政府転覆を計る暴力的違法行為と同視するもので、基本的人権への認識不足を露呈していることにほかならない。自民党改憲案の人権抑圧性は明々白々で、「公益」の語が氾濫した国家中心的思考で塗り固められている。とくに表現の自由の条項では、集会・結社の自由への異常な警戒から、さらに公益概念で制約を二重にかけているほどである。基本的人権は、まさに「人類が多年にわたる自由獲得の努力の成果（憲法九七条）」であるにもかかわらず、それを基底に置かない政権の姿勢は、立憲的憲法の危機を創り出した最大の要因の一つといえる。

第6節　憲法の危機管理と主権者

本稿では憲法の三基本原理について危機的状況を指摘し、考察を加えたが、憲法のその他の項目にも危機は及んでいることは言うまでもない。たとえば、司法の危機については、本稿の中でも憲法の基本原理の問題に合わせて言及したが、国（行政）が当事者となると、「司法権の独立」の司法原理や「憲法の番人」の機能との整合性に疑問符が付くことが多々見られる。すでに「平和主義の危機」で述べたように、旧日米安保条約や在日米軍の違憲性が問題となった砂川事件の最高裁判決（一九五九年一二月一六日）は、憲法第九条二項の禁ずる「戦力」とは、「わが国がその主体となってこれに指揮権、管理権を行使し得る戦力をいうもので、……外国の軍隊は……戦力には該当しない」と判示し、その七年前に示された政府答弁に追従的な面が見られた。さらに当時の駐日米国大使ダグラス・マッカーサー二世が、上告審前に田中耕太郎最高裁長官と密談し、その際に田中長官が上告審日程や一審判決破棄差戻しの方針を漏洩していたことが明らかになった[28]。行政訴訟を中心とした辺野古関連訴訟における司法の国側主張への追随も問題となり、法解釈上の誤りを指摘する行政法学者の論文が多く出された[29]。また二〇一五年一〇月二三日には「辺野古埋立承認問題における政府の行政不服審査制度の濫用を憂う」と題した行政法研究者の声明も出された。

これと関連して、地方自治の危機も指摘されよう。辺野古関連訴訟は、憲法の「地方自治の本旨」に基づく法廷闘争であり、沖縄の自治を賭けた挑戦であった。沖縄では米軍基地と絡んで、過去にも日本の地方自治の在り方を問うた「代理署名訴訟」があった。問題は、日本の他の地方が、これらの問題を沖縄vs国という構図でしか捉えておらず、自らを含めた地方vs国とは捉えていないことである。地方自治の危機は危機を意識しない地方そのものが創り出しているともいえる。この点では、「地方創生」や「地方の時代」の語の空虚さだけが響き、憲法のいう「地方自治の本旨」から生まれる「自治の礎」が理念的にも意識的にも十分確立していないことの証左を示している。

憲法とはConstitution、「構造」という意味で、国の基本構造、あり方を示すものである。今、まさに憲法は変わらずとも、国の在り方が政権によって、激変している状態である。問われているのは、主権者国民が現状に対し、どう向き合うのかであり、憲法が期待する主権者像に応える国民の「不断の努力（憲法一二条）」こそが、憲法自らが設定している最大の憲法危機管理の源泉ともいえる。

註

（1）水島朝穂『武力なき平和』岩波書店、一九九七年、Ⅴ頁参照。小林直樹氏によれば、「まさに、核の時代にふさわしい理性的選択の所産」とされる（平和・国際教育研究会編、『日本国憲法の平和主義』平和文化、一九九四年、四五頁）。
（2）樋口陽一・大須賀明編『日本国憲法資料集』第4版、三省堂、二〇〇〇年、二九頁参照。
（3）朝日新聞二〇一七年五月四日。
（4）樋口・大須賀前掲書三二頁。
（5）東京新聞二〇一三年七月三一日。
（6）樋口・大須賀前掲書四二頁。
（7）宮沢俊義氏の提唱した「八月革命」説で、憲法学界でも有力な考え方として肯定的見解が多い。高橋和之『立憲主義と日本国憲法』有斐閣、二〇一三年、四三頁。芦部信喜『憲法』第六版、岩波書店、二〇一五年、三〇頁など。
（8）名護市長選における辺野古新基地建設に反対の稲嶺氏の当選で、防衛省の政務官が発言した。琉球新報二〇一四年一月二三日。
（9）樋口・大須賀前掲書三四頁。
（10）樋口・大須賀前掲書三四頁。
（11）山内一夫、浅野一郎編『国会の憲法論議Ⅱ』、ぎょうせい、一九八四年、四八五頁。
（12）山内・浅野前掲書七七三頁。
（13）二〇一四年四月の憲法審査会において、自民公明維新の各党推薦の憲法研究者の集団的自衛権行使に対する見解は、全員が違憲と述べた。

(14) 高橋和之前掲書、芦部信喜前掲書。
(15) 朝日新聞二〇一七年二月九日社説（ネットを含む）、毎日新聞二〇一七年二月十日（ネットを含む）。
(16) 自衛隊イラク派遣違憲訴訟判決（名古屋高裁二〇一二年十月二一日判決）。
(17) 一方では、むしろシビリアンコントロールを強めているという議論もある。自衛隊側は、文官統制が大臣の直接的な統合幕僚長からの情報把握などを妨げていると主張する（産経新聞ニュース二〇一五年三月二〇日（ネットを含む））。
(18) 一九六五年二月一〇日の衆院予算委員会で、岡田春夫議員（社会党当時）の暴露により、判明したが、当時の政府には大きな衝撃で、自衛隊の暴走ではないか、との問題も指摘された。
(19) 現代憲法研究会編『日本国憲法―資料と判例―』法律文化社、一九八一年、一一二頁。
(20) 伊藤隆監修、百瀬孝著『昭和戦前期の日本』吉川弘文館、一九九六年、一四〇頁。国民職業能力申告令のほか、医療関係者、船員、獣医師等の職業能力申告令があった。
(21) 伊藤・百瀬前掲書三一―三二頁。
(22) 現代憲法研究会前掲書　一一三―一一四頁。
(23) 現代憲法研究会前掲書一一五頁以下参照。
(24) 毎日新聞二〇〇八年四月二日参照。
(25) 毎日新聞二〇一六年二月一八日夕刊。
(26) 朝日新聞二〇一五年六月二六日。
(27) 毎日新聞二〇一七年六月一三日および一六日、沖縄タイムス同日等参照。
(28) 毎日新聞二〇一三年四月八日。
(29) 紙野健二・本多滝夫編『辺野古訴訟と法治主義―行政法学からの検証』日本評論社、二〇一六年。

第2章　放射線被ばくと人権、そして、脱被ばくへ

村上雄一

原子力（核）問題は人権問題

二〇一一年三月に起きた東京電力福島第一原子力発電所の爆発事件[1]以後、「フクシマ」に暮らしてきた人々は、否が応でも「原子力（核）問題」に向き合わざるを得なくなった。一九九八年三月から福島市で暮らしてきた筆者も、そのような人々の中の一人に数えられる。

それまで主に日豪関係史を専門科目で教え、オーストラリアへの語学研修や交換留学生の派遣・受け入れを進めてきた筆者にとって、これまでの知見や経験が全く生かせそうにもないこの「原子力（核）問題」に対し、どのようなスタンスをとるべきなのか、爆発事件直後から六年以上経つ現在に至るまで悩み続けており、残念ながら、未だに明確な答えは見いだせてはいない。

一方、今、日本が直面している「原子力（核）問題」は、筆者が専門領域とするオーストラリアを含め、実は全世界が直面している問題であることが、遅ればせながら徐々に理解できるようになってきた。そして、この問題に対して筆者は、「原子力（核）問題は、エネルギー問題でも経済問題でもなく、人権問題である」という一つの結論に達するに至った。

そこで本稿では、筆者が原子力（核）問題をなぜ人権問題であると考えるように至ったのか、その経緯を述べていくことにしたい。まず日本国内において、原発爆発事件以前から制定されていた一般公衆の放射線防護に関する法令を取り上げ、従来の放射線防護に対する考え方や基準を紹介する。次に、オーストラリアにおけるウラン鉱山開発が、その地に何万年も暮らしてきた先住民の人々に与えた影響を見ていく。そして、今も続く、東京電力福島第一原子力発電所爆発の収束作業に携わっている労働者に対する被ばくと健康管理問題、さらに、原子力発電所から排出される放射性物質が、近隣に住む子どもたちの健康に与えている影響に関するドイツでの研究を紹介する。その上で原発爆発事件以後、福島県の人々を中心に強いられている年間被ばく線量二〇ミリシーベルトについて、日本医師会や核戦争防止国際医師会議（ＩＰＰＮＷ）が出した声明、並びに、国連特別報告者アナンド・グローバー氏が国連人権理事会へ提出した報告書を検証することで、その年間被ばく線量基準がいかに人権に反しているのかを見ていく。最後に、日本のみならず世界規模で最終的には「脱被ばく」を目指していく必要性を、人権の観点からまとめてみたい。

第1節　日本における放射線防護に関する法令

日本では東京電力福島第一原子力発電所の爆発事件以前から、放射線を取り扱う施設等で働く放射線業務従事者、および公衆を放射線障害から防護するため、「放射性同位元素による放射線障害の防止に関する法律」や、「電離放射線障害防止規則」等が制定されている。これらの法律等は、国際放射線防護委員会（ＩＣＲＰ）の勧告を基に制定されており、国際的な基準に沿ったものである。

「放射性同位元素等による放射線障害の防止に関する法律」の第一九条一項に廃棄の基準が定められ、その具体的数値については「放射性同位元素等による放射線障害の防止に関する法律施行令」と「放射性同位元素等による放射線障害の防止に関する法律施行規則」に委ねられている。この規則の第一九条第一項第二号ハで、「基準は文部科学大臣が定める」と書かれており、「規則第一条第一項第二号ハ及び第五号ハに規定する線量限度は、実効線量が四月一日を始期とする一年間につき一ミリシーベルトとする」となっている。(2)

また、原子力（核）爆弾によって被ばくした日本には「被爆者援護法」が既にあり、二〇一三年三月末現在、二〇万人ほどの人々が被ばく者として認定されている。被ばく認定者には一生涯医療費無料が補償されているほか、甲状腺癌や白血病などを発症した場合、生涯毎月一三万円以上の手当て（二〇一三年当時）が出ることになっている。厚生労働省は、「被曝地点が爆心地より約三・五

km以内である者」を被爆者として認定してきたが、その根拠になっている考え方は、爆心地から三・二五km以内にいた者は「一般公衆の線量限界（年間）」の「一・〇ミリシーベルト」を超えるからであるとしている(3)。

さらに、一九九九年、六七〇人近い被ばく者を出した東海村JCO事故の際も、評価推定線量が一ミリシーベルトを超える人で希望する者には、年に一度、無料で健康診断が行われている(4)。このことからも、日本では「年間一ミリシーベルト」という基準が、一般公衆の被ばく限度として東日本大震災発生以前から用いられてきていることがわかる。

以上に述べてきたことからも明らかなように、法治国家である日本では、東京電力福島第一原子力発電所の爆発までは、公衆の放射線被ばく限度が「年間一ミリシーベルト」だったことは明白である。さらに、爆発後も東京電力に対する原子力安全・保安院（当時）からの「厳重注意」は年間一ミリシーベルトに基づいて行われており(5)、後述する一般公衆への日本政府の対応との矛盾が際立っている。

日本が民主的な法治国家であれば、上述の「年間一ミリシーベルト」の被ばく限度は、日本国籍か外国籍か、原子力発電所爆発等により放射性物質で汚染された地域に住む人々か住まない人々かを問わず、全ての人々に適用されるルール、すなわち、法の下の平等における基本的人権であるはずだ。健康被害を未然に防止するために、不要な放射線を浴びることを避けるのは全ての人々に等しくそなわった権利であり、日本国憲法前文（基本的人権の尊重）、第一三条（包括的基本権）、そして、第二五条の「すべて国民は、健康で文化的な最低限度の生活を営む権利を有する。国は、すべての生活部面について、社会福祉、社会保障及び公衆衛生の向上及び増進に努めなければならない」（生存権）からも保障されている。この「年間一ミリシーベルト」の基準を日本政府が順守する一方、原発爆発等によって放射線被ばくを強いられた者に対しては、さらなる被ばくの回避やその低減を図るよう、政府は最大限の対策をとる責任がある。[6]

第2節　オーストラリアにおけるウラン鉱山開発と先住民族

原子力（核）を用いるためには、その原料となるウランが欠かせないのであるが、日本で使用されているウランの実に約三〇％はオーストラリアから輸入されている。例えば、福島第一原子力発電所で使われていたウランにはオーストラリア産が含まれていたことが、オーストラリア政府の調査によってすでに明らかにされている。[7]

オーストラリアにおけるウラン鉱山開発でまず人権問題として挙げられるのは、ウラン鉱山の多くが先住民族アボリジナル[8]の人々の伝統的な土地所有地に存在している点である。ウラン鉱山を開発するにあたり採掘権をもつ企業は、アボリジナルの人々の土地使用に対し、当然のように金銭で解決を図ろうとするが、そのような行為が先住民の人々の自尊心を大いに傷つけてきた。その結果、多くの先住民がウラン鉱山開発に反対しているのである。

例えば、オーストラリアの北部準州カカドゥ国立公園から不自然に分離されている、ジャビルカ鉱区内のレンジャー鉱山が挙げられる。この国立公園はユネスコの世界遺産（自然・文化の複合遺産）にも指定され、古いものでは二万年以上の歴史を持つという洞窟壁画が各所に残っている。現在、レンジャー鉱山は資源大手リオ・ティント社傘下のＥＲＡ（Energy Resources of Australia）社が運営している。同鉱山の開発話が持ち上がった当時、先住民ミラー氏族の長老であったトビー・ガンガーレ氏は反対したが、一九七二年から一九七八年まで六年間にもわたり続いた鉱山開発協定の交渉に根負けし、ついに協定書に署名してしまった。[9][10]

これにより先住民土地権機関で全評議員がアボリジナルからなる「北部土地評議会」には、土地貸借料の四〇％が支払われることになった。しかし、この結果、先住民が「聖地」として大切にしてきた土地が破壊されたり、立ち入りが禁止されたりするようになった。氏族の中では、補償金によるアルコール中毒や金銭をめぐる共同体内の不和なども問題になった。何万年もの間、先祖が大切にしてきた土地を断腸の思いで売り渡してしまったガンガーレ氏も、その後、酒に溺れ、一九八八年に失意のうちに他界してしまう。[11]

このようなミラー氏族の人々の精神的・身体的荒廃を目の当たりにしたガンガーレ氏の娘イボンヌ・マルガレリ氏は、彼の跡を受け継ぎ同氏族の長老となると、父を騙すようにして結ばれてしまった協定を破棄するための行動を開始した。同氏族は、一九九七年一〇月、伝統的土地所有者である彼らの反対を押し切って豪州連邦政府がジャビルカ鉱区のジャビルカ鉱山での採掘許可をＥＲＡ社に出したことをきっかけに、一九九八年には約六ヵ月にわたり延べ約三〇〇〇人が開発地への道路を封鎖するなどの反対運動を起こしている。[12]

また、レンジャー鉱山同様、カカドゥ国立公園内にありながら分離されていたクンガラ鉱床の伝統的所有者に認められている、ジョック氏族のジェフリー・リー氏は、クンガラ鉱床の採掘権を持つフランスの世界最大の原子力関連企業アレバ社から、もし受諾すれば一挙にオーストラリアの長者番付上位に躍り出るほどの多額の補償金が提示されたにもにもかかわらず、その申し入れをきっぱり断わっている。そのリー氏が中心となって、世界遺産の指定地域から除外されている、クンガラのウラン鉱区が世界遺産に含まれるよう働きかけた結果、東日本大震災と同じ年の二〇一一年六月二七日、ユネスコの世界遺産委員会は同地区を世界遺産に含めることを決定している[13]。

ジャビルカ鉱区では、すでに一九八〇年からレンジャー鉱山が操業しているが、その総売上げの一部が土地使用料として前述の「北部土地評議会」等へ支払われている。しかし、これらの土地使用料は、カカドゥで暮らすアボリジナルにはほとんど渡っていないという。ミラー氏族の自治組織「グンジェイミッツ先住民族法人」のカトナ事務局長は、レンジャー鉱山が地域に貢献したかどうかについて、次のように語っている。

ウラン鉱山は私たちアボリジニーに幸せをもたらしませんでした。良い家が建ったわけでもない。子どもたちが進学できるようになったわけでもない。アボリジニーの就職先が増えたわけでもない。アボリジニーの生活水準を上げるためになるようなことは、何ひとつもたらさなかった[14]。

以上に述べてきたことからも明らかなように、ウラン鉱山開発には巨額な資金が動くが、それが必ずしもその土地に住んでいる人々を幸せにしているわけではないことがわかる。それどころか、伝統的な土地との繋がりが途切れてしまうことによる、先住民としてのアイデンティティの喪失、アルコール中毒等の健康被害、そして、金銭トラブルによる共同体内の人間関係の分断が引き起こされるなど、先住民が彼らしく生きることを困難に、すなわち、彼らの基本的人権が侵害されるような事態を引き起こしているのである。

さらにウラン採掘に関わる重要な問題としては、放射線被ばくの問題が挙げられる。まず、ウラン鉱山採掘に関わる労働者は、被ばくしないで作業をすることは不可能である。そして、単純作業に従事するような鉱山労働者の多くは現地採用される場合が多い。オーストラリアでは、先住民族の人々はそれほどウラン採掘に多く従事していないようではあるが、たとえ放射線の被ばく線量が法律で定める限度内であり、その危険に対する手当などが支給されていたとしても、当然のことながら、金銭の授受によって放射線による健康被害の可能性がなくなるわけではない。

また、レンジャー鉱山で採掘されたウランは、その場で「イエローケーキ」と呼ばれるウラン精鉱に精錬されるが、その過程においても、当然、労働者は放射線に被ばくすることになる。さらに、その精錬の際に出る高濃度の放射性物質を含む不純物は「鉱滓《こうさい》池」と呼ばれる巨大な溜池に集められる。ところが、ＥＲＡ社は一リットルあたりウラン八・八マイクログラムという自社基準を設け、「管理放流」という名目で、ラムサール条約によって保護されているマジェラ湿原に廃水を流している。この廃水には、ウランの他にも、カドミウム・鉛・亜鉛・銅などの重金属が含まれているばかりではなく、錫・トリウム・ポロニウム・ラジウムなどの放射性核種も含まれており、このような有害物質は先住民が食料としている淡水の貝類で濃縮されているとの指摘もある。[15]

第3節　東京電力福島第一原子力発電所における労働者と被ばく

こうしてオーストラリアの先住民の地で精鉱されたウランが日本に輸出され、原子力発電に利用されてきたわけだが、原子力発電所を維持・運転するためには、当然、原発作業員が被ばくしながら行うことになる。ウランの採掘や精錬同様、給与や危険手当等を支給することで労働者への低線量被ばくがすべて正当化されるわけではなく、ましてや、彼らの将来の健康不安が解消されるわけではない。

例えば、二〇一一年四月、厚生労働省は、ガンになった原子力発電所の労働者のうち、過去三五年で一〇人が累積被ばく線量などに基づき労災認定されていたことを明らかにしているが、一九七六年度以降、労災認定された一〇人のうち白血病が六人で、彼らの累積被ばく線量は一二九・八から五・二ミリシーベルトだったことが公表されている[16]。日本の労働安全衛生法の規則（当時）では、労働者の被ばく線量の上限を通常時で一年間五〇ミリシーベルト、かつ、五年間一〇〇ミリシーベルトと定めていることと比較しても、このような基準では、原子力発電所で働く人々は健康への不安を持たず社会生活を送ることは困難であり、基本的人権が侵害されているといえる。

さらに、二〇一一年三月一二日に発生した東京電力福島第一原子力発電所の爆発のような緊急時の場合、それまで作業期間中は上限を一〇〇ミリシーベルトと規定していたにもかかわらず、同事故の三日後には緊急時の上限が急遽二五〇ミリシーベルトにまで引き上げられたために、当時復旧や収束作業に従事していた多くの原発作業員の人々が、これからの人生において、放射線障害による大きな健康不安を抱えながら生きていかなければならなくなった[17]。厚生労働省によると、ガンに対する一〇〇ミリシーベルト以下の低線量被ばくの影響は科学的に証明されていないが、線量が増えればそれに比例して発ガン可能性も増すとの仮説が支配的であり、同省は「一〇〇ミリシーベルト以下での労災認定もあり得る[18]」としていることからも、放射線被ばくが一〇〇ミリシーベルト以下であっても健康被害が起こりうることを、行政側は最初から認識しているのである。

また、このような東京電力福島第一原子力発電所爆発が起きても、収束作業に関わる労働者の被ばく線量管理は「緊急事態」を理由に厳密に行われなくなり、結果的に原子力発電所で収束作業に従事した労働者たちの限界被ばく線量を超え、健康被害が広がる恐れが大きい。現に同爆発の収束作業で、ガンが増えるとされる一〇〇ミリシーベルト以上の甲状腺被ばくをした作業員が、推計も含め二〇〇〇人いたことが二〇一三年七月に明らかにされたが、この数値は、二〇一二年一二月の公表人数より実に一〇倍以上の数であり、中には、今回の線量見直しで甲状腺被ばくが一〇〇〇ミリ以上増えた人もいたと報道されている[19]。また、同発電所の爆発事件から九ヵ月間の緊急作業時に働いた約二万人のうち、上述した白血病の労災認定基準「年五ミリシーベルト以上」の被ばくをした人が約一万人にのぼることもわかっているが、作業員の多くは労災基準を知らず、支援体制の整備が課題とされている[20]。

このような労働者の人権に関わるような情報が、爆発事件から二年以上も経過してから明らかにされていることに鑑みても、東京電力による労働者の被ばく線量管理の実態がいかに杜撰であり、労働者の人権が守られていないか、ということは明らかである。

また、二〇一六年八月末現在、東京電力福島第一原子力発電所の収束作業に従事し白血病を発症した作業員二名が労災認定を受けており[21]、残念ながら今後も増加する可能性が高い。過去の労災認定の経験からもこのような事態に陥ることが十分予見できていたはずであり、今後このような被害者を出さないためにも一層の被ばく規制強化がなされるべきであるところ、あろうことか、二〇一五年八月、原子力規制委員会は原発作業員の緊急作業時被ばく限度をそれまでの年間一〇〇ミリシーベルトから二五〇ミリシーベルトへ緩和することを決定、同時に緊急時対応を行った労働者が継続して仕事ができる措置も決定している[22]。この緩和に合わせて、労働者の被ばく管理を管轄する厚生労働省も、同省が管轄する「電離放射線障害防止規則」を同様に変更してしまったように、ここでも、原発作業員の方々に対する政府の人権軽視が明るみになっている。

第4節　原子力発電所と子どものガン

原子力発電所で作業に従事する労働者たちだけが、放射線に被ばくするわけではない。原子力発電所を運転する際には、必ず放射性物質が大気や海水中に放出される。国や電力会社は基準の範囲内であれば安全であるとし、電力事業者は「原子炉等規制法」で原子力発電所ごとに海に出る放射性物質の上限量を定めるよう決められている。たとえば、福島第一原子力発電所の場合、爆発事件前はセシウムなど年間二二〇〇億ベクレルまで排出可能とされ、その範囲内では健康被害は起きないと日本政府や東京電力は主張してきた[23]。

しかし、近年、ドイツ連邦政府傘下の放射線防護庁が調査を指揮した疫学調査が、そのような主張に対し疑問を投げかけている。西ドイツでは長年にわたり原発から出る放射性物質（キセノン、クリプトン、トリチウムなど）が、周辺住民にガンの多発など健康に悪い影響を与えているのではないかという懸念があった。そこでドイツ連邦政府は、環境省のもとにある放射線防護庁に調査を命じた。その調査は「原子力発電所周辺での子どものガンに関する調査」（「ＫｉＫＫ調査」と呼ばれる）として、二〇〇七年一二月に最初の報告書が公表された[24]。

このＫｉＫＫ調査の設計は多岐にわたる専門家からなる一二人の委員会によって開発され、四年にわたる調査と五つの専門委員会の討議の後、最終報告が二〇〇七年に公表された。この調査により、原子力発電所の立地周辺で五歳以下の子どもが白血病にかかるリスクが、同発電所と居住地の距離が近いほど増加することが科学的に初めて立証された。この報告に対し外部の検討委員会は、「調査設計は疫学的科学の最高水準を満たすもので、観測結果にエラーやミスはない。調査結果は信頼できる」と評価し、小児のガンと白血病の相関関係のはっきりとした証拠が原子力発電所の近くで発見されたことを追認している[25]。

このＫｉＫＫ調査では、一九八〇年から二〇〇三年の間に、五歳以下で小児ガンと小児白血病を発症した子どもについて、ドイツ国内で運転中の一六の原子力発電所を含む二〇の原子力施設[26]の立地点から子どもたちの居住地までの距離と発症の相関関係が調べられた。約六三〇〇人の子どもたちのデータから得られた結果は、運転中の原発から五キロメートル以内に住む子どもの小児ガン・

小児白血病両方の発病率が、他の地域と比べて高いことを示していた。具体的には、オッズ比[27]で小児ガンが一・六一倍、小児白血病が二・一九倍という有意な結果で、統計的にも高い発症率であることが明らかになった[28]。その結果、「ドイツで運転されている原子力発電所がある地域の周辺五キロメートル以内では五歳以下の子どもが小児白血病になる率が高い」とされた[29]。

ドイツ連邦放射線防護庁に代わり、マインツ大学のドイツ小児ガン登録機関によってなされた調査の結果でも、原子力発電所施設の近くに住む〇歳から四歳までの子どもが白血病になるリスクは増加したと結論付けている。具体的には、一九八〇年から二〇一一年までに原子力発電所の半径五キロの範囲で、新たな子どもの白血病が三七例あったことがわかっている。これは期待される統計平均値が一七例であったことから、その期待値よりも二〇例も多い結果であった。そのため、この子どもの白血病の発症率増加は、原子力発電所のエリアに住んでいることに起因していると結論付けられている[30]。

上述のような調査からも明らかなように、原子力発電所は周辺の子どもたちの健康を脅かしながら運転されているのであり、これも人権上、決して許されるべきものではない。

第5節　年間被ばく線量限度の引き上げと人権問題

東京電力福島第一原子力発電所爆発にともなって、福島県の人々をはじめ、東日本地域に住む多くの人々が放射線に被ばくした。ところが、日本政府は、上述の法令に従って人々の基本的人権を守るどころか、従来の法令において年間被ばく限度が一ミリシーベルトであったところ、「緊急時」を理由に年間二〇ミリシーベルトまで事後的に引き上げた。しかも、この基準は放射線被ばくへの感受性が高いとされる子どもや妊婦にまで適用されたのである。この「緊急時」の基準値であったはずの年間二〇ミリシーベルトはその後撤回されるどころか、同発電所爆発事件による避難地域の解除の際の基準としても用いられ、この基準以下の地域の住民たちには故郷へ帰還するよう圧力がかかっている(31)。たとえば、特定避難勧奨地点に指定されていた福島県伊達市霊山町小国地区からは九四世帯が避難していたが、日本政府は年間被ばく線量が二〇ミリシーベルト未満になったとして、二〇一一年一二月に同避難区域を一方的に解除した。同県伊達市では地上一メートルの空間線量が三・二マイクロシーベルト時を基本とし、こどもや妊婦のいる家庭では二・七マイクロシーベルト時に緩和した指定基準で避難勧奨を出したにもかかわらず、この指定地域解除においては、避難させた時の基準よりも高い基準で避難区域が解除されるという、矛盾した事態が起こっている(32)。また、解除の三ヵ月後には賠償が打ち切られ、避難住民たちは「兵糧攻め」によって帰還を強いられた(33)。

その後も「二〇ミリシーベルト基準」は計画的避難区域の解除基準にも用いられ、その結果、政府の原子力災害対策本部は、福島県の葛尾村と川内村は二〇一六年六月に、南相馬市は同年七月に避難指示区域を解除した。さらに同県浪江町と川俣町、そして、全村避難を強いられていた同県飯舘村でも、二〇一七年三月末に、富岡町では同年四月一日に居住制限区域及び避難指示解除準備区域の解除がなされたことで、三町一村で合わせて三万二千人が帰還対象者に加わった。そのため、同解除は東京電力福島第一原子力発電所が立地する大熊町とその隣町の双葉町で残るのみとなった(34)。

このような日本政府の基準設定に対し、まず社団法人である日本医師会がすでに二〇一一年五月に声明を発表しているが、その中で日本政府が設定した二〇ミリシーベルトの基準について、科学的根拠が不明確であるとして、次のようにその基準に疑問を投げかけている。

しかし、そもそもこの数値の根拠としている国際放射線防護委員会（ＩＣＲＰ）が三月二一日に発表した声明では「今回のような非常事態が収束した後の一般公衆における参考レベルとして、一～二〇ミリシーベルト／年の範囲で考えることも可能」としているにすぎない。

この一～二〇ミリシーベルトを最大値の二〇ミリシーベルトとして扱った科学的根拠が不明確である。また成人と比較し、成長期にある子どもたちの放射線感受性の高さを考慮すると、国の対応はより慎重であるべきと考える。(35)

また、一九八五年にノーベル平和賞を受賞した「核戦争防止国際医師会議」（ＩＰＰＮＷ）も、日本政府が定めた二〇ミリシーベルトの基準について強い疑義を呈し、勧告を出している。一九九八年以降、ＩＰＰＮＷは医学上の根拠により、原子力からの脱却が必要であるという明確な立場をとっている。それは、原子力は、そのすべての段階において健康に対して許容しがたい害をもたらし、破滅的な放射線の放出の危険性をもち、核兵器に利用可能な濃縮ウランやプルトニウムの生産と密接不可分につながっており、世界の人々の健康に対する最も深刻な脅威であると、同団体は位置づけているからである。(36)

このIPPNWに所属する米国、カナダ、英国、ドイツ、フィンランド、イスラエル、インド、ニュージーランド、オーストラリアからの計三〇名の医師、医学生、学者たちが二〇一二年八月二八日に福島県内を視察した翌日、「福島の原発事故後の人々の健康を守るために」という勧告を出している。この専門家集団は、福島の原発事故により現在進行している惨事の中で、人々の健康と安全を第一優先とする行動をとるために、次のような主要な勧告を行った。

一　汚染された地域に住んでいる人々は、彼らがどのくらいの放射線被ばくを受けるであろうかということに関する完全な情報にアクセスできる必要があり、放射線被ばくをあらゆる可能な形で最小化するための支援を受けるべきである。年間被ばく線量が五ミリシーベルトを超えることが予想される人々については、とくに子どもや子どもを出産できる年齢の女性の場合には一ミリシーベルトを超えることが予想されるときには、彼らが移住を選択する場合に健康ケア、住居、雇用、教育支援および補償が公正かつ一貫した形で受けられるようにしなければならない。最近成立した「原発事故子ども・被災者支援法」は、正しい方向に向けた重要な一歩であり、実現可能な早期に効果的に実施されなければならない。これらのすべての措置は、原発からの距離ではなく、実際の放射線被ばくレベルに応じてとられなければならない。被ばくを年間一ミリシーベルト以下に減らすためのあらゆる努力を可能な限り早く行わなければならない。

二　福島の原発事故によりあらゆる形で一ミリシーベルトを超える被ばくをしたであろう人々全

員の包括的な登録制度を早期に確立することが必要である。その中には、福島県に隣接する県の人々も含まれるべきある。この登録には、事故後の放射線被ばくに関する最善の評価が組み合わさるべきであり、死亡率、ガン、先天性形成異常、妊娠・出産状況との関係に関する全国的なデータとの関係に関するベースとして活用されるべきである。

三　専門家らは、地震発生以後福島第一原発で働いている二万人を超える労働者たちの、また、破損した原子炉ならびに使用済み燃料プールを廃棄していくために今後何十年にもわたってそこで働かなければならないであろうさらに多くの労働者たちの健康状況に対して憂慮している。労働者を保護する措置が不十分であったり、被ばく線量計が偽装され低線量を示したりといった報道があることを、専門家らは問題視している。原子力産業に従事するすべての労働者のための生涯にわたる放射線被ばく登録管理制度が早期に確立されなければならない。

四　権威ある専門家や学校教材を通じて、放射線の危険性を軽視するような誤った情報が流布されてきたことは遺憾である。「原子力ムラ」の腐敗した影響力が広がっている。放射線の健康影響に関する正確で独立した情報をタイムリーに公開していくことがきわめて重要である。

五　核爆発や原子炉事故による破滅的な影響に対して、効果的な処置法は存在しない。制御不能な状態は防がなければならないのであるから、安全で持続可能な世界のためには、核兵器も原子力もなくさなければならないことは明白である。(37)

このＩＰＰＮＷの勧告の中でも、たとえ非常時であっても、公衆の被ばく限度線量は年間二〇ミリシーベルトではなく、年間五ミリシーベルト、特に子どもや子どもを出産できる女性に対しては、年間一ミリシーベルト以下にすべきだと主張されている。また、東京電力福島第一原子力発電所で働いている、そして、これから働くであろう将来の労働者たちを保護する必要性についても言及するなど、一貫して放射線被ばくに対し人権を守る立場からの勧告がなされている。

また、国連特別報告者アナンド・グローバー氏の国連人権理事会への日本調査報告書の暫定版が二〇一三年五月二三日に公表されているが、その中でも、次のように述べられている。

健康への悪影響の可能性は低被ばく線量では存在しており、年間被ばく線量が一ミリシーベルト以下及び可能な限り低くなったときのみ、避難者は帰還を推奨されるべきである。その間にも、政府は、全ての避難者が帰還するか又は避難し続けるか自発的に決定できるようにするために、全ての避難者に対して金銭的な援助及び給付金を提供し続けるべきである。(38)

また、グローバー氏は次のような勧告も行っている。

避難地域・公衆の被ばく限度に関する国としての計画を、科学的な証拠に基づき、リスク対経済効果の立場ではなく、人権に基礎をおいて策定し、公衆の被ばくを年間一ミリシーベルト以下に低減するようにすること(39)

このように、国連人権理事会の特別報告書でも明確に「リスク対経済効果」ではなく、「人権」に基礎を置いて公衆の被ばく限度を「年間一ミリシーベルト」にすることを勧告している。この勧告に対し日本政府は「国際的に受け入れられている国際放射線防護委員会（ICRP）の勧告と国内外の専門家の議論に基づき避難区域を設定している」[40]と反論している。また、「追加的な放射線量が年間一ミリシーベルト以下の放射線レベルに下げることは、年間二〇ミリシーベルト以下の放射線レベルである地域の、長期的な目標である」[41]としながら、この「年間二〇ミリシーベルト」の法的根拠を何も示さないまま、避難や帰還指示の基準に用いていることは、これまで本稿で述べてきたことからも明らかである。

このことから、日本政府は、東京電力福島第一原子力発電所の爆発事件以前に、自ら制定していた放射線防護の法令に違反するのみならず、人権に基づいて国民を放射線被ばくから守る姿勢がないことを世界中に示してしまっている。

さらに、放射線被ばくの犠牲者に対する日本政府の人権意識の低さは、二〇一二年六月に制定された「子ども・被災者生活支援法」の実施に必要な基本方針が、一年以上経っても策定されなかったことからも明らかである。同支援法は、線量が「一定基準」以上なら避難指示区域ではない地域からの自主避難者も支援の対象に含めるとした点は画期的であった。日本政府が定めている公衆の被ばく限度が「年間一ミリシーベルト」ということに鑑みれば、「一定基準」は当然「年間一ミリシーベルト」になるはずである。しかし、日本政府は、東京電力福島第一原子力発電所の爆発事件後、年間被ばく線量二〇ミリシーベルト以上を目安に避難指示区域を設けたこと、並びに、被災者支援の対象範囲が広がれば国の財政負担が大きくなることなどを理由に、この「一定基準」を一年以上も意図的に決めてこなかったことが新聞報道で明らかになった[42]。財政負担と住民の被ばくを衡量している時点で、日本政府の人権感覚欠如が如実に露呈していると言えよう。

二〇一三年八月二二日、福島県の住民と自主避難者らが「子ども・被災者生活支援法」の成立後、一年以上が経過しているにもかかわらず、国が支援の基本方針を示さないのは違法として、東京地方裁判所に提訴するという報道がなされた[43]。その提訴に対応するかのように、同年八月二九日、復興庁は、突如、同法の実施にむけた基本方針案をまとめ、翌三〇日に公表し、同年九月一三日を期限、すなわち、ほんの二週間を期限として、パブリック・コメントを求め始めた[44]。しかし、示された基本方針案は、被災者一人ひとりが居住・避難のいずれを選択しても、自らの意思によって生活再建にむかうことができる権利を保障し、支援するという同法の目的・理念とは程遠く、避難者を帰還させる施策に偏っているとして、多くの識者や民間の支援団体、そして、原発災害の避難者から、批判の声があがった[45]。そのことからも明らかなように、ここでも日本政府の人権意識の低さが浮き彫りになったのである。

以上、日本医師会、ＩＰＰＮＷ、そして、国連人権理事会特別報告者の見解を見てきた。どれも「年間一ミリシーベルト」の放射線被ばく限度を基準と考えているにもかかわらず、日本政府が、その基準を超えるような放射線を浴びる地域に住む人々に「放射線を避ける権利」を認めないことは、人権を侵害するものであり、改善を要すると結論付けている。人権は、「費用がかかるから避難させられない」というような「経済合理性」や「住民の多くが避難を望んでいない」という「多数意志」等によって左右されない、万人が順守しなければならないものであるはずだ。この点からも、これまでの日本政府が原発事件被害者への支援を人権に基づいて行ってきていないことは明らかである。

脱被ばくへ

先述のミラー氏族の長老イボンヌ・マルガルラ氏は、東日本大震災発生から約三週間後の二〇一一年四月はじめ、潘基文国連事務総長に一通の手紙を送っている。その手紙では、「地震、津波、そして原発事故の被害を受けた日本国民への同情と悲しみ」について書かれていた。そして、その手紙の最後には、彼らが代々暮らしてきた土地から採掘されたウランが原因で起きたこの事件に対し、心を痛めていることが表明されている[46]。

今回の東京電力福島第一原子力発電所の爆発、そして、それに続く放射性物質の広範囲拡散による汚染に対し、ウラン鉱山の開発に反対してきたミラー氏族の人々には、法律的な責任は何もないはずだ。しかし、このような深い悲しみを先住民族の人々が表明せずにはいられないほど、道義的な責任を彼らに感じさせてしまっているのである。ミラー氏族の人々のウラン鉱山開発への反対意思、すなわち、彼らの人権を最初から尊重していれば、このような辛い思いをさせることはなかったはずである。

そして、東日本、特に福島県の放射性物質に汚染された地域に残っている多くの人々は、今でも目に見えない放射線への不安を抱えながら毎日の生活を続けている。特に「年間一ミリシーベルト」の被ばく限度を超えているような地域の人々に対して、日本政府が責任を持って自主避難する権利を認めるべきところ、逆に避難した人々を「年間二〇ミリシーベルト」以下の地域へ積極的に呼び戻そうとしている。

著者も含め、すでに「年間一ミリシーベルト」以上の被ばくをしているであろう多くの福島県や近隣県の人々には、放射線からの保養、放射性物質で汚染されていない食材の入手、そして、避難の権利を認めること等で、より安心・安全な環境で生活できる権利を日本政府は保障すべきである。不幸中の幸いではあるが、具体的な放射線防護の実践例は、チェルノブイリ原発爆発後のベラルーシやウクライナの歴史的経験から学ぶことが十分に可能である。例えば、ウクライナにおいては、年間被ばく線量が一ミリシーベルト以上の地域を「移住権利ゾーン」として、その地域に住む人々が希望すれば国家の責任において移住の権利を認めている。また年間被ばく線量が五ミリシーベルト以上の地域は「移住義務ゾーン」とされ、その地域に居住することを許可していない(47)。

本稿で述べてきたように、原子力(核)の利用を巡っては、平常時にしろ、非常時にしろ、放射線被ばくによってさまざまな人権侵害が発生することが明らかである。そのような人権侵害が構造的に発生する以上、経済問題やエネルギー問題の視点から原子力発電所の可否を議論することは本末転倒である。現代文明や民主主義に基づく近代法治国家は、地球上に暮らす人々が文化的で健康な生活を送ることを保障する、すなわち、基本的人権を順守するために存在しているはずである。国家が、核兵器の廃棄のみならず、原子力発電所の廃炉による「脱被ばく」も計らなければ、これからも多くの人々が放射線被ばくによる健康被害に怯えながら暮らし続けていかなければならず、それが続く限り、人権侵害はなくならない。そして、すべての核兵器や原子力発電所が廃棄や廃炉になったとしても、その過程で生み出される高濃度の放射性物質を有する廃棄物の処分や管理問題が、今後、何千、いや、何万年にも亘り続いていくことを私たち人類は覚悟しなければならない。二〇一六年八月末、原子力規制委員会は、原発の廃炉で出る放射性廃棄物のうち、原子炉の制御棒など放射能レベルが比較的高い廃棄物処分の基本方針を決定した。それによると、地震や火山の影響を受けにくい場所で七〇メートルより深い地中にそのような放射性廃棄物を埋め、電力会社に三〇〇年から四〇〇年間管理させ、その後は国が引きつぎ、一〇万年間も掘削を制限するという(48)。目先の電力確保のために、あまりにも荒唐無稽で非現実的な放射性廃棄物の管理計画を必要とするような発電システムは、まさしく「百害あって一利なし」である。

放射性物質による人権侵害や核廃棄物による負の遺産をできる限り少なくし、次の世代の人々に引き渡すのが、これまで核兵器や原子力(核)発電所の存在を容認・黙認してきた、今を生きる私たちの責務なのである。

＊本稿を、二〇一一年四月からの二年間、最も困難な時期に福島大学行政策学類長として教員を率いてくださった辻みどり先生(二〇一五年一二月急性骨髄性白血病のため永眠)へ捧ぐ。

註

(1) 本論稿では、東京電力福島第一原子力発電所の爆発に対する日本政府ならびに東京電力の責任所在を明確にするために「事故」ではなく、「事件」と表記する。二〇一三年九月九日、東京地方検察庁は、福島県民ら約一万四千人でつくる福島原発告訴団などが業務上過失致死傷容疑などで告訴・告発した当時の東京電力の幹部や政府関係者ら四二人全員を「大津波を具体的に予測できたとは言えず、刑事責任を問うのは困難」として不起訴を決めたことが報道されたが、原子力発電所爆発の原因が、地震によるものなのか、津波によるものなのかは、識者の間でも見解が分かれている。「東電幹部・菅元首相ら四二人　原発事故　全員不起訴」『東京新聞』、二〇一三年九月一〇日、及び、「「田中三彦氏『福島第一原発の水素爆発は地震が原因で起こった』～元国会事故調委員の田中三彦氏と元国会事故調協力調査員の伊東良徳氏、両氏による記者会見」『IWJ Independent Web Journal』、二〇一三年八月二七日（http://iwj.co.jp/wj/open/archives/98481）を参照。

(2) 総務省「放射性同位元素等による放射線障害の防止に関する法律（昭和三十二年六月十日法律第百六十七号）、最終改正：平成二四年六月二七日法律第四七号」（http://law.e-gov.go.jp/htmldata/S32/S32HO167.html）、及び、文部科学省「放射線を放出する同位元素の数量等を定める件（平成十二年科学技術庁告示第五号）、最終改正 平成二十四年三月二十八日 文部科学省告示第五十九号」の第一四条四項（http://www.mext.go.jp/component/a_menu/science/anzenkakuho/micro_detail/__icsFiles/afieldfile/2012/04/02/1261331_15_1.pdf）を参照。

(3) 厚生労働省「原爆症認定」（http://www.mhlw.go.jp/stf/seisakunitsuite/bunya/kenkou_iryou/kenkou/genbaku/genbaku09/08.html）参照。なお、認定に関わる記述は二〇一三年九月当時、同省「原爆放射線について」（http://www.mhlw.go.jp/bunya/kenkou/genbaku09/15e.html）に記載されていたが、二〇一七年一二月現在、同じサイトではその記述は削除されている。

(4) 柳沼充彦「東海村JCOウラン加工工場臨界事故を振り返る─周辺住民の健康管理の在り方を中心に─」『立法と調査』三三二号、二〇一三年三月、一四〇頁（http://www.sangiin.go.jp/japanese/annai/chousa/rippou_chousa/backnumber/2013pdf/20130308131.pdf）。

（5）「東電女性社員の被曝、保安院が厳重注意」『読売新聞』、二〇一一年五月二五日（http://www.yomiuri.co.jp/science/news/20110525-OYT1T01213.htm）。

（6）この「年間一ミリシーベルトの追加被ばく線量」基準をめぐり、原発爆発後、様々な事態が生じた。例えば二〇一一年五月、福島県内の学校で屋外活動を制限する放射線量が「年間二〇ミリシーベルト」と文部科学省によって決定されたが、これに抗議して辞任した小佐古敏荘内閣官房参与は辞意表明の中で、「通常の放射線防護基準に近いもの（年間一ミリシーベルト、特殊な例でも年間五ミリシーベルトで運用すべき」と主張している（「内閣官房参与を辞任した小佐古氏の辞意表明全文」『webDICE』、二〇一一年四月三〇日、http://www.webdice.jp/user/190/）。

　この文部科学省の決定に対し、福島県内の保護者を中心に強い抗議運動が起きた結果、同省は後の同年五月二七日に「学校内において受ける線量について、当面、年間一ミリシーベルト以下を目指す」ことを表明せざるを得なくなった（文部科学省「『福島県内の学校等の校舎・校庭等の利用判断における暫定的考え方』等に関するQ＆A」http://www.mext.go.jp/a_menu/saigaijohou/syousai/1307458.htm）。

　二〇一五年三月、千葉県柏市の「県立柏の葉公園」で、地上五〇センチ地点において、国が定めた基準値（毎時〇・二三マイクロシーベルト、追加被ばく線量年間一ミリシーベルトから算出）を上回る空間放射線量が検出された六カ所に対し、同県は安全確保のため、周辺を立ち入り禁止とした（「千葉県立柏の葉公園で放射線基準値超え」『千葉日報』、二〇一五年三月七日）。一方、原発爆発後の福島県内で、この基準値を基に立ち入り禁止措置が取られることはなかったことから、原発爆発後、同じ法治国家内で二重基準が適用されてきていることは明白である。

　また、東京電力福島第一原発事故後に国が除染の長期目標に掲げた「年間一ミリシーベルト以下」をめぐり、丸川珠代環境大臣（当時）が二〇一六年二月長野県松本市の講演で「何の科学的根拠もなく時の環境相が決めた」と発言したと報道されると、同氏は「根拠がないという言い方は間違いだったと思う」として、発言を撤回している（「丸川環境相、失言認める　『一ミリシーベルト根拠なし』発言を『間違いだった』」『産経ニュース』、二〇一六年二月一二日）。

（7）松岡智広「第八章　ウラン採掘地から福島へのオーストラリア先住民の眼差し」、山内由理子（編）『オーストラリア先住民と日本　先住民学・交流・表象』、御茶の水書房、二〇一四年、一六五―一六六頁。

(8)　オーストラリアの先住民族の総称として日本語では「アボリジニー」と表記されることが多いが、この訳語のもとになった単数形の Aborigine という語は、差別的であるという理由から、オーストラリアでは公的な場で用いられなくなっている。現在、先住民を総称して表現する場合は、Aboriginal People や Aborigines が用いられ、個々の先住民は Aboriginal を利用して、Aboriginal man や Aboriginal woman と表記するのが普通である。そこで本報告では引用部分を除いては、「アボリジナル」や「アボリジナルの人々」を用いることとする。藤川隆男（編）「Aborigines, Aboriginals　アボリジニーズ、アボリジナル、アボリジニ」『オーストラリア辞典』（http://www.let.osaka-u.ac.jp/seiyousi/bun45dict/dict-html/0003_AboriginesAboriginals.html）。

(9)　英語表記が「Mirrar」であるため、日本語では「ミラル」と表記されることが多いが、本稿では、より発音に近い「ミラー」と表記する。

(10)　伊藤孝志『日本が破壊する世界遺産』（風媒社、二〇〇〇年）、一八―二二頁。一九七八年、当時の連邦政府の先住民問題担当大臣がガンガーレ氏を説得するために当地に乗り込んできたが、その交渉の中で、同大臣は、「連邦政府は一九七二年に日本と発電用ウラン供給で合意しており、ウラン採掘は決定済みで、採掘の是非を問う段階ではなく、採掘をどう実現するかが問題なのだ」と発言したことで、ガンガーレ氏も同意せざるを得なくなったという。松岡、前掲書、一七〇頁。

(11)　伊藤、前掲書、二〇頁。

(12)　同前、四八―五二頁。'Aborigines to block uranium mining after Japan disaster,' *The Independent*, 14 April 2011 (http://www.independent.co.uk/news/world/australasia/aborigines-to-block-uranium-mining-after-japan-disaster-2267467.html).

(13)　飯島浩樹「第六回　アボリジニ、ウラン、そして原発事故…」『日豪プレス』、二〇一一年七月一八日（http://nichigopress.jp/nichigo_news/goleaks/26654/）。

(14)　伊藤、前掲書、四六頁。

(15)　同前、二九―三〇頁。これが事実であるならば、鉱山周辺の先住民たちも食物連鎖による放射線被ばくを強いられていることになる。

(16) このほか多発性骨髄腫が二人で、それぞれ七〇、六五ミリシーベルト、悪性リンパ腫も二人で、それぞれ九九・八、七八・九ミリシーベルトだった。「三五年間で一〇人労災認定　原発労働者のガン」『47NEWS』、二〇一一年四月二八日（http://www.47news.jp/CN/201104/CN2011042801000030.html）。

(17) この二五〇ミリという非常に高い上限は二〇一一年末に一〇〇ミリシーベルトに戻された。二〇一二年一月末時点で作業員約二万人のうち五〇ミリシーベルト超から一〇〇ミリシーベルトは七五六人、一〇〇ミリシーベルト超は一六七人とされていたが、本稿で述べるように、二〇一三年七月にその数は大幅増で訂正されることになる。

(18) 「三五年間で一〇人労災認定　原発労働者のガン」前掲ニュースサイト。

(19) 「甲状腺被曝者、公表の一〇倍　一〇〇ミリシーベルト超二〇〇〇人　福島第一原発作業員」『朝日新聞』、二〇一三年七月一九日。

(20) 「一万人、白血病労災基準超す　福島第一で被曝の作業員」『朝日新聞』、二〇一三年八月五日。

(21) 二〇一六年八月末現在、東京電力福島第一原発事故の収束作業に従事し白血病を発症した作業員二名が労災認定を受けている。「福島原発作業員の白血病に労災認定　2例目、福島労基署」『産経ニュース』、二〇一六年八月一九日（http://www.sankei.com/affairs/news/160819/afr1608190008-n1.html）。

(22) 伴英幸「原発作業員の緊急作業時の被ばく限度を緩和　緩和より厳しい運転管理を！」『原子力資料情報室通信』第四九六号、二〇一五年一〇月一日。

(23) 「保安院　海への汚染水　ゼロ扱い」『東京新聞』、二〇一一年一二月一六日。

(24) Federal Office for Radiation Protection, 'Background information on the KiKK study'（http://www.bfs.de/en/kerntechnik/kinderkrebs/kikk.html）.

(25) Ibid.

(26) 廃止された原子力発電所三カ所、および、研究用原子炉二カ所を含む。

(27) オッズ比とは、例えば、ある病気のかかり易さを2つの群で比較する事。一より大きい場合、病気のかかり易さがある群より高いことを意味する。

(28) Federal Office for Radiation Protection, *op. cit.*
(29) *Ibid.*
(30) *Ibid.*
(31) 原子力災害対策本部「ステップ2の完了を受けた警戒区域及び避難指示区域の見直しに関する基本的考え方及び今後の検討課題について」、二〇一一年一二月二六日（http://www.meti.go.jp/earthquake/nuclear/pdf/111226_01a.pdf）。
(32) 荒木田岳「福島原発震災およびその行政対応の歴史的背景・試論」『同時代史研究』第五号、二〇一一年、六頁。
(33) FoE Japan「伊達市の特定避難勧奨地点解除について」二〇一二年七月三一日（http://www.foejapan.org/energy/evt/pdf/130731_6.pdf）。
(34) 原子力災害対策本部「葛尾村・川内村・南相馬市における避難指示区域の解除について」、二〇一六年五月三一日、浪江町「区域再編及び避難指示解除について」（http://www.town.namie.fukushima.jp/site/shinsai/13457/html）（http://www.meti.go.jp/earthquake/nuclear/kinkyu/hinanshiji/2016/pdf/0531_01a.pdf）、並びに、「飯舘村における避難指示区域の解除について」、二〇一六年六月一七日（http://www.meti.go.jp/earthquake/nuclear/kinkyu/hinanshiji/2016/pdf/0617_03a.pdf）。なお、「避難指示区域」とは別に、放射線量が年間五〇ミリシーベルトを超える地域で、立ち入りが原則禁止されている区域は「帰還困難区域」（対象約九千世帯、約二万四千人）とされ、二〇一六年九月末現在、東京電力福島第一原子力発電所がある福島県双葉町や大熊町など、七市町村に跨って設定されている。なお、二〇一六年八月末日、日本政府は、復興推進会議と原子力災害対策本部会議の合同会合を開き、帰還困難区域内の市町村がそれぞれに定める「復興拠点」を除染して、五年後をめどに避難指示解除を目指す方針を決定している。「福島帰還困難区域五年後めどに避難指示解除　政府方針」、『毎日新聞』、二〇一六年九月一日。
(35) 社団法人日本医師会「文部科学省『福島県内の学校・校庭等の利用判断における暫定的な考え方』に対する日本医師会の見解」、二〇一一年五月一二日（http://dl.med.or.jp/dl-med/teireikaiken/20110512_31.pdf）。
(36) IPPNW 'International physicians、recommendations for protecting health after the Fukushima nuclear

disaster', 29 August 2012 (http://fukushimasymposium.files.wordpress.com/2012/08/20120829_ippnw_recommendations_fukushima.pdf).

(37) *Ibid.*, および、日本語訳は「国際的医師団の勧告　福島の原発事故後の人々の健康を守るために　二〇一二年八月二九日」『東京反核医師の会　公式ブログ』(http://tokyohankaku.up.seesaa.net/image/EFBCA9EFBCB0EFBCB0EFBCAEEFBCB7E59BBDE99A9BE58CBBE5B8ABE59BA3E381AEE58BA7E5918A.pdf) より抜粋。

(38) Anand Grover, 'Report of the Special Rapporteur on the right of everyone to the enjoyment of the highest attainable standard of physical and mental health' (http://www.ohchr.org/Documents/HRBodies/HRCouncil/RegularSession/Session23/A-HRC-23-41-Add3_en.pdf), p.17.

(39) *Ibid.*, p.16.

(40) 「国連人権理事会　福島事故、健康である権利侵害」『東京新聞』、二〇一三年六月二二日。

(41) ヒューマンライツ・ナウ「グローバー報告に対する日本政府の見解・コメント（仮訳）」(http://hrn.or.jp/activity/A%20HRC%2023%2041%20Add%205_Rev%201_ENG%EF%BC%88%E5%92%8C%E8%A8%B3%EF%BC%89.pdf)、一六頁。

(42) 「国連人権理事会　福島事故、健康である権利侵害」、前掲新聞。このように自主避難者も支援の対象に含めるとされていたにも関わらず、二〇一七年四月四日には復興庁の今村雅弘大臣が記者会見で、同年三月三一日で住宅支援の打ち切りを迎えた「自主避難者」に対し、国に責任はなく、「自己責任」だと明言、「裁判でも何でもやればいい」と声をあらげたと報道された。その後、同大臣は自身の発言を撤回するとしたが、同月二一日の記者会見で「自主避難者への住宅支援が打ち切られ、行き場のない人もいる。国が調査しないと、実態が分からないのでは」との質問に対し、同大臣は「いろんな方がいらっしゃる。よく聞いてから対応したい」と回答、同じ記者が「把握できるのか」と再質問しようとしたところ、いらだった様子で「もういいよ。他の人どうぞ」と質問を打ち切った。同じ記者が会見の最後にも質問したが、今村大臣は答えずに退席した。その直後の同月二五日、今村復興大臣は自由民主党の派閥のパーティーで、東日本大震災の復興に関連して、「まだ東北のほうだったから、よかった」などと発言したため翌日に辞表を提出、事実上、更送された。「自主避難は「自己責任」～復興大臣明言」『OurPlanet-TV（アワープラネット・ティービー）』二〇一七年四月四日（http://www.ourplanet-tv.org/?q=node/2113）、「今村復興相　また質問打ち切り　前回と同じ記者」『毎日新聞』、二〇一七年四月二一日（https://mainichi.jp/articles/20170421/k00/00e/040/297000c#csidxc988b0740466fb6ab7961a52f3496fa）、及び、「今村復興相、辞表提出　『東北で良かった』発言で引責」『朝日新聞』、二〇一七年四月二六日（http://www.asahi.com/articles/ASK4V3C5NK4VUTFK005.html）を参照。

（43）「原発被災者が国を提訴　支援法一年放置は違法」『福島民報』、二〇一三年八月二三日。

（44）このような非常に短い期限に対して批判が殺到したため、後に同年九月二三日まで期限が延長されている。

（45）例えば、「原発事故子ども・被災者生活支援法『基本方針（案）』に異議！　法の理念・被災者の選択の権利保障は、極めて不十分」『東京・生活者ネットワーク』（http://www.seikatsusha.me/blog/2013/09/05/5159/）を参照。

（46）'Letter to United Nations from Yvonne Margarula'、二〇一一年四月一六日付（http://antinuclear.net/2011/04/16/letter-to-united-nations-from-yvonne-margarula/）.

（47）オレグ・ナスビット、今中哲二「ウクライナでの事故への法的取り組み」今中哲二（編）『チェルノブイリ事故による放射能災害―国際共同研究報告書』、技術と人間、一九九八年、四七―四八頁。

（48）「制御棒処分、七〇m以深　国の管理一〇万年　規制委方針」『朝日新聞』、二〇一六年九月一日。ちなみに、原発の使用済み核燃料からウランとプルトニウムを分離する再処理を行う際に残る高レベル放射性廃棄物廃液の場合、ガラスで固めた直後の放射線量は、人が浴びると二〇秒で死ぬ毎時一五〇〇シーベルトに達し、天然ウランと同程度の線量に下がるまで数万年かかる。最終処分場に埋める予定のガラス固化体は二万五〇〇〇本に上るという。「核のごみ最終処分場　玄海町長が受け入れ前向き」『毎日新聞』、二〇一六年四月二七日。

【謝辞】二〇一三年一月に慶應義塾大学、並びに、福島大学で開催された豪日交流基金サー・ニール・カリー奨学金受賞公開講座「ポスト三一一期の日豪市民社会～対話と協働の可能性を探る」に啓発されるところ大であった。同公開講座で講師を務めていただいたIPPNW共同代表でオーストラリア人医師ティルマン・ラフ（Dr. Tilman Ruff）氏、および、メルボルン在住の投資アナリスト松岡智広氏、福島大学での公開講座でコメンテータを務めてくださった福島市在住のフリージャーナリスト藍原寛子氏、そして、同公開講座のコーディネートを担当してくださった慶應義塾大学教授の塩原良和氏に、改めて謝意を表したい。また、「脱被ばく」の観点は、福島大学行政政策学類の同僚、荒木田岳氏から得るところが大きかった。ここに合わせて同氏への謝意も表したい。

本稿校正中、ラフ氏が共同代表を務める「核兵器廃絶国際キャンペーンICAN」が核兵器廃絶への取り組みが評価され二〇一七年のノーベル平和賞を受賞したというニュースが飛び込んできた。この場を借りて祝意を表したい。

第3章　国策のあり方を問う沖縄米軍基地の現状

――民意が無視される政治の危機的状況

照屋寛之

国策に翻弄される沖縄

一九七二年の復帰は実現したものの県民が復帰に託した「基地のない島」の夢は、復帰後四五年経っても実現せず、基地の呪縛から解放されることはなく、基地あるが故の痛ましい、想像を絶するような事件事故は恒常的に発生している。そのような事件事故は基地がある以上これからも起こることは当然である。戦後、過重に基地を押し付けられ、なぜこれから先も沖縄だけが過重に負担を強いられなければならないのか。どう考えてみても理不尽である。

沖縄は常に日米両国の目的を達成する手段、政治的取引の具にされてきたのではないだろうか。廃藩置県では日本本土に併合され、沖縄戦では捨て石とされ、唯一の地上戦を強いられ、一般県民九万四〇〇〇人の尊い命が奪われた。沖縄が戦争を始めたわけでもなく、なぜ戦争に負けたら、戦後は本土から切り離され、不本意にも米軍の統治下に二七年の長期にわたって置かれるのか。都合のいい時は併合、都合の悪い時は幣履のように捨てる。これが日本政府の沖縄への対応であったし、民意を無視した、米軍普天間飛行場（宜野湾市）の辺野古（名護市）への移設などを考えるとこれからもそのように処遇される可能性は高い。

沖縄学の創始者である伊波普猷が死の直前に「沖縄人は……現在の世界情勢から推すと、自分の運命を自分で決定することのできない境遇に置かれていることを知らねばならない[1]」と記している。伊波の遺言ともいうべきこの言葉は、今でも米軍の巨大な基地を押し付けられている現実を直視するならば、あまりにも的確ではないだろうか。沖縄県民が望んだわけではないが戦後七二年、復帰後四五年経っても約七〇％の在日米軍専用施設を押し付けられている。県民の民意は国策によって翻弄されてきた。県民はこの間、自分の運命を自分で決定するといういわゆる自己決定権を奪われ、生命の安全をはじめ基本的人権を侵害される事件事故にも見舞われてきた。このような政治環境を克服するためには、政府が沖縄の基地問題に真摯に向き合い、政治的に解決すべきである。基地問題はわが国の防衛・外交問題であり、決して沖縄という一地方の問題ではなく、どのような解決策を提示できるかは、わが国の民主主義の成熟度を映す鏡である。

基地問題が解決できなかったのは、政府の政治的不作為であることはあまりにも歴然としている。基地問題への政府の対応、とりわけ、名護市辺野古での基地建設、東村高江区でのヘリパッド建設での抗議する市民を警察権力で問答無用に排除する現場を考えると、わが国の政治の劣化、政治の危機的状況を実感せざるを得ない。本稿では、沖縄の基地問題に焦点を当てながら、沖縄が歴史的にいかに民意を無視され、不本意にも構造的に国策の犠牲を強いられてきたのか、天皇メッセージという沖縄差別、他府県の米軍基地が沖縄に移設された背景、ＳＡＣＯ合意の欺瞞性、実際に進められている辺野古新基地建設、高江集落へのヘリパッド建設の不当性などを論じることによって、国家権力によって民意を蹂躙し、基地を建設することが民主国家のあるべき姿なのか。国策に翻弄されてきた沖縄から日本政治のあるべき姿を照射してみたい。

第１節　沖縄の本土からの分離と植民地化

１　天皇メッセージの影響力

戦後、沖縄は不本意にも米軍統治下に置かれることになるが、そのことに昭和天皇が深くかかわっていたことが、進藤榮一・筑波大学助教授（当時）が月刊誌『世界』に発表した論文「分割された領土―沖縄、千島、そして安保―」で明らかになった。同論文によれば、宮内庁御用掛の寺崎秀成氏が「沖縄の将来に関する天皇の考え」をウィリアム・シーボルト総司令部政治顧問に伝える目的で訪問し、次のような談話を行っている。「寺崎が述べるに天皇は、アメリカが沖縄を始め琉球の他の諸島を軍事占領し続けることを希望している。天皇の意見によるとその占領は、アメリカの利益になるし、日本を共産主義から守ることにもなる。……天皇がさらに思うに、アメリカによる沖縄の軍事占領は、日本に主権を残存させた形で、長期の—二五年から五〇年ないしそれ以上の—貸与をするという犠牲の上になされるべきである。天皇によれば、この領土方式はアメリカが琉球列島に恒久的意図を持たないことを日本国民に納得させることになるだろうし、それによって他の諸国、特にソビエト・ロシアと中国が同様な権利を要求することを指し止めることになるだろう。」[2]
シーボルトはこのメッセージをまずメモランダムによってマッカーサー元帥に伝え、さらに、メモランダムの写しを同封した上でその要旨をマーシャル国務長官に送付した。[3]

進藤助教授は、この文書がアメリカの政策決定者の〝琉球処分〟に多大な影響を与えているものと判断した。事実、沖縄は一九五二年に発行した対日講和条約によって本土から切り離され、二七年の長期間にわたって米軍統治下に置かれ、基地被害をはじめ多大な犠牲を強いられ続けている。その間、米側は公式に日本に潜在主権があることを承認していたこと、またソ連、中国を睨んだ恒久基地が建設されたことを考えると、天皇メッセージと米側の政策立案者の波長がうまく合っていたことが鮮明に裏付けられることになった。[4]

発表当時、県民にとって大きなショックであったことは間違いない。さらに、論文発表から一〇年後の一九八九年一月一一日、朝日新聞が亡き天皇陛下に五〇年間側近として仕えていた故入江相政侍従長の日記について報じたことで進藤論文が明確に裏付けられることになった。沖縄では改めて「天皇メッセージ」への強い批判が出ることになった。

『琉球新報』は一九八九年一月一二、一三日の紙面で大きく報じ、社説で「残念な天皇メッセージ」と題し、同メッセージの問題点は、「日本国憲法は天皇の国政への関与を禁じており、メッセージ通りなら憲法違反ということになる」と指摘し、さらに「県民にとっては、憲法問題以前に『大の虫を生かすために小の虫が切り捨てられたのではないか』との無念の思いがある。苦しかった二七年間にわたる米軍統治の陰には、このようなことがあったのかと思うと、実にやりきれないというのが、多くの県民の偽らざる心境であろう[5]」と、天皇メッセージに遺憾の意を表明した。

「『天皇メッセージ』の根底にある天皇や政府首脳の沖縄についての見方・考え方には沖縄人は化外の民、すなわち沖縄は日本とはみなされていなかったことが判然とする[6]」。同時に、「天皇メッセージ」は、自らの地位（国体）はむろん、日本の安全保障を求める立場から、天皇が自発的にマッカーサーの意向を忖度し提案することによって、自らの立場を有利にしたいとの思惑があったことが報じられている。よく知られているとおり、この時期は、まだ天皇の地位は安泰ではなかった。そのような状況下でシーボルトが、「米国が沖縄その他の琉球諸島の軍事占領を続けるよう日本の天皇が希望していることは、疑いもなく私利に大きく基づいている」と述べたことからも、そうした実態を踏まえてのものであったであろう[7]。天皇は自身の地位保全のため、いとも簡単に沖縄を切り捨て、米軍の統治下に置くこともいとわなかったのであり、沖縄差別の最たるものであった。

2　沖縄は安保体制という国策の犠牲

日本政府の沖縄に対する政治上の差別的処遇が今日の沖縄に大きな影響を与えていることは間違いない。ちなみに沖縄出身で法律専門家の大浜信泉元早大総長は、かつて復帰運動が高まりをみせたとき、日本政府の沖縄問題への対応は、日本の安全保障にたいする考慮がすべてに優先する形でなされている。つまり「政府や一部政治家たちの主張は、沖縄のアメリカ基地は、日本の安全や極東の平和確保のうえから絶対不可欠であり、しかもその基地は施政権に基礎をおいているので、施政権の返還を求めることは、基地の存続とその機能を脅かす恐れがあるから現時点ではこれを求めるべきではないということに帰着する」といい、「この発想の根底には、安全保障のためには国土の一部をその住民と共に他国に売り渡してもよいとする安易な考え方がある[8]」として、次のように論じている。「たとえ安全保障という大義名分があるにせよ、九州または四国のどこかの県を他国の施政権下に委ねることができるだろうか。国民はこれを承諾しないであろうし、またいくら無責任な政治家といえどもそんな愚かな提案はできないだろう。ところが沖縄の場合には、このありうべからざることが実施されている[9]」と沖縄を差別扱いすることを厳しく批判している。

こうした発言は、あながち沖縄出身者の被害者意識に基づく感情論と片付けることのできない意味を含んでいる。というのは、沖縄の分離が、一九五一年の平和友好条約第三条によって法的に追認・確定される過程で、日本政府は、沖縄県民の民意を全く確認することなく、天皇メッセージに見るように、アメリカにたいし沖縄を米軍基地として永続的に提供することを自主的に提案した事実があるからである。したがって沖縄を分離し、基地化したことは、日米両政府の「合作」と言わざるを得ない[10]。現在、政府によって強引、問答無用に進められている辺野古基地建設、東村高江区のヘリパッド建設も同じであり、戦後七二年経っても沖縄に対する政府の対応が変わることはない。

このような国策の在り方、沖縄差別を大田昌秀氏は次のように厳しく指摘する。日米両国政府はじめ、両国の研究者の中には、沖縄が米軍によって分離支配されるようになったのは沖縄が占める戦略的位置の重要性とみるのが少なくないが、決してそれだけではない。むしろそれ以上に日本政府の沖縄に対する政治上の差別的処遇が根本にあることは争えない事実であろう。[11] 戦略的優位性論、つまり地理的優位性論はかつてそれなりの説得力を持っていたが、今や全く根拠のない机上の空理空論であり、沖縄に基地を押し付けるための論法であることが、後述する辺野古移設をめぐる梶山静六元官房長官の書簡やアメリカの関係者の発言からも明らかになってきたことは注目すべきである。

第2節　基地過重負担と政府の無策の現状

1　過重な基地負担の現状

いうまでもなく沖縄に米軍基地がおかれているのは、安保条約と地位協定に基づいている。ところが、安保条約にも地位協定にも、基地を沖縄に置くとはどこにも書いていない。それどころか、「全土基地方式」で日本全国どこにでも基地を置けるようになっている。当初の計画では、まさにそうであった。[12] にもかかわらず沖縄に過重負担を強いる構造が恒常化している。戦後、沖縄県民は基地撤去を要求し続けてきた。しかし、日米安保体制の安定的、継続的運用のために県民の要求に政府は応えず、基地過重負担の現状は変わらない。一九七二年の施政権返還に際し、速やかに基地の整理縮小の措置をとるべきとする「国会決議」がなされた。[13] さらに、一九九七年には衆院本会議においても沖縄の基地負担軽減や振興策の推進を政府に求める「沖縄における基地問題並びに地域振興に関する決議[14]」を可決している。

このように二度の国会決議にもかかわらず、基地の現状は変わらない。このことを考えると、一九七二年五月一五日、沖縄の施政権が米国から日本に返還された。しかし、返還は沖縄県民が望んだ基地削減のスタートではなく、固定化の出発点であった。[15] 国会では圧倒的多数を占める本土選出の国会議員の多くは、沖縄の深刻な基地問題について何らの痛痒も感じることもなく、それどころか、火の粉がわが身に降りかからないよう沖縄に基地を封印することに何の疑念もない。いきおい沖縄県民は皮肉にも民主主義の名において常に差別され、不当な処遇に呻吟せしめられる構造が不本意にも出来上がっている。そのような構造の中でいかなる問題の解決も決して容易ではない。[16] 〇・六％の県土に米軍専用施設のおよそ七〇％が沖縄に配備されている。県全土の約八％、離島を除く沖縄本島だけなら、約一五％が基地に占拠されている。ちなみに、他都道府県の割合を一瞥してみると、北海道一・四一％、青森七・八二％、埼玉〇・六七％、千葉〇・六九％、東京四・三五％、神奈川四・八七％、静岡〇・四〇％、京都〇・〇一％、広島一・一六％、山口二・六一％、福岡〇・〇一％、佐賀〇・〇〇％、長崎一・五四％である。[17] このことからしてもいかに沖縄が過重負担になっているかが理解できる。このような過重負担にもかかわらず、政府は米軍普天間飛行場の代替基地として名護市辺野古に新基地を建設しようとしている。

2　基地反対の県民世論と他府県の基地受け入れ拒否

政府は強引に建設工事を始めているが、表1にみるように、普天間飛行場の辺野古移設に関する世論調査で何時の時点でも「反対」が七〇％以上であり、二〇一七年九月は八〇・二％まで上がり、反対の民意は明確である。一方「賛成」は一〇％台を推移しており、反対が賛成を大きく上回り、辺野古移設への県民の反対の民意は揺るぎないものである。沖縄タイムスと琉球放送が戦後七〇年に関する合同世論調査の結果によると、普天間飛行場の返還問題で「どのような解決方法が望ましいと思うか」との問いに対しては、「無条件の閉鎖、撤去」が三二・四％と最も多かった。「国外への移転」が二五・六％、「県外への移設」が一八・三％と続き、県内移設を望まないが七六・三％で圧倒的に多かった。一方、「名護市辺野古新基地建設」を望ましいが一八・七％であった。「『沖縄の基地が減らないのは、本土による沖縄への差別』という意見をどう思うか」との質問に、過半数の五一・六％が「その通りだ」と答え、県民の根強い被差別意識が示された[18]。

政府は辺野古への建設が実現しなければ、普天間基地の固定化を示唆しているが、どうして辺野古が唯一の選択肢なのか、納得できる説明はなく、政府に追い込まれ最終的には辺野古埋め立てを承認した、仲井真弘多前知事でさえ、辺野古移設が実現しなければ米軍普天間飛行場の撤去は難しく、固定化せざるを得ないという政府の対応を「固定化するとの発想、言葉がでてくること自体一種の堕落だ[19]」と厳しく非難していた程である。

全国の知事へのアンケートでは、米軍普天間飛行場の移設をめぐって秋田、滋賀の二県知事は受

表１　辺野古移設の賛否の推移

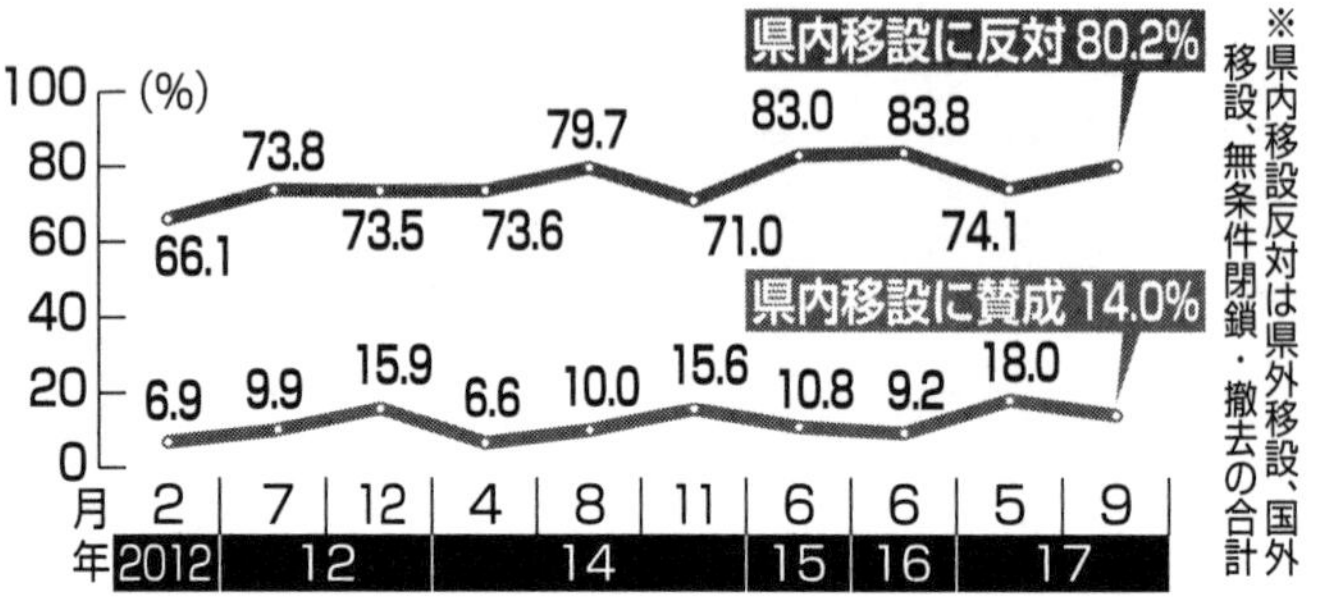

『琉球新報』2017 年 9 月 28 日

け入れ協議を打診されたら柔軟に対応する姿勢を示した。一方、辺野古新基地建設に反対する翁長雄志知事の姿勢に「共感する」との回答は、岩手、秋田、滋賀、鳥取の四県知事のみであった。多くの知事が「国の専管事項」などの理由で具体的な回答を避けた。基地負担軽減という「総論」では、一定の理解が読み取れるが、辺野古新基地建設問題をめぐる国・県の対立には多くの知事が国に責任を預け、「各論」には踏み込みたくない姿勢が伝わる。同問題は「一県の問題」として矮小化されることが懸念される。[20] 各県とも沖縄の過重負担は理解できるが、その解決に積極的に関われば、その一部が配備される可能性が出てくる。従って、基地問題には関わりたくないという各県の姿が浮き彫りになっている。基地があれば、航空機の事故や軍人軍属による事件が発生することは明らかであり、基地は迷惑施設との見方もあり、日米安保条約は必要であるが基地の配備には反対である。いわゆるＮＩＭＢＹ（Not In My Back Yard：基地の必要性は認めるが、自らの居住地域には建設されては困る、建設しないでくれ）の実態も明らかである。

他府県は反対すれば、基地を受け入れないで済むが、沖縄は反対しても国家権力でもって強引に押しつけてくる。一体この違いは何か。最近では、政府の沖縄への「構造的差別」であるという考え方が強まっている。かつては米軍が「銃剣とブルドーザー[21]」で県民の土地を収奪し、今、辺野古移設反対にたいして政府が海上保安庁の掃海艇、機動隊、警察で反対する住民を排除し、辺野古基地建設を推進する。戦後七二年、復帰後四五年経ってもその本質は何ら変わらないことに、沖縄県民が強い怒りを禁じえないのは当然である。「周辺諸国との交渉の中でさまざまなレベルで『安全保障』を追求する努力をせず、ただ外国の軍事施設を存続させればそれで足りるとし、特定の地域にその負担を押し付ける考え方[22]」には多くの批判があり、政府が沖縄の民意を無視し続け、国策の犠牲を強いる構図が何も変わっていない。

第3節　差別的基地形成と過重負担の背景

1　他府県から海兵隊移駐

沖縄の基地を考える時に、忘れてならないのは、沖縄戦で軍事占領を契機に駐留を続けた米軍ではあったが、海兵隊は元々沖縄に存在したわけではない。現在とは全く逆に、米軍基地のおよそ九割は日本本土に配備されていた。ところが、サンフランシスコ平和条約が締結され、翌年、沖縄を除く日本本土でのＧＨＱ統治が終結したにもかかわらず、数多くの米軍基地が存続し続け、時には住民が訓練に巻き込まれて死傷者が出ることもあり、住民の基地に対する不満・怒りが高まっていった[23]。一九五〇年代本土では国民主権が認められ、反基地闘争は激化した。

その様な中で当時の親米保守の岸信介首相はアメリカのアイゼンハワー大統領に窮状を訴え、本土の基地を削減することを検討した。その結果、アイゼンハワー大統領は岸首相に配慮し、日本の要求を受け入れ、朝鮮戦争の支援部隊として岐阜や山梨・静岡に駐留していた海兵隊の部隊は、駐留からわずか四年後の一九五七年、次々と姿を消していくことになった。その向かった先が基地建設の進んでいた沖縄の金武町や名護市辺野古であった[24]。実際に本土の基地は減らされたが、削減ではなく、沖縄に移駐したのであり、一九五六年二月沖縄への移駐が始まったのが在沖海兵隊の〝起源〟ある。当時の沖縄では、米国民政府が一九五三年に「土地収用令」を交付し、各地で強制的な土地接収を始めていた。本土の反米感情の高まりを恐れた米国は、占領下にあった沖縄に海兵隊を移駐した。米施政権下にあり、憲法も及ばない沖縄は日米両政府にとって好都合な移設先であった[25]。さらに、一九六九年山口県岩国基地からヘリ部隊・第三六海兵航空群が米軍普天間飛行場に移設された[26]。

このように、海兵隊が本土から沖縄に移設・集積された背景には「本土の基地反対闘争」と「使い勝手のいい沖縄」が絡み合っていたからであり、決して地理的優位性によるものではなかった[27]。結局、移駐が強行されたのは、本土の反基地闘争にのみ配慮した、県民の民意を無視した政治の独断であった。現在、日米両政府は、沖縄に海兵隊が駐留し続ける理由について、公には軍事戦略上の観点から述べている。しかし、一九五〇年代後半に海兵隊が日本本土から沖縄に移駐してきた理由、つまり「米軍統治下の沖縄の方が置きやすいから」「日本国民との摩擦・衝突を減らせるから」ということは、現在でも底流で生き続けているのではないか。そしてこの点にこそ、沖縄の基地集中の本質であることを忘れてはならない。(28)

沖縄の基地負担増と本土の基地負担軽減を時系列的に一瞥してみたい。表2に見るように、一九五五年には、沖縄一一％、本土八九％、一九七二年の本土復帰時には、沖縄五八・七％、本土四一・三％、一九九五年（SACO合意前）、沖縄七五％、本土二五％、二〇一六年、沖縄七四・四％、本土二五・六％となっている。同一面積で比較すると、沖縄は本土の四八三倍の過密度となっている。在沖米軍の軍面積の割合は海兵隊が七五・七％、空軍八・九％、海軍一・一％、陸軍一・六％、共用その他が「一二・五％となっていて、海兵隊の施設が全体の四分の三を占めている。(29) 尚、二〇一六年一二月に北部訓練場のおよそ半分が返還されたことで沖縄七〇・六％、本土二九・四％となっている。(30)

表２
在日米軍専用施設面積に占める本土と沖縄の割合の変遷

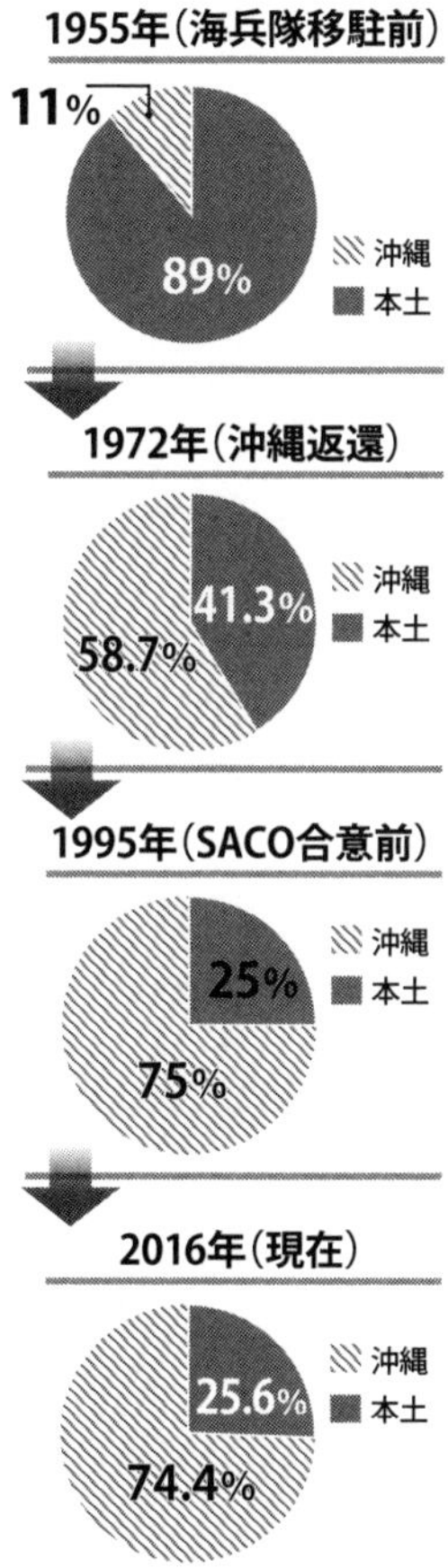

沖縄タイムス 2016 年 6 月 12 日

2　米軍の基地引き上げと日本政府の駐留要求

これまで見てきたように、本土の基地は次々と沖縄に駐留したために、沖縄は迷惑施設ともいわれる基地の集積所になった。その一方で、最近の研究で特に注目すべきことは、本土復帰の頃、アメリカは海外の海兵隊基地をアメリカ本土に引き上げ、統合することを考え、沖縄の米軍普天間飛行場もその対象であった。この時期に米政府が沖縄基地の大規模縮小を検討していたのは、①ベトナム戦争によって膨大な財政負担を抱え、世界的な米軍再編を進めざるを得なかったこと、②対中接近やベトナム和平を推進し、東アジアには緊張緩和が進んだこと。③沖縄での一九七〇年一二月のコザ騒動に見られるように、施政権返還にも関わらず米軍基地に大きな変化がないことに対して、沖縄住民の間で不満が高まっていたこと、があげられる[31]。

ところが日本政府は軍事戦略上の理由から引き上げに反対し、継続的駐留を求め、米政府は日本政府の意向を尊重し、普天間基地が閉鎖・撤去されることはなかった。アメリカの再編計画に従って引き上げていれば、現在の辺野古移設問題も起こらなかった。国策のために沖縄が犠牲なってきた構図が明らかになってきた。その間の経緯を詳しく論じている野添論文を少々長くなるが引用したい。「『関東計画』が合意され、日本本土の米軍基地縮小がさらに進んだことを受けて、日米両政府は、ついに沖縄米軍基地の整理縮小に本格的に取り掛かる。……すでに一九七二年には、国防省のシステムアナリシスズの専門家たちによって在沖海兵隊の検討が行われていた。……この検討作業では、沖縄やハワイなど、すべての太平洋地域の海兵隊をカルフォニアのサンディエゴに統合することが「かなり安上がりで、より効率的」だという結論がだされた。……（一方）国務省でも、沖縄からの海兵隊の撤退を支持する意見が出される。……国務省内では、普天間基地について、『ここで使用される航空機は、人の多く住む地域を低く飛び、目立った騒動を引き起こす』ので、『明らかに政治的負債』だとして、問題視する意見もあった。……このような議論を反映する形で国務省は、……沖縄からの海兵隊撤退を主張している」[32]。米国務省は人口密集地の市街地で騒音被害の激しい海兵隊の米軍普天間飛行場を「明らかに政治的負債」だと判断せざるを得なかった。この認識は、海兵隊撤退論に影響を与えていたであろう。

このように、アメリカは沖縄の普天間飛行場のアメリカ本土への統合を考えていた。ところが、日本政府がこれを引き留めた。この事実はこれまで全く公表されることなく、アメリカが米軍普天間飛行場の必要性を主張しているものと思われていた。日本政府が沖縄の基地負担の削減に反対していたのである。米政府の提案に日本政府が同意していたならば、沖縄の全海兵隊基地が返還されていたであろう。

さらに次のような沖縄県民を唖然とさせるようなこともあった。一九九五年の少女暴行事件が発生した際にモンデール駐日米大使は翌九六年、橋本龍太郎首相（当時）との間で米軍普天間飛行場の返還に合意した。事件発生を受けてモンデール大使は沖縄の過重負担についてのインタビューで「(事件から）数日のうちに米軍は沖縄から撤退すべきか、最低でも大幅に減らすべきか、米兵事件に関して日本側に多くの権限を与えるべきかという議論に発展した」と振り返った。さらに「日本側の指導者たちとの非公式な会話」で、「彼らはこの問題が挫折を招くことやわれわれが沖縄を追い出されることを望んでいなかった」とし、日本政府が引き留めに動いたことを明らかにした。この事実は、他府県が受け入れない米軍基地を沖縄に政府の意向で集中させる構造が温存されてきたことを示した。[33]

3　基地は全国民で平等・公平に負担すべき

大田昌秀元沖縄県知事は「安保条約が全国的な安全を保障するなら、ある特定の小さな地域にしわ寄せする形で全体の安全を守るというのは基本的におかしいのではないかというのが、県民の多くの声だ。そういう主張からすると、今の日本の全体の利益を図るため、日本の内部の小さなところに負担を押し付けるのも納得しかねる点である」[34]、「安保が重要というなら、その負担、責任・重荷は全国民で共通に引き受けるべきである。沖縄だけに平然とおっかぶせるのは差別的処遇である」[35]と、政府の基地問題に対する無責任、政治的不作為を批判した。「『日米安保は国益にかなう』とか、『アジア太平洋地域の平和のために不可欠』などと言いながら、本土は基地を引き受けようとしない。国会では圧倒的多数の本土選出議員が基地問題の解決を図ろうとしない。民主主義の名の下で、沖縄が差別される構図が出来上がっている。キーワードは『構造差別』だ[36]」。

地方自治の理念の一つに、同一水準の負担で同一水準のサービスという「均衡の原則」がある。受益が国全体なら負担も国全体で考えなければいけない。安全保障上、在日米軍が日本に必要だとしても、負担が沖縄に集中するのは筋が通らない。[37]

ところが、共同通信社の「戦後70年　共同世論調査」（二〇一五年五～六月）によると、安全保障上、沖縄に米軍基地が必要だとの解答が「大いに」一七％と「ある程度」五七％を合わせて七四％。「あまり必要ない」は一八％、「全く必要ない」は七％であった。日米安保条約に基づく同盟関係について「今のままでよい」が六六％で、「今よりも強化すべき」が二〇％で多くの国民が安保を必要であると考えている。(38)沖縄米軍基地の必要性について多くの国民が肯定的である。国民が日米安保体制を容認するならば、基地を沖縄にだけ過重負担させるのではなく、全国民が等しく負担を分け合うべきであるというのは当然であろう。戦後七二年、政府、政治家はもちろんのこと、全国民で沖縄に過重負担をかける現実を冷静に考え、その解決策を見出す努力を真剣に行うべきではないか。沖縄を犠牲にしないと成り立たない安全保障政策は、抜本的に見直すべきである。日米安保体制が必要なら全国民が等しく負担を分かち合うのが本来の姿であり、そのための体制を構築することが、わが国の防衛政策の最優先課題ではないだろうか。

第4節　米軍人軍属による事件と基地移設問題

1　米軍人による事件・被害の現状

復帰前の事件の犠牲者は、強姦殺人事件一二一人、殺人事件七五人、交通死亡事故二〇二人、強姦（未遂含む）三二一人、生後九カ月の乳児から高齢者まで、少なくとも六二〇人が犠牲になった。復帰後も基地は整理縮小されることはなく、県民は基地があるが故の事件と常に隣り合わせであったことはその事件数から明らかである。一九七二年の本土復帰から二〇一四までの間に発生した事件は、軍人軍属による刑法犯罪の検挙件数は五八六二件、そのうち殺人、強姦、強盗、放火の「巨悪犯罪」が五七一件もあった。強姦殺人三件、強姦（未遂含む）四〇件であった。[39] 他府県では全く考えられない壮絶な被害の実状である。

特に軍隊による性暴力は一九四五年に米軍が沖縄に上陸した直後から始まった。地上戦が終わった後も、軍人軍属による巨悪な性犯罪は後を絶たず、不幸にも米軍統治下で沖縄の多くの女性が傷つき、時には命を奪われた。復帰後四五年経った今日でさえも、女性たちの人権、命が脅かされる恐怖の実態は基地あるが故に何ら変わらない。しかも女性の人権を踏みにじる性犯罪は被害者が告訴しないケースもあり、実数はさらに多く、一〇倍どころか、一〇〇倍にものぼるとも言われており、事件として発覚するのは「氷山の一角」である。[40] 本土復帰後も、日米地位協定で日本側の捜査権や裁判権は制限されたままであり、米軍がらみの事件を防止することはできなかった。件数があまりにも多く、本稿では事件の概要を説明することはできない。[41]

このような事件の中で特に基地の米軍普天間飛行場返還を大きく訴える契機となったのは、一九九五年の少女暴行事件であった。買い物帰りの小学校生が米海兵隊員三人に車で連れ去られ乱暴されるという筆舌に尽くしがたい痛ましい事件が起こった。[42] 一〇月二一日には事件に抗議する「県民総決起大会」が開催され、八万五〇〇〇人（主催者発表、抗議大会は宮古、八重山など県内各地でも同時開催された）が結集し、復帰後最大規模の集会となり、とめどもない怒りの声をあげた。[43] 同事件は、アメリカ政府にとっても衝撃的であった。当時駐日大使だったモンデール氏は「身の毛のよだつような残酷なことで、少女に申し訳ない気持ちになった」「デモの人たちが東京にある私のオフィスの外にもいたことを覚えている。私はとても取り乱した[44]」と事件を振り返った。

その事件をきっかけに米軍基地への反発はこれまで以上に強くなり、基地の整理縮小を求める県民運動が強くなり、日米両政府は、翌九六年モンデール・橋本会談で米軍普天間基地の返還に合意した[45]。

2 SACO合意へ

基地撤去の声・怒りを鎮静化するために政府は一九九五年一一月日米特別行動委員会（SACO：Special Action Committee on Areas in Okinawa）を設置[46]し、翌九六年一二月米軍普天間飛行場の全面返還や北部訓練場の一部返還等一一施設の米軍基地を返還することなどを内容とするSACO最終報告書が合意された。ところが政府はその内七移設を県内としたため、県民は「基地のたらい回し」に過ぎないと強く反発しているためSACO合意から二〇年が経過した現在でも、返還は予定通りには進まないのが実状である。

SACO最終報告書には、「負担軽減」が強調された。ところが新たな移設先の施設は施設自体の最新鋭化はもちろんのこと、移設前にはなかった機能も付与する形で、単純な「移設」にとどまらない「焼け太り」ともいうべき計画となっているのが実状である。普天間飛行場の移設計画によって辺野古基地には、オスプレイの運用はもちろんこと、強襲揚陸艦が着岸できる軍港や弾薬庫搭載区域も建設される。現在の米軍普天間飛行場には軍港機能も弾薬庫も搭載区域もない。それは明らかに単なる移設ではなく機能強化であり、新基地建設である。運用年数四〇年、耐用年数は二〇〇年と言われている。それは基地の恒久化であり、負担軽減どころか負担増大である。[47] 一方、高江のヘリパッド新設の位置選定でも「米軍から運用上、必ず必要との強い要望があった」など米軍の訓練場の要求が反映されたものになっている。[48] アメリカにとっては七〇年前に建設された普天間飛行場を負担軽減を口実に最新鋭の基地にする好機と捉え、基地の機能強化であることは明らかになった。日本政府にとっては日米同盟の安定的運用に大きく資することになるが、辺野古移設による新基地建設、高江区へのヘリパッド建設によって沖縄は永久的に基地の島になるという新たな基地負担を強いられることになった。

第5節　選挙で示された辺野古新基地反対の民意

日米両政府が米軍普天間飛行場の名護市辺野古への移設をV字型滑走路案で合意した二〇〇六年から一一年間沖縄で米軍普天間飛行場の辺野古移設容認を公約に掲げて当選した知事、関係市長（名護市、宜野湾市）、国会議員は一人もいない。特に辺野古移設建設が明確になった、二〇一四年の県知事選、名護市長選、衆議院選挙、二〇一六年参議院選を取り上げ、県民がいかに辺野古移設反対の民意を明示したかを考えてみたい。

1　二〇一四年県知事選

日米両政府がV字型滑走路案を合意して以後、県知事選は二〇〇六年、二〇一〇年、二〇一四年三回行われた。その中で辺野古移設問題が明確に争点化されたのは二〇一四年の知事選であった。現職の仲井眞弘多氏は、その前年の一二月に辺野古の埋め立てを承認して初めての選挙であった。選挙ではこれまでの知事選よりも辺野古移設反対から容認を明確に訴えた。一方の翁長雄志・前那覇市長は、辺野古移設に反対を鮮明に、共産、社民、生活、社大、さらに保守の一部を取り込み「オール沖縄」「建白書勢力」で戦い(49)、辺野古容認の仲井眞氏に圧勝した。辺野古移設反対が有権者の大きな支持を得た結果であった。選挙結果は翁長氏が三六万八二〇票獲得し、二六万一〇七六票の仲井真氏に九万九七四四票の大差で圧勝した。翁長氏の得票数は、他の下地幹朗氏、喜納昌吉氏という前国会議員でそれなりの知名度・政治実績のある候補の得票数を加えた得票数よりも二万二四七六票も多く、得票率五一・六一％で過半数を超えた(50)。

2　二〇一四年名護市長選

辺野古移設反対を訴える現職の稲嶺進氏が再出馬した二〇一四年名護市長選では、対立候補の末松文信氏が辺野古移設を推進する考えを訴え、これまでになく移設問題を争点に選挙戦が展開された。選挙結果は「辺野古の海にも陸にも基地を作らせない」と明確に辺野古移設反対を訴えて選挙戦を展開した、稲嶺進氏が一万九八三九票で、「移設受け入れを前提とした再編交付金の活用で新たなまちづくり」を訴える末松文信氏に四一五五票差で当選した。市長選で明確に辺野古移設問題が争点になったのはこの選挙が初めてであった。米軍普天間飛行場の移設先である名護市で受け入れ反対の民意が改めて明確にされた(51)。

3　二〇一四年衆議院選

二〇一四年衆院選は全国的には自民の圧勝であったが、辺野古移設問題を抱える沖縄では反自民の四候補が全四選挙区で勝利し、劇的な完全勝利となった。これは安倍政権があまりにも強引に進める辺野古移設に対して有権者がいかに反対であるかを浮き彫りにした。米軍普天間飛行場返還に伴う名護市辺野古新基地建設反対を掲げた社民、共産、生活や一部保守層からなる「オール沖縄」「建白書勢力」が四選挙区で旋風を巻き起こし、改めて辺野古移設反対の「民意」を政府に示した。

自民候補が全員落選（全員比例で復活当選）という衆院選の結果を受け、地元の新聞、琉球新報は「沖縄選挙区では、政府が押し進める米軍普天間飛行場の名護市辺野古への移設に反対する四氏全員が当選した。移設推進の自民四氏全員は支持を得られなかった。県民は『沖縄のことは沖縄が決める』と自己決定権を行使し、政府与党に辺野古移設拒否をあらためて突きつけたことになる。……衆院選沖縄選挙区で自民党公認が全敗したという現実を安倍政権は重く受け止め、移設を断念すべきだ。地元の民意をこれ以上無視することは民主国家として許されない(52)」と民意を無視してきた政府を厳しく批判した。

特に米軍普天間基地のある二区とその受け入れ先である三区についてもう少し詳細にみてみたい。

二区は米軍普天間飛行場を抱える宜野湾市が含まれており、辺野古移設反対を訴えた社民の照屋寛徳氏が八万五七八一票（得票率六〇・六％）獲得し、自民の宮崎政久氏の五万二一五六票（同三五・三％）に三万三六二五票の大差での圧勝であった。投票箱が閉まった八時の時報とほぼ同時に当確が出るほどの圧勝であった。特にこの選挙区で注目すべきことは、宜野湾市で照屋氏が二万九一九票獲得し、宮崎氏の一万四七三四票に六一八五票の大差をつけたことである。結果に大きな衝撃を受けたのは、辺野古推進を強引に進めている政府・官邸、自民党本部であったことは言うまでもない。二区の市民が米軍普天間飛行場の危険性、騒音などの被害を受けながらも、県内移設には反対の意思を明示したことに注目すべきである。照屋氏は同選挙区で一貫して辺野古への移設に反対し、連続五回の当選を果したことも注目したい。

三区は、普天間飛行場の移設先である名護市を中心とする選挙区である。移設反対を明確に訴えた玉城デニー氏が八万九一一〇票（得票率五八・九％）獲得し、移設容認の比嘉奈津美氏の五万九四九一票（同三九・三％）に二万九六一九票の大差での圧勝であった。この選挙区で注目すべきことは、名護市で、玉城氏が一万三九七六票獲得し、比嘉氏の一万九七票に三八七九票の大差があったことである。政府にとって是が非でも二区、三区は議席を取りたかったが、辺野古移設に反対の民意がこれを阻止した[53]。

安倍首相は、沖縄の全選挙区で自民候補が辺野古移設に反対する候補者に敗れた結果については、普天間の固定化を避けるために現行計画を進めると強調し、解決策は辺野古移設しかないとの考えを説明した。これに対し、翁長雄志県知事は、「名護市長選、市議選、知事選、衆院選と辺野古に新基地を造らせないという政策を掲げ、全部勝ってきた」と指摘し、安倍首相に「県民の民意をしっかり受け止め、世界に冠たる民主主義国家として辺野古を解決して欲しい」と訴えた。(54)

4　二〇一六年参議院選

二〇一六年参議院選では、全国的には、安倍政権が改憲勢力の三分の二を獲得し、自民勝利の風が吹く中、沖縄では辺野古新基地建設反対を明確に訴えた、伊波洋一氏が、三五万六三五五票獲得し、辺野古移設容認の現職の沖縄担当大臣である島尻安伊子氏の二四万九九五五に一〇万六四〇〇票の大差で圧勝し、大臣も新基地建設反対の勢いに破れた。島尻氏は「あらゆる選択肢を排除せず、全力かつ現実的に取り組む」と訴えたが、安倍政権は「辺野古が唯一」と判断しており、島尻氏の訴えは浸透するはずもなかった。基地問題での民意を改めて政府に突きつけた選挙結果であった。(55)

このように沖縄県民は選挙を通して辺野古移設反対の意思を明確にしてきた。ところが政府は「辺野古が唯一」と呪文のように唱え、県民の声を無視し続けている。わが国が民主国家を標榜するならば、たとえ前知事が辺野古の埋め立て承認をしたとしても、新知事が誕生し、その後の選挙で辺野古反対の民意が明確に示された以上、他の選択肢を検討することが民主政治のあるべき姿ではないだろうか。今、沖縄では選挙によって正当性を得た「民の力」によって、これまでの抑圧された歴史に終止符を打とうとしているが、国家権力が大きく立ちはだかっている。選挙で示された民意を無視し、辺野古新基地を建設するために民間の警備会社の警備員、警察、機動隊が抗議する市民を容赦なく強制排除、ゴボウ抜きにして工事を強引に進めることは、民主国家のあるべき姿ではなく、政治の危機、危機の時代への序章を予感させる事態である。

第6節　基地負担軽減の虚像

1　辺野古への移設建設の政治的背景

(1) 梶山静六元官房長官書簡

政府はことあるごとに辺野古が「唯一の選択肢」と説明してきたが、それを覆す証言が出てきた。これは、米軍普天間飛行場返還・移設問題を巡り、橋本内閣で沖縄との交渉に奔走した梶山官房長官が一九九八年下河辺淳元国土事務次官に宛てた書簡で、名護市辺野古に移設する理由として、「シュワブ沖以外に候補地を求めることは必ず本土の反対勢力が組織的に住民投票運動を起こすことが予想されます。……名護市に基地を求め続けるよりほかにないと思います[56]」と記している。書簡で梶山氏は名護以外で候補地を探そうとすれば、本土の反対で「住民投票運動」が起こると懸念した。住民投票による政治的混乱で、基地問題が全国的に波及する事態を懸念していた様子が明らかになった。しかし、住民投票に対する強い懸念を沖縄にも当てまめれば、名護市の市民投票（反対五二・八六%、反対四五・三三%）で反対の意思が明確になったが、政府は名護市長を説得し、辺野古移設を承諾させた。政府の対応は沖縄と本土ではこのように大きな違いがある。沖縄に対してはいかなる反対運動が起ころうが、国家権力を総動員してでも断行する。当時の政権中枢が「本音」とも言える見方を示していたことで、現安倍政権を始めこれまでの政府が一貫して主張してきた移設理由の虚像が崩れた。

(2) アメリカの関係者の発言

次に辺野古移設に疑問を呈しているアメリカの関係者の発言に注目してみるのも辺野古移設を考える際に重要である。ここでは『琉球新報』の単独インタビューを引用して考えてみたい。まず、沖縄の返還交渉にも関わり、クリントン政権の大統領特別補佐官などを歴任したモートン・ハルペリン氏は、日本政府がこの問題について米政府に「私たちは辺野古移設を試みたが、沖縄県民の反対は根強いことは明白である。残念ではあるが、私たちは別の方法を見つける必要がある」と、辺野古移設の困難性を話せば、アメリカは別の方法を考えると語っていた。「辺野古移設計画はやめるときである。この問題は政治によって動かせる。日本の首相がこの移設計画は終わりであるといえば、米政府は日本政府と別の解決策を見つけるために共に作業することになる」[57]。

ジョセフ・ナイ元米国防次官補は、「沖縄県内に海兵隊を移設する現在の公式計画が、沖縄の人々に受け入れられる余地はほとんどない」と分析し、「海兵隊をオーストラリアに移すことは賢明な選択だ」としていた。同時に、米軍普天間飛行場は「(密集地域にあるため)摩擦を引き起こし、私たちの大きな戦略に影を落としている」との見解も示した[58]。この主張は、日本政府が「辺野古が唯一の選択肢」と、繰り返して説明してきたことがいかに根拠のない、辺野古移設への方便であったかを明らかにしている。

米有力軍事シンクタンク・ランド研究所は、海外の米軍基地に関する報告書を公表した在沖海兵隊（約一万八千人）ついて、約二二〇〇人で構成し、主に小規模紛争や災害の初期対応に当たる第三一海兵隊（31MEU）を除く大部分を米本国に移転しても、「展開能力にはわずかな影響しか及ぼさない」と評価した[59]。

スナイダー・米スタンフォード大アジア太平洋研究センターのダニエル・スナイダー副所長は、米軍普天間飛行場の名護市辺野古移設計画について実行は困難だと分析し、「現実的な代替案はある」と述べ、高度な政治的判断の必要性を前提に、県外移設や在沖海兵隊の大幅削減は可能であるとの認識を示した[60]。さらに、注目すべき発言もあった。普天間問題に関し「約五〇年前と同じ議論をしている。現実的代替案策はある。政治的リーダーシップが欠如しているだけである。抑止力のシグナルを送る場所が沖縄だけである理由はない」と語った。普天間の代替基地を沖縄に建設しなくても、数機の回転翼機を既存基地で運用する小規模の即応部隊を置けば、戦略的に機能するとし、解決策は、政治のリーダーたち次第であると語った[61]。

日本政府が「辺野古移設が唯一の選択肢」と繰り返し主張しているのであるが、アメリカ側が選択肢の多様性を示しているのは驚きである。日本政府は梶山官房長官が書簡で述べているように、あくまでも政治的な理由で強引に沖縄に押し付けようとしていることがさらに明らかになった。

以上の米関係者、識者の辺野古移設にたいする考え方は、日本政府のように沖縄へのこだわりはなく他府県どこでもよく、さらには米本土へ引き上げる可能性さえも示唆している。この移設問題から見えてくるのは、政府の沖縄軽視・差別、同時に政策立案力のなさ、政策の貧困であり、結果的に沖縄に過度に米軍基地を押し付け、犠牲を強要してきたことが明らかになる。

2　北部訓練場返還とヘリパッド建設

北部県訓練場は二〇一六年度末に約七五〇〇ヘクタールのうち、約四〇〇〇ヘクタールを返還されたが、北部訓練場はアメリカ海兵隊にとって唯一のジャングル訓練場であった。訓練場には原生林が広がっていて、訓練使用は一部である。アメリカ海兵隊の運用計画にさえ、「北部訓練場の五一％が使用できず日本に返還される」と記されている。つまり沖縄の負担軽減ではなく、訓練に使えない部分は返還するということである。その代り返還されない部分にオスプレイのヘリパッドを六つ建設することになっていた。ヘリパッド建設後はオスプレイがそれぞれ年四二〇回使用する。米海兵隊の「戦略ビジョン２０２５」には、「ほとんど使用できない北部訓練場の五一％は返還されるが、新しい訓練施設で、限りある海兵隊の土地が最大限に活用できるようになる[62]」と記されている。

二〇〇七年に工事が始まったが反対住民による抗議行動などで工事は中断を余儀なくされていたが、沖縄防衛局は二〇一六年の七月の参議院選挙後に工事を再開した。日米両政府は過半を返還することによって、基地負担の軽減に取り組む姿勢を全国的にアピールした。工事再開後さらに激しい抗議行動が連日行なわれたが、政府は全国から機動隊約五〇〇人を動員し[63]、問答無用に工事を進め、資機材を空輸するために陸上自衛隊ヘリを防災以外では初めて投入し、二〇一六年一二月に工事を完成した。

ヘリパッドが建設された場所は、東村高江区から最も近いところのヘリパッドは二〇〇メートル程度しか離れていない。オスプレイ特有の騒音によって住民への被害はヘリパッドが二つ完成し、訓練が行われた段階でもすでに出ている。六つが完成し訓練が行われたならば、その被害はこれまでの比でないことは容易に想像できる。

高江区は、琉球新報の戸別訪問によるアンケートで、ヘリパッド建設に「賛成」〇%、反対「八〇・〇」%であった[64]。一方、高江のヘリパッド新設の位置選定でも「米軍から運用上、必ず必要との強い要望があった」など米軍の訓練場の要求が反映されたものになっている[65]。

高江区はヘリパッドが集落に隣接しすぎるとして、一九九七年一月二五日「ヘリポートの東村誘致に絶対反対する区民総決起大会」を開き[66]、二〇〇六年二月二三日にも区民臨時総会を開き全会一致で移設反対を決議した[67]。この二度の建設反対の決議にもかかわらず、政府が住民の反対の切実な声を聴くことはなかった。SACO最終報告に向けた詰めの協議では、米側が米軍普天間飛行場にオスプレイを沖縄に配備する方針を日本政府に説明したが、日本政府の要望でSACO最終報告にこの事実は公表されないまま、移設をめぐる地元との交渉が進められてきた。

機動隊を全国から五〇〇人も結集させ、建設反対の抗議行動を封じ込め、二〇一六年一二月に完成し、政府は返還記念式典を開催し、その中で菅義偉官房長官は「これだけの返還は沖縄の本土復帰後最大規模のものであり、県内の米軍基地の約二割が減少し、沖縄の基地負担の軽減に大きく資するものと考えております[68]」。「沖縄県内の米軍専用施設の一七・七%が返還」されたことを最大限アピールしたい日本政府であったが、式典会場には沖縄県知事の姿はなかった。式典を前にして一二月一三日オスプレイが墜落し、翁長知事は式典と同日に開かれた「オスプレイ緊急抗議集会」に参加していた。

式典当日、地元の琉球朝日放送では、「あなたにとって記念式典とは」とのインタビューを行った。その中で嘉数知賢・自民党元衆議院議員は、記念式典を「何のための返還　誰のための返還」か、と疑問を呈し、「式典する人に問いかけたい。一体何のために返還するのか。誰のために返還するのか。大変使い勝手の良い訓練場になる。地上でやらなくなって訓練場が上に上がるだけの話ではないか。オスプレイが頭の上から飛び、そこで訓練するため、危険性からするとはるかに国頭村の皆さんにしても東村の皆さんにしても増すわけだから」と危険性が増すことに怒りを禁じえなかった。大田昌秀・元沖縄県知事は「なんの意味もない無駄な式典」と位置づけ、「戦後最大の返還だといっても市民生活や県民生活と結びついているところを返還すれば、そういうことも通るが、〝演習場〟を返還したからといってそんなに有り難い話じゃない。しかも辺野古とか高江に新しい基地を作ろうとしているのだからそんな式典に出る必要な全くない」と、政府の誠意のない欺瞞に満ちた返還を痛烈に批判した[69]。

安倍首相は国会で「本土復帰後最大の返還である。沖縄の未来を切り開いていく」と目に見える負担軽減を強調するが、大田元沖縄県知事は、「とんでもない。こんなので沖縄の未来は絶対に拓けない。生活に巨大な打撃を与える所に基地を作ろうとしているからとんでもない[70]」と、安倍首相の沖縄だましを批判した。

本土復帰後最大の返還でありながら、政府と沖縄は受け止め方が全く違っている。政府は最大の返還と胸を張るが、一体負担軽減とは何なのか、それを多くが実感していないということ。単に面積の話ではなく、負担を負っている沖縄がどう感じるのか、どう受け取るのか、この視点なくして真の負担軽減はない。しかし政府は目に見える負担軽減をいうが、沖縄の米軍専用施設は全国の七四・五％から七〇・六％に減るものの過重な基地負担の解消には余りにも程遠い。

以上のように、米軍普天間飛行場の辺野古への移設・建設、北部訓練場の返還とヘリパッド建設の実態を見ると、県民の多くが強く望み、期待していた沖縄における負担軽減も文字通り「大山鳴動して鼠一匹」の全くの期待外れであった。今後も期待は持てないのが実状である。これが政府の考える基地問題への対応である。

註

(1) 伊波普猷『沖縄歴史物語』平凡社、三一〇頁。
(2) 進藤栄一「分割された領土―沖縄、千島、そして安保―」『世界』一九七九年四月号、四七頁。進藤栄一『分割された領土　もう一つの戦後史』岩波現代文庫、二〇一五年、六二～六七頁に詳しい。
(3) 大田昌秀『こんな沖縄に誰がした』同時代社、二〇一七年、五〇頁参照。
(4) 『琉球新報』一九七九年四月一一日。
(5) 『琉球新報』一九八九年一月一二日。
(6) 大田前掲書、五五頁。
(7) 同前、六四頁参照。
(8) 大田昌秀「アメリカの対沖縄戦後政策」坂本義一／R・E・ウォード編『日本占領の研究』所収、一九八八年、五一〇頁。
(9) 同前、五一一頁。

(10) 同前、五一二頁。
(11) 同前、五一〇頁。
(12) 大田前掲書『こんな沖縄に誰がした』一一一頁。
(13) 一九七一年一一月二四日、衆院本会議においては、「非核兵器ならびに沖縄米軍基地縮小に関する決議」が行われ「政府は、沖縄米軍基地についてすみやかな将来の整理縮小の措置を取るべきである。右決議する」沖縄県基地対策室『沖縄の米軍基地』二〇〇三年、一〇五頁、『沖縄タイムス』一九七一年一一月二四日（夕刊）参照。
(14) 『沖縄タイムス』一九九七年四月二三日参照。
(15) 『高知新聞』は二〇一五年五月一五日付で復帰の日の特集として「高知から考える本土と沖縄」と題して「基地集中なぜなのか」を詳細に報じている。
(16) 大田前掲書『こんな沖縄に誰がした』、八頁。
(17) 『琉球新報』〈沖縄基地の虚実　8〉、二〇一六年三月三一日。
(18) 『沖縄タイムス』二〇一五年四月二一日。
(19) 『沖縄タイムス』二〇一三年一二月二四日。
(20) 『沖縄タイムス』二〇一六年一月一二日。
(21) 一九五〇年代に在沖米軍基地を整備・拡張するため、米国民政府（当時）が土地を強制収用した様子を表現した言葉。土地接収は、布令・布告による合法的な体裁をとりながら、実際には軍隊の武力を背景にした強制的問答無用の接収・強奪であった。米軍は抵抗する住民を銃剣で武装した兵士が排除し、ブルドーザーで田畑を潰し、家屋を引き倒していった。家財道具を持ち出す暇も与えない程、力による土地接収が強引に行われた（松田米雄編『戦後沖縄キーワード』五一―五二参照。
(22) 杉田　敦『権力論』岩波書店、二〇一五年、一〇七頁。
(23) 『沖縄タイムス』二〇一五年一〇月二五日紙面〈『山梨日日新聞』提供　戦後70年やまなし〉でその当時の米軍による事件事故による被害の実態を詳細に報じている。基地があれば米軍人軍属による事件発生は必然的であることを示している。

(24)『沖縄タイムス』〈本土　姿消した海兵隊〉〈在沖海兵隊の形成をめぐる主な動き〉で本土から沖縄への移駐を詳細に報じている。二〇一六年六月一二日。
(25)『沖縄タイムス』〈検証　在沖海兵隊　抑止力の神話③〉二〇一六年六月一四日。
(26)『琉球新報』二〇一六年六月一九日。
(27)地理的優位性ではなく、あくまでも政治的判断であったことは、「軍事は沖縄でなくても良いが、政治的に考えると、最適な地域だ」という森本発言にも見る通りである（『琉球新報』二〇一二年一二月二五日）。尚、琉球新報「日米廻り舞台」取材班『普天間基地移設　日米の深層』は、「地理的優位性」の主張がいかに辺野古移設の口実であるかを理解するうえで参考になる。一二四〜一二七頁。
(28)『基地はなぜ沖縄に集中しているのか』NHK出版、二〇一一年、四三頁。
(29)『琉球新報』二〇一六年六月一九日。
(30)沖縄県知事公室基地対策課「沖縄の米軍基地の疑問をわかりやすく解説　Q&A」六頁参照。
(31)野添文彬『沖縄タイムス』〈固定化への歴史的岐路〉二〇一三年一一月八日参照。
(32)野添文彬「一九七〇年代から一九八〇年代における在沖海兵隊の再編・強化」屋良朝博他『沖縄と海兵隊』旬報社、二〇一六年、九三〜九七頁。「ここで使用する航空機は、人の多く住む地域を低く飛び、目立った騒動を引き起こすので」と指摘される通り、米軍普天間飛行場の周辺には、飛行場周辺には九万人の市民が九〇万人居住し、一二一か所以上の公共施設がある。さらに、同飛行場におけるクリアゾーン（土地利用禁止区域）は大きく基地外の住民地域に張り出し、そこには多くの公共施設や保育所等があり、約三六〇〇人の市民が住んでいる（宜野湾市基地政策部基地渉外課「普天間飛行場の早期閉鎖・返還に向けて〜普天間飛行場の危険性〜」一、六頁参照）。
(33)『琉球新報』〈米海兵隊沖縄駐留の歴史〉二〇一四年一〇月二三日。
(34)『琉球新報』一九九五年五月一二日。
(35)大田昌秀『沖縄は主張する』岩波ブックレットNO.397、一九九六年、一四頁。
(36)『高知新聞』二〇一五年五月一五日。
(37)『琉球新報』二〇一六年七月三一日。

(38)『沖縄タイムス』二〇一五年七月二二日。
(39)『琉球新報』二〇一六年六月一八日「奪われた命と尊厳六二〇人超」の見出しで米軍関連の事件を詳細に報じている。
(40)『琉球新報』二〇一六年六月一九日。大山朝常『沖縄独立宣言』現代書林、五一―五二頁参照。
(41)二〇一六年四月二八日、米軍嘉手納基地に勤める米軍属によって女性暴行殺人事件が起こり、六月一九日事件に抗議する県民大会が開催された。その当日の『沖縄タイムス』『琉球新報』は、戦前・戦後の米軍による事件を詳細に報じている。
(42)『沖縄タイムス』一九九五年九月九日。この記事を見たとき、記事としての扱いの小ささに目を疑った。しかし、これには次のような事情があった。「地元紙の『琉球新報』は発生直後に事件の概要を把握したものの、警察を通じ、『報道を控えて欲しい』という家族の意向も伝えられていた。結局同紙は逮捕状が出るのを待って、比較的小さな扱いで報じ、もう一つの県内の有力紙『沖縄タイムス』は、この段階での報道を見送った。」(宮城大蔵、渡辺　豪『普天間・辺野古ゆがめられた二〇年』集英社新書、一九～二〇頁)。
(43)『沖縄タイムス』一九九五年一〇月二二日。
(44)『琉球新報』二〇一五年一一月九日。
(45)『沖縄タイムス』一九九六年四月一二日。
(46)沖縄県知事公室基地対策課『沖縄の米軍基地』平成二〇年度版、七頁参照。
(47)宮里政玄『沖縄 vs 安倍政権　沖縄はどうすべきか』高文研、二〇一六年、九頁参照。
(48)『琉球新報』二〇一六年七月二四日。
(49)沖縄県民大会実行委員会、沖縄県議会、沖縄県市町村関係四団体、市町村、市町村議会の連名で保革を乗り越えて、安倍晋三総理大臣あてに「1オスプレイの配備を直ちに撤回すること。2米軍基地を閉鎖・撤去し、県内移設を断念すること」を訴える建白書が提出された。ところが、自民党、公明党は政府の移設を容認し、離脱した(『琉球新報』二〇一三年一月二八日)。
(50)拙稿「国策のあり方を問う沖縄県知事選～辺野古新基地建設の選挙への影響を中心として」日本大学法学会『政経研究』第五二巻第二号、二〇一五年九月で基地問題がいかに選挙に影響を与えているかを詳細に論じている。

(51)『琉球新報』一九九七年一月二六日参照。
(52)『琉球新報』〈社説〉二〇一四年一二月一五日。
(53)『琉球新報』『沖縄タイムス』二〇一四年一二月一五を参照。
(54)『沖縄タイムス』二〇一四年一二月一六日。
(55)『琉球新報』『沖縄タイムス』二〇一六年七月一一日参照。
(56)『琉球新報』二〇一六年六月四日。尚、梶山書簡は梶山氏専用の便箋三枚につづられており、沖縄県公文書館で閲覧できる。
(57)『琉球新報』二〇一六年一一月二三日参照。
(58)『琉球新報』二〇一一年一一月二三日。
(59)『琉球新報』二〇一三年五月一七日。
(60)『琉球新報』二〇一三年五月一七日。
(61)『琉球新報』二〇一三年一二月三一日。
(62)『朝日新聞』二〇一六年一二月二二日。
(63)『沖縄タイムス』二〇一六年一月二〇日参照。
(64)『琉球新報』二〇一六年八月三日。
(65)『琉球新報』二〇一六年七月二四日。
(66)『琉球新報』一九九七年一月二六日参照。
(67)『琉球新報』二〇〇六年二月二四日参照。
(68)QAB琉球朝日放送「報道ステーション」二〇一六年一二月二二日。北部訓練場返還記念式典での菅義偉官房長官のあいさつ。
(69)QAB琉球朝日放送「QABニュースQ+」二〇一六年一二月二二日放送。
(70)RBC琉球放送「ニュース・ワイド」二〇一六年一二月二二日放送。

第4章　国家に馴致されないメディアの必要
――ジャーナリズムに地域主義を

畑　仲　哲　雄

主流メディアの劣化

二一世紀に入り、「マスメディアの劣化」という言葉が、人々の口の端に上るようになった。[1]「悪化」や「低下」ならば「好転」「回復」する可能性もあろう。だが「劣化」は品質や性能が衰えることを意味し、対義語がない。マスメディアはその役割を終え、別のものに取って代わられるのだろうか。

大手の新聞社・放送局はこれまでから幾度も批判に晒されてきた。容疑段階の犯人視、差別表現、番組の低俗化、やらせ・捏造、特定の事象への集中豪雨的報道、寡占、再販制、権力との癒着、記者クラブ、商業主義など多岐にわたる。批判に共通しているのは、マスメディアが、その使命を十分果たしていないという認識である。

マスメディアには権力を監視する「番犬」としての役割が期待されてきた。その番犬が市民社会に牙をむき、為政者にエサをねだる犬になってはならない。その危惧は一部のジャーナリストたちの間で共有されてきたし、地道な調査報道を続けて権力犯罪を暴くジャーナリストもいる。

だが、インターネットの普及にともない、大手メディアは収益構造を激しく揺さぶられてきた。新聞社は軒並み発行部数を失い、総合誌も相次いで休刊した。新興ネットメディアやＩＴ企業の登場で広告収入も減じた。ソーシャルメディアの利用者が増え、情報発信者としてのマスメディアの地位低下は著しい。他方で、ジャーナリズムによって監視されるべき権力がメディア企業を萎縮させる事態も起こっている。弱り目に祟り目という状況にあってマスメディアはじぶん自身にたいする処方箋を書けずにいる。

本章では、マスメディアの危機的状況を産業論とジャーナリズム論から検討し、地域に立脚するメディアの可能性を検討したい。

第1節　マスメディアの困難

縮みゆく新聞産業

日本の新聞産業は国際的に見れば、まだきわめて高い水準にある。たとえば、世界新聞・ニュー

表1　成人人口1000人当たりの新聞発行部数（2014年）

1位	日　本	410
2位	ノルウェー	368.2
3位	フィンランド	337.6
4位	スウェーデン	302.9
5位	インド	292.7
6位	スイス	259.1
7位	オーストリア	251.8
8位	ドイツ	231.7
9位	オランダ	207.5
10位	イギリス	184.7

（データ出所　WAN-IFRA・日本新聞協会）(2)

ス発行者協会（WAN-IFRA）の調査によれば、成人人口一〇〇〇人あたりの発行部数は日本が四一〇部で世界トップにある（表1）。個別の新聞の発行部数でみても、『読売新聞』は長年世界1位で、『朝日新聞』『毎日新聞』『日経新聞』もトップ10の常連である（表2）。

しかし、日本の新聞市場は縮小しつつある。日本新聞協会(3)によれば、加盟する約一〇〇の新聞社の合計発行部数は、一九九七年の五三七六万部をピークに減り続け、二〇一五年には四四二四万部となった。業界が失った約九五〇万部は『読売新聞』の部数を上回る。約四四〇〇万部という部数だけをみれば一九七〇年代後半と同水準だが、当時の世帯数は三四〇〇～三五〇〇万にすぎず、一世帯あたり一・二五～一・三〇部の新聞が出回っていた。だが、二〇一五年の世帯数は五五〇〇万に増えているにもかかわらず、一世帯あたり〇・八部しか購読されていない（表3）。かつて新聞を二紙以上定期購読していた世帯は珍しくなかったが、今日では五世帯のうち一つが新聞を取っていない計算になる。

表２　有料日刊紙世界トップ10（2015年）

	新聞紙名	国	言語	部数 (単位千)
1位	読売新聞	日本	日本語	9190
2位	朝日新聞	日本	日本語	6809
3位	USA Today	USA	英語	4139
4位	Dainik Bhaskar	インド	ヒンディ語	3557
5位	毎日新聞	日本	日本語	3360
6位	参考消息	中国	中国語	3073
7位	Dainik Jagran	インド	ヒンディ語	3034
8位	The Times of India	インド	英語	2891
9位	日本経済新聞	日本	日本語	2732
10位	人民日報	中国	中国語	2603

（データ出所　WAN-IFRA）(4)

表３　新聞の発行部数と世帯数の推移

年	合計	種類別		世帯数	1世帯当たり部数
		一般紙	スポーツ紙		
2015	44,246,688	40,691,869	3,554,819	55,364,197	0.8
2010	49,321,840	44,906,720	4,415,120	53,362,801	0.92
2005	52,568,032	47,189,832	5,378,200	50,382,081	1.04
2000	53,708,831	47,401,669	6,307,162	47,419,905	1.13
1995	52,854,538	46,511,872	6,342,666	44,235,735	1.19
1990	51,907,538	46,059,774	5,847,764	41,156,485	1.26
1985	48,231,671	42,673,198	5,558,473	38,457,479	1.25
1980	46,391,096	40,944,751	5,446, 345	35,830,857	1.29
1975	40,512,598	35,921,496	4,591,102	33,310,006	1.22

（単位　＝部）

・発行部数は朝夕刊セットを１部として計算
・世帯数は2014年から１月１日現在、13年までは３月31日現在の住民基本台帳による
各年10月、新聞協会経営業務部調べ

（データ出所・日本新聞協会）(5)

表4　平日の新聞行為者率の推移

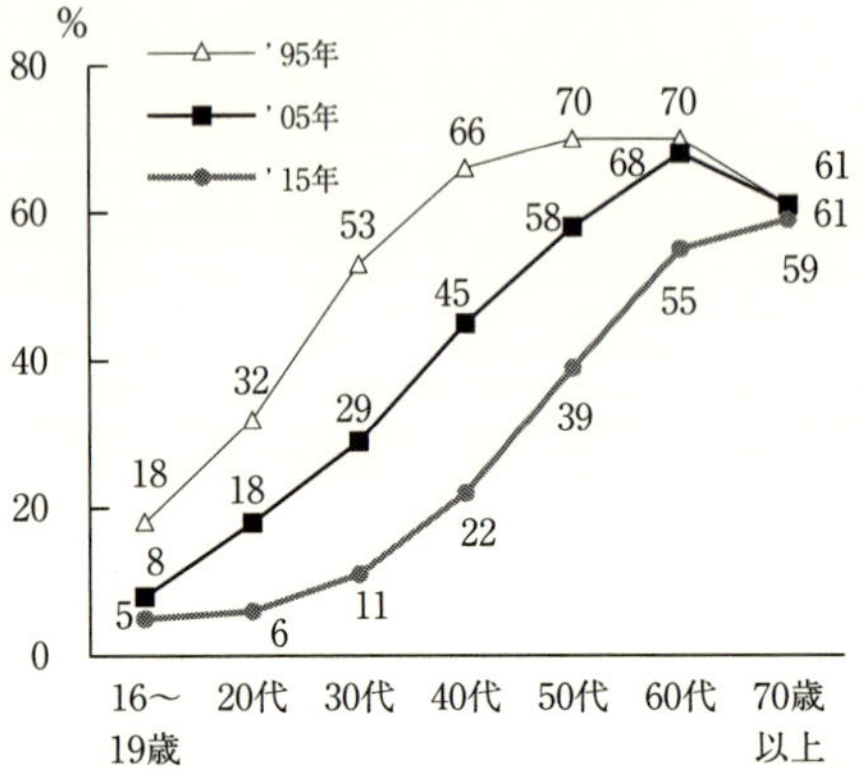

（データ出所・NHK放送文化研究所「2015年国民生活時間調査報告書」）[6]

「新聞離れ」は若年層だけの現象と考えられがちだが、NHK放送文化研究所の「国民生活時間調査報告書」では幅広い年代層で起こっていることが確認できる。この調査は、一日の中で一五分以上行為をしている人の率を「行為者率」と呼び、五年おきに人々が何に時間を割いているかを調べるものである。二〇一五年版の報告書によれば、新聞の行為者率（一五分以上新聞を読む人の率）の減少幅は各年代とも大きい。一九九五年から二〇一五年の二〇年の変化をみると、二〇歳代が三二％から六％へ、三〇歳代が五三％から一一％へ、四〇歳代が六六％から二二％へ、五〇歳代も七〇％から三九％へと、幅広い世代で軒並み減少していることがわかる（表4）。

新聞業界では長らく、新聞と無縁の学生も社会人になれば定期購読すると信じられてきた。だが、報告書は働き盛りの三〇～四〇代の多くが新聞を購読していないことを示している。携帯電話やインターネットが普及したため、紙の新聞ではなく、スマートフォンを使ってニュースに接しているビジネスマンの増加も考えられる。新聞各社が二〇〇〇年代からデジタル事業に乗り出し、有料の電子新聞や記事配信に注力してきたのは、そんなビジネス層やデジタル世代の若年層への市場開拓のためである。

デジタル事業が収益の中心にシフトした新聞社は、二〇一七年現在見当たらない。新聞社はまだしばらくの間、紙の新聞を中心にしたビジネスを継続しなければ存続できない。しかし、現在の熱心な購読層である六〇代以上の読者が購読できる期間を考えれば、日本の新聞市場の縮小傾向は今後、加速していくとみられている。

市場に依存する言論

新聞社の経営は、大きく分けて販売収入と広告収入の二本柱によって支えられている。販売収入とは、新聞販売店への卸売から得られるもので、発行部数が倍になれば原理的に収入も倍になる。広告収入も発行部数に応じて増減するが、販売収入以上に振れ幅が大きい。好景気の時期は広告の需要が大きく、新聞各社はページ数を増やして広告収入を稼ぎ、新聞販売店に過度な買い取りを強要する「押し紙」が横行した(7)。無理をしてでも部数を増やし、広告収入を膨らませることが長らく常態化していた。

さまざまな問題を抱えながらも、新聞業界が戦後ほぼ一貫して右肩上がりに膨張できたのは、人口と世帯の増加と経済成長、高学歴化を背景に、市場で受け入れられてきたからである。だが、成長が頭打ちになり、読者と広告スポンサーを失いつつある新聞業界は、販売収入と広告収入を二重

表５　新聞広告費、新聞広告量の推移

年	総広告費	新聞広告費
2015	61,710	5,679
2014	61,522	6,057
2013	59,762	6,170
2012	58,913	6,242
2011	57,096	5,990
2010	58,427	6,396
2009	59,222	6,739
2008	66,926	8,276
2007	70,191	9,462
2006	69,399	9,986
2005	68,235	10,377

（単位＝億円）

（データ出所・日本新聞協会）(8)

に減少させている。販売収入と広告収入のうち一方が落ち込んでも、もう片方がカバーするようリスクヘッジがなされていれば、今日の惨状は免れていたはずだが、利益確保を優先してきたツケを払わされているのが実情といってよい。

新聞の発行部数が約二〇年で約二割減少したことは既に述べたが、広告収入はこの一〇年でほぼ半減した（表５）。日本が好景気に沸いていたころ、多くの新聞社の広告収入は販売収入を上回る稼ぎ頭だった。これが二一世紀に入り、広告収入は全収入の三割程度に縮小しているといわれる。減収を埋め合わせるため、多くの新聞社は人員削減とアウトソーシングがおこなうだけにとどまらず、取材予算を抑制するケースも珍しくなくなった。

ジャーナリストの間には、新聞社が市場に立脚することで、政府から独立した自由な言論活動ができるという考え方が根強い(9)。企業が経済的に自立すれば、権力からの干渉を排除して、言論の自律性を確保できるという論理である。これを逆に読めば、市場で支持を失えばジャーナリズムの実践がきわめて困難ということになる。

メディア産業の全景

日本において言論を担ってきたのは新聞・雑誌であったが、影響力や産業規模を考えれば、戦後のメディア産業の主役は放送であり、その筆頭は日本放送協会（ＮＨＫ）といってよい。広告を扱わないＮＨＫは「国営」と誤解されがちだが、政府から独立して「公共放送」をおこなう特殊法人である。教育・福祉のほか災害・防災に力を入れ、国会中継や政見放送をおこなう。正規職員約一万人、約五〇の地方局を擁し、放送局としては世界最大級である。[10] 年間予算六八〇〇億円をささえる受信料制度は、企業や経済界からの干渉を防いでいるといえる。だが、予算や事業計画について国会の承認が求められ、経営委員の人事も国会の同意を要する。このためＮＨＫは政府との密接な関係が取りざたされてきた。直近では二〇一四年にＮＨＫ会長に就いた籾井勝人が記者会見で「政府が『右』と言っているものを、われわれ（ＮＨＫ）が『左』と言うわけにはいかない」と述べ批判を浴びたばかりである。[11]

ＮＨＫの次に挙げられるのは在京キー局である。[12] キー局は、複数の局が番組や情報を融通するグループで中心的な働きをする民間放送局である。[13] 日本テレビを中心とするニュースネットワークＮＮＮには三〇社が加盟、ＴＢＳ系ＪＮＮ、フジテレビ系ＦＮＮ、テレビ朝日系ＡＮＮは二八社〜二六、テレビ東京系ＴＸＮは六社で構成されている。全国一一〇あまりの民放テレビ局の多くがネッ

表6　民放テレビのニュースネットワーク

	JNN (28社)	NNN (30社)	FNN (28社)	ANN (26社)	TXN (6社)	独立協 (13社)
北海道	北海道放送 HBC	札幌テレビ放送 STV	北海道文化放送 UHB	北海道テレビ放送 HTB	テレビ北海道 TVH	
青森	青森テレビ ATV	青森放送 RAB		青森朝日放送 ABA		
岩手	岩手放送 IBC	テレビ岩手 TVI	岩手めんこいテレビ MIT	岩手朝日テレビ IAT		
宮城	東北放送 TBC	宮城テレビ放送 MMT	仙台放送	東日本放送 KHB		
秋田		秋田放送 ABS	秋田テレビ AKT	秋田朝日放送 AAB		
山形	テレビユー山形 TUY	山形放送 YBC	さくらんぼテレビ SAY	山形テレビ YTS		
福島	テレビユー福島 TUF	福島中央テレビ FCT	福島テレビ FTV	福島放送 KFB		
東京	TBSテレビ TBS	日本テレビ放送網 NTV	フジテレビジョン	テレビ朝日	テレビ東京	東京メトロポリタンテレビジョン TOKYO MX
群馬						群馬テレビ GTV
栃木						とちぎテレビ GYT
茨城						
埼玉						テレビ埼玉 TVS
千葉						千葉テレビ放送 CTC
神奈川						テレビ神奈川 tvk
新潟	新潟放送 BSN	テレビ新潟放送網 TeNY	新潟総合テレビ NST	新潟テレビ21 UX		
長野	信越放送 SBC	テレビ信州 TSB	長野放送 NBS	長野朝日放送 ABN		
山梨	テレビ山梨 UTY	山梨放送 YBS				
静岡	静岡放送 SBS	静岡第一テレビ SDT	テレビ静岡 SUT	静岡朝日テレビ SATV		
富山	チューリップテレビ TUT	北日本放送 KNB	富山テレビ放送 BBT			
石川	北陸放送 MRO	テレビ金沢 KTK	石川テレビ放送 ITC	北陸朝日放送 HAB		
福井		福井放送 FBC	福井テレビジョン放送 FTB	福井放送 FBC		
愛知	CBCテレビ	中京テレビ放送 CTV	東海テレビ放送 THK	名古屋テレビ放送	テレビ愛知 TVA	
岐阜						岐阜放送 GBS
三重						三重テレビ放送 MTV
大阪	毎日放送 MBS	読売テレビ YTV	関西テレビ放送 KTV	朝日放送 ABC	テレビ大阪 TVO	
滋賀						びわ湖放送 BBC
京都						京都放送 KBS
奈良						奈良テレビ放送 TVN
兵庫						サンテレビジョン SUN
和歌山						テレビ和歌山 WTV
鳥取	山陰放送 BSS	日本海テレビ NKT				
島根			山陰中央テレビ TSK			
岡山	山陽放送 RSK		岡山放送 OHK		テレビせとうち TSC	
香川		西日本放送 RNC		瀬戸内海放送 KSB		
徳島		四国放送 JRT				
愛媛	あいテレビ ITV	南海放送 RNB	テレビ愛媛 EBC	愛媛朝日テレビ EAT		
高知	テレビ高知 KUTV	高知放送 RKC	高知さんさんテレビ KSS			
広島	中国放送 RCC	広島テレビ放送 HTV	テレビ新広島 TSS	広島ホームテレビ HOME		
山口	テレビ山口 TYS	山口放送 KRY		山口朝日放送 YAB		
福岡	RKB毎日放送 RKB	福岡放送 FBS	テレビ西日本 TNC	九州朝日放送 KBC	TVQ九州放送 TVQ	
佐賀			サガテレビ STS			
長崎	長崎放送 NBC	長崎国際テレビ NIB	テレビ長崎 KTN	長崎文化放送 NCC		
熊本	熊本放送 RKK	熊本県民テレビ KKT	テレビ熊本 TKU	熊本朝日放送 KAB		
大分	大分放送 OBS	テレビ大分 TOS	テレビ大分 TOS	大分朝日放送 OAB		
宮崎	宮崎放送 MRT	テレビ宮崎 UMK	テレビ宮崎 UMK	テレビ宮崎 UMK		
鹿児島	南日本放送 MBC	鹿児島読売テレビ KYT	鹿児島テレビ放送 KTS	鹿児島放送 KKB		
沖縄	琉球放送 RBC		沖縄テレビ放送 OTV	琉球朝日放送 QAB		

白抜き文字の局は、クロスネット社です。

衛星放送およびマルチメディア放送は除く

（データ出所・民間放送連盟）[14]

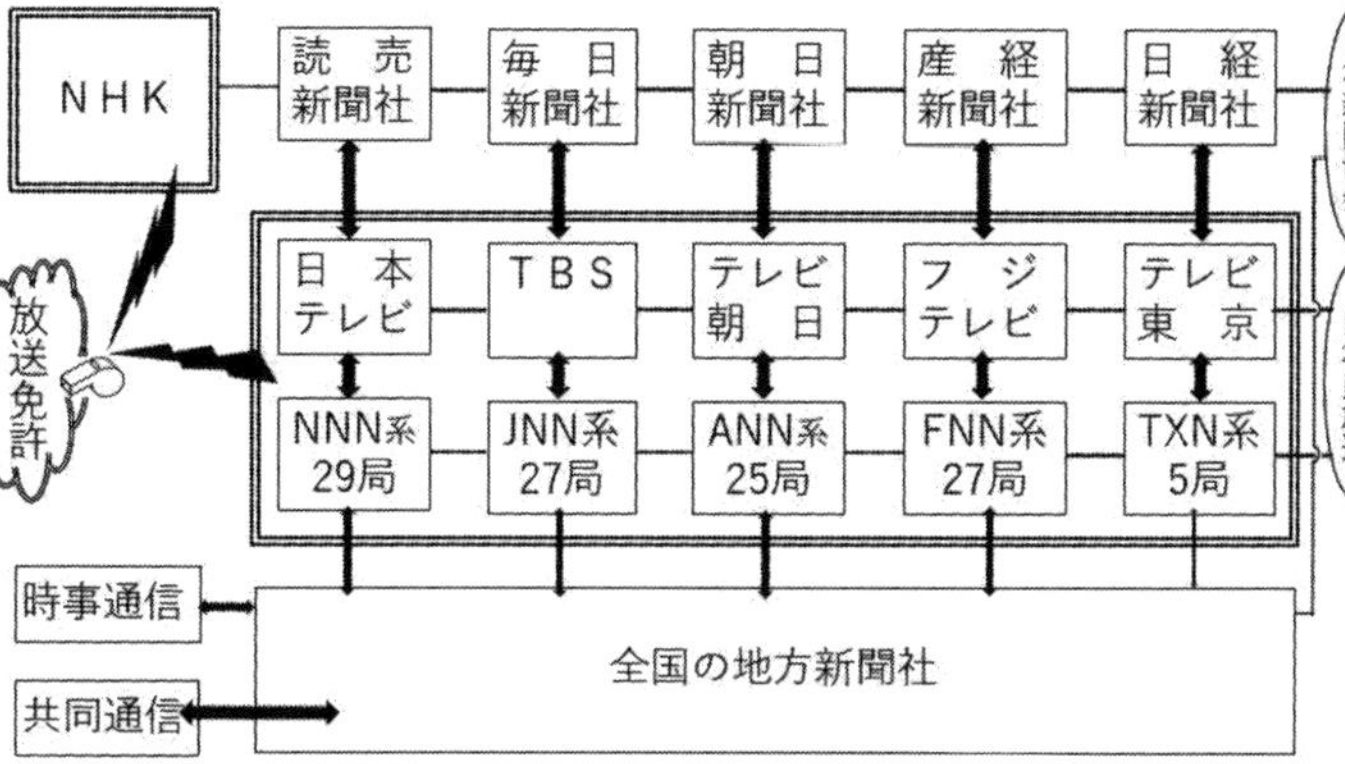

図1　日本の主なマスメディアの見取り図（筆者作成）

トに加盟している（表6）。

在京キー局五社は、五大新聞社と資本や人事面でつながりをもつ。読売新聞社＝日本テレビ、毎日新聞社＝TBS、朝日新聞社＝テレビ朝日、産経新聞社＝フジテレビ、日本経済新聞社＝テレビ東京という組み合わせで、五大メディアグループとされる。五グループは業界ごとの利益と資本ごとの利益という、縦横の糸によって強固に編み上げられている（図1）。

日本のマスメディア産業は、①NHKとその関連会社のグループ、②五大メディアグループに加え、③共同通信社に加盟する地方新聞社のグループも存在する。共同と地方紙を中心としたグループを付け加えることで、日本のマスメディア産業の全景を大まかに描くことができる。

共同通信社は一九四五年設立のニュース通信社である。前身の同盟通信社がGHQ／SCAP[15]の指令を待たず解散し、経済報道部門を時事通信社が、広告部門を電通が、一般報道部門を共同通信社がそれぞれ引き継いで戦後再出発した。[16] 時事と電通は株式会社だが、共同はアメリカのＡＰ（Associated Press）をモデルにした非営利法人となった。共同通信社には毎日、産経、日経など全国紙やＮＨＫも加盟しているが、全国紙と競合することの多い北海道新聞社から琉球新報社まで五〇社あまりの地方新聞社が共同をハブとして強固なグループを形成している。[17]

第2節　国家とマスメディア

「政治的公平性」

二〇一六年二月、高市早苗総務大臣は衆議院予算委員会で、放送局が政治的公平性を欠く放送を繰り返せば、放送法四条違反を理由に、電波法に基づいて電波停止（停波）を命じる可能性を示した。[18] 放送法四条は「放送番組の編集」の基準として、①公安及び善良な風俗を害しない、②政治的に公平、③報道は事実をまげない、④意見が対立している問題については、できるだけ多くの角度から論点を明らかにする、という四項目を挙げている。

問題は、放送行政を所管する総務大臣が、番組が政治的に公平か不公平かを判断できるとの認識を示したことである。総務大臣が番組内容をチェックし、停波するようになれば、憲法二一条に抵触しかねない。[19] このため四条は「倫理規定」とされてきた。この時期に高市が踏み込んだ発言をしたのは、七月の参議院選を前に政権への批判を牽制するのが狙いであったと考えられる。というのも、自民党は二〇一四年以来、ＮＨＫや在京キー局に文書で注文を付けており、高圧的なメディア対策は一貫している。

総務大臣が停波に言及する背景には日本の放送・電波行政の制度的な問題がある。すなわち、日本の放送界は、政府から独立して放送事業者を監督する委員会を失ったことが尾を引いているのである。

ＧＨＱ占領下の一九五〇年、放送法と電波法とともに電波監理委員会設置法（特別法）が施行され、「電波三法」と呼ばれた。電波監理委員会は独立して職権を行使する行政委員会で、民主化を促すＧＨＱの意向に沿うものであった[20]。その委員会設置法は、放送を政府から分離し、番組編集の自由を事業者に保障していた。しかし、日本が主権を回復した一九五二年、三法のうち設置法が廃止され、郵政省（総務省の前身）が放送行政を所管することになった。このとき政府が放送事業者を指導する仕組みができあがった[21]。

急所としてのキー局

停波発言に対してジャーナリストの有志や東京弁護士会、民放の労組などが相次いで抗議の声を上げたのと対照的に[22]、放送各局は沈黙を続けた。在京キー局は二〇一四年の衆議院選挙を前に、自民党から文書で「政治的公平」を要請されており、その際に、一九九三年の椿発言が蒸し返されていた。

「非自民政権が生まれるように報道するよう指示した」。日本民間放送連盟の会合でゲストとして登壇したテレビ朝日の椿貞良報道局長がそのような発言をした、と『産経新聞』が報じた[23]。直前の衆議院選挙で自民党は敗れ、細川護煕内閣が発足していた。当時の郵政省放送行政局長は記者会見で放送法違反と判断する事例があれば停波もありうるとの判断を示した。停波命令は出されなかったが、翌九四年郵政省はテレビ朝日に「厳重注意」を申し渡した。

自民党は二〇一四年一一月の衆院選を前に「選挙時期における報道の公平中立ならびに公正の確保についてのお願い」とする文書をキー局五社に送った。文書には「あるテレビ局が政権交代実現を画策して偏向報道を行い、それを事実として認めて誇り、大きな社会問題となった事例も現実にあった」と、約二〇年前の椿発言に触れ、出演者の発言回数や時間や街頭インタビューなどにおいて「公平中立、公正」を期すよう求めた。『朝日新聞』などが一一月二八日付朝刊で報じたが、文書の日付は二〇日で、キー局は文書について報じていなかった[24]。

文書の日付の二日前、安倍晋三がTBS「NEWS23」に総理大臣として生出演し、アベノミクスに関する街頭インタビューが流れた直後「これ全然、(政権支持層の)声、反映されてませんが。おかしいじゃないですか」(かっこ内筆者)と激高して抗議する一幕があった[25]。

自民党はほかにも個別番組に「公平中立な番組作成」を求める一一月二六日付の文書を送付していた。翌一五年四月に『毎日新聞』が報じたところによれば、自民党はテレビ朝日「報道ステーション」に対し、「放送法四条四号の規定に照らし、同番組の編集及びスタジオの解説は十分な意を尽くしているとは言えない」と強く抗議していた。

たび重なるキー局への圧力は、それがマスメディアの「急所」だからである。キー局は開業から今日に至るまで五大新聞社と深く結びつき（図2）、JNN、ANNなどネットワークの要となってきた（表5）。しかも放送は免許事業で五年に一度更新がある。キー局が政権の意向を忖度するようになれば、ネットワークに加盟する全国の地方局に伝染し、深いつながりをもつ新聞社の言論に波及するのは避けられない。

マスメディアの産業構造は、田中角栄郵政大臣時代の一九五七年に固まったといってよい。田中は、全国から殺到するテレビ局開局申請者を大臣室に呼び、数日間で計三四局に免許を下ろした（一本化調整）。申請者のなかには地方紙も数多く、田中は新聞社も出資するよう指示したり、キー局とのネットワーク局の形成にも深く関与した。[26] 政治はメディア界に大きな恩を売ったとされる。

政治とテレビの関わりがより濃密になったのは一九九〇年代以降である。東京や大阪などの都市部で無党派層が拡大したことを受け、主な政党は政治家をテレビに出演させるようになった。新聞記者によく書いてもらうより、カメラを通じて国民に直接語りかける効果は絶大で、大物政治家を相手に直裁的な質問をする田原総一朗らはテレビによる政治報道を切り拓いた。[27] 政治にとってテレビは有効な宣伝媒体であり、テレビにとって政治は視聴率を稼げるコンテンツとなった。そんな九〇年代、自民党が野党に転落し、椿事件が明るみに出た。

他方、九〇年代には、キー局を含む三八社の民放と地方紙が自民党の政治資金団体に献金していたことが発覚し、自民党議員ら二九人が放送局や地方紙などメディア企業の株式を所有していることが明るみに出た。[28] 国民に公表される政治資金収支報告書や国会議員の資産公開によってもたらされたもので、ジャーナリストの調査報道で暴露されたものではない。メディア産業に内在する病根を積極的に報道するメディアも、政治とメディアの関わりを積極的に報じるメディアも少ない。行政から独立した電波監理委員会のような組織が政治とメディアの間にあれば、今日のようなメディアの隷従傾向は生じていなかったのではないか。

懐柔されるクラブ記者

政府は、メディア産業の急所を握るのと同時進行で、「記者クラブ」に呼びかけて開催する「懇談」を通じて、さまざまな働きかけをおこなってきた。

まず記者クラブについて概観しておこう。欧米におけるプレスクラブ(＝記者クラブ)は、ワシントンで一九〇八年に設立されたナショナル・プレス・クラブ(ＮＰＣ)が源流とされる。ＮＰＣは取材で首都ワシントンを訪れた地方紙記者たちの溜まり場であり、現在も親睦の性格が強い。これに類するものとしては、日本の日本外国特派員協会(ＦＣＣＪ)や日本記者クラブ(ＪＮＰＣ)がある。

一方、日本型記者クラブの出発点は一八九〇年に開設された帝国議会を取材するため記者たちが団結した「議会出入り記者団」(のちに「同盟記者倶楽部」)とされる。取材が困難だった場所に記者たちが協力し合って築いた橋頭堡のような組織であった。今日、公的機関などに設けられている「記者クラブ」[29]も取材の場と位置づけられているが、排他性や横並び体質が長らく批判の的とされてきた。

日本型の記者クラブは、個人ではなく企業単位での参加が通例で、日常的に記者室[30]に常駐し、当局との折衝や記者会見の日時設定などの幹事役を持ち回りで引き受けられる余裕のある大手メディアで構成されることが多い。新規加盟の条件も、日本新聞協会や日本民間放送連盟などに加盟しているかどうかで線引きされることが珍しくなかった。

官公庁など公的機関に設けられた記者クラブおよび記者室が、特定のメディア企業によって独占されていることに疑問を持った地方自治体が、改革を試みたことがあった[31]。鎌倉市役所では一九九六年に「広報メディアセンター」を設け、地元タウン誌やケーブルテレビが会見に参加できる道を開いた[32]。二〇〇一年には長野県知事だった田中康夫が「脱・記者クラブ宣言」を発表し、記者クラブと論戦を繰り広げた。

日本で記者クラブの開放がもっとも進んだのは、二〇〇九年以降の民主党政権発足期であった。民主党は外国メディアやネットメディア、フリーランスの個人ジャーナリストの参加を積極的に促した。国際NGOの国境なき記者団（本部パリ）が公表する「報道の自由度ランキング」で、日本は二〇〇九年に一七位、二〇一〇年には一一位と先進国でも上位にランクされた。これが二〇一六年には七二位と先進国最下位に転落した[33]。

制度としての記者クラブにはいまだ多くの問題が残されているが、それ以上に危ぶまれるのは個々の記者たちが権力の側に取り込まれ、書くべきことを書かなくなることである。それを象徴するできごととして沖縄で起こったことを記しておきたい。

沖縄県名護市辺野古のアメリカ軍飛行場建設問題をめぐって反対闘争が加熱していた二〇一一年、防衛省沖縄防衛局長が、那覇市内の居酒屋に記者を集めてオフレコ懇談会[34]（オフ懇）を開いた。局長は、「辺野古移転」の環境アセスメント評価書の提出時期について問われた際、「犯す」などの言葉で表現をしたとされる。[35] 地元紙や全国紙から九人の記者が参加していたが、翌朝の紙面でこの暴言を報じたのは地元紙であった。[36]

このようなオフ懇は、那覇だけでなく、霞ヶ関や永田町では何十年も前からたびたび開催されている。記者にとって、当局の本音に触れられる貴重な機会だが、メモを取ることも報道することもできない完全なオフレコの懇談会への参加が重なれば、権力側に取り込まれてしまう危険が大きい。とくに、狭い記者クラブ内で競争させられている記者たちにとって、自社だけ参加しないという選択は難しく、権力の近くで取材する大手メディアの記者たちほど懐柔されやすい状況にある。

第3節　地域メディアの可能性

中央と地方のポリティクス

日本の新聞は戦時統制で少数の全国紙と県ごとの地方紙に整理され、戦後もその二重構造が温存された。放送産業も、NHKに加えて在京キー局がネットワークで地方局を束ねて実質的な全国メディアとなった。日本のメディア業界は、東京を本拠地として国全体をカバーする全国紙とキー局、そして県庁所在都市に拠点を置き県域に情報を届ける地方紙と地方局という二つの層に分けられた。この階層は、国と県という統治構造を映している。

日本の統治構造は、国レベルと県レベルに階層化されている。県庁と県知事を国レベルにすれば政府と内閣総理大臣となり、県議会は国会に、地方裁判所は最高裁判所となる。地方議会議員と国会議員や地方公務員と国家公務員の関係もしかり。踏まえておくべきは、地方と国が対等ではなく、そこにはヒエラルキーがあるということである。

こうした集権型の社会構造を変えようという動きはあった。一九七七年に閣議決定された「第三次全国総合開発計画（三全総）」の狙いは人口と産業の大都市集中の抑制であった。翌七八年には、神奈川県知事の長洲一二ら革新自治体の首長らが「地方の時代」というスローガンを唱え、政策転換を国に迫った。その二年前には、経済学者の玉野井芳郎らが「地域主義」を提唱し、分権社会をめぐる学際的な研究が胎動していた。

九〇年代に入ると本格的に地方分権改革が始まり、二〇〇〇年施行の地方分権一括法で地方自治体が機関委任事務から解放された。二〇〇五年から〇六年にかけて市町村合併がピークを迎え（平成の大合併）、二〇〇九年には「地域主権改革」を掲げる民主党が政権についた。中央政府に物を言う「改革派」の知事や市長が次々生まれ、地域政党が中央政界に大きな影響を及ぼすようになった。

かくして日本社会は分権化を志向し、マスメディアも分権をめぐるニュースを提供してきた。だが、マスメディア自身は「分権化」に対応してきただろうか。政府関係機関の地方移転が進められようとしているなか、マスメディア自身が依然として東京一極集中の環境に安住し、「中央」メディアは「地方」メディアを見下していないだろうか。

全国メディアの陥穽

マスメディアの中央─地方問題を考える際に、ジャーナリズムの規範論は有益な視座を提供してくれる。

先述のとおり放送メディアは放送法の「不偏不党」（第一条）で「政治的に公平」（第四条）であることが求められる。新聞メディアも通底する理念を掲げてきた。日本新聞協会の新聞倫理綱領（二〇〇〇年）には「報道は正確かつ公正でなければならず、記者個人の立場や信条に左右されてはならない」と記され、社論に違いがあっても、ニュースは客観的にニュートラルな立場から報道すべしという意識が共有されている。

コミュニケーション研究者デニス・マクウェールによれば、ジャーナリズムの規範は、「ある特定の政治理論の形態ないし政治経済的な環境の集合」と深く関連しており、それらは「ほとんど明文化されていない場合が多い」という[37]。大手メディアが理想とするジャーナリズムの規範をまとめるとすれば、こんなふうになろう。予断を排して事実に基づいたニュースを提示すれば市民社会は必ず正しい選択をする。対立する問題があれば、両論を併記して読者に判断を委ねるべし。世論を誘導してはならない――。こうした考え方のなかに「特定の政治理論の形態ないし政治経済的な環境の集合」ともいえるイデオロギーが埋め込まれていることが主流メディアのジャーナリストたちに自覚されているようにみえない。

そのイデオロギーの代表格は、イギリスとアメリカに起源をもつ古典的自由主義や功利主義である。「政府からの自由」と「最大多数の最大幸福」は、西欧社会の近代化を促し、ジャーナリズムの原動力となってきた。このため英米のジャーナリズムは、「言論の自由」と絶対的な価値とし、権力監視をみずからの使命としてきた。このスタイルのジャーナリズムが、GHQを経由して戦後日本の全国メディアの規範のなかに注入された。

戦後の全国メディアは、アメリカの主流ジャーナリズムを手本として、特定の政治・経済・宗教団体に与しないだけでなく、市民運動や地域社会のからも距離を置き、独立した立場からニュースを報じる規範を掲げた。それは外形的に、中立で公平な立場を守るように見えなくもない。だが、全国メディアは権力が集中する東京に拠点をもつという地の利を生かし、みずからの企業規模と顧客の拡大に邁進するという矛盾を抱え込んできた。全国メディアの内部でも、編集局／編成局を頂点にヒエラルキーが形成され、女性や障がい者、在日外国人、地方の声が見過ごされ矮小化されがちであった[38]。キー局や全国紙は、東京一極集中という社会問題の一部をなし、自らを権力化させてきたといえる。

地域主義のジャーナリズム

地域に立脚するメディアにとって、あらゆる組織・団体から距離を置こうとする全国メディアと同じ規範を掲げることは難しい。なぜなら地域メディアは地域社会から距離を置くことが原理的に不可能だからである。地域メディアのジャーナリストは地元社会に定住して運命を共にする。ときに地域社会で権力性を帯びることがあるが、地域の利益を擁護して国家に異議を唱える役割を担うことを自覚せざるを得ない。

たとえば、沖縄の『琉球新報』と『沖縄タイムス』の二紙は、県内でシェアを奪い合う敵どうしでありながら、ともにアメリカ軍の基地問題に関する本土の態度を厳しく批判し、県民の利益のため共闘してきたと言ってよい。本土の言論人や政治家のなかには二紙の報道を「偏向」「ファッショ」と斬り捨てる向きもある。[39]だが二紙にとって、アメリカ兵による少女暴行事件（一九九五年）や沖縄国際大学への軍用ヘリ墜落事件（二〇〇四年）は同朋の悲劇であり、沖縄にばかり米軍基地の負担を強いるのは典型的なＮＩＭＢＹ[40]問題に映る。

アメリカ軍基地の七割以上が集中する沖縄で、国と県の主張を平等に併記し、どちらにも与しないことが政治的に公正なジャーナリズムであるはずがない。総務省から「政治的公平性」を求められ萎縮する在京キー局やＮＨＫ、経営基盤が揺らぐ全国紙が、巷間いわれるように「劣化」したとすれば、統治権力を監視できるもっとも有望な主体は、地域という後ろ盾をもつローカルなメディアのジャーナリストではあるまいか。

沖縄二紙のほかにも、広島・長崎のメディアは核兵器の非人道性を息長く告発し続けている。近年では東京の地方紙『東京新聞』が反原発のキャンペーンを展開し、『神奈川新聞』が右傾化や反知性主義などの現場をレポート続けてきた。これら地域メディアの報道は、統治権力を監視する役割をはたそうとしている。地元の同朋が被った惨事の記憶を継承し、統治権力を告発するジャーナリストは全国各地にいる。彼ら彼女らの強みは、ひとりの地域住民として暮らし、そこに骨を埋める覚悟があるということである。

渡り鳥のように数年ごとに転勤する全国メディアのジャーナリストは、地域メディアを劣位のものと考えがちだが、[41] それこそジャーナリストにあるまじき醜悪な偏見といえよう。地域に根付くジャーナリストほど、国家に馴致されにくいポジションにある。

アメリカでは政治哲学におけるコミュニタリアニズム思想に依拠した規範が検討されてきた。[42] マスメディアの「劣化」が深刻化するなか、日本でも「地域主義[43]」などの議論を掘り起こし、地域に立脚したジャーナリズムの理論化が急がれる。

註

(1) 藤田博司は二〇〇五年にアメリカのメディアについて「劣化」という言葉を用いた。日本メディアについては二〇〇九年に佐高信と高杉良の対談で用いられた。

(2) 日本新聞協会公式ホームページ「各国別日刊紙の発行部数、発行紙数、成人人口千人当たり部数」(二〇一六年八月一一日取得、http://www.pressnet.or.jp/data/circulation/circulation04.html)

(3) 日本新聞協会には全国紙のほか県域をカバーする地方紙や県内の一部をカバーする有力な地域紙、スポーツ紙などが加盟している。

(4) 世界新聞・ニュース発行者協会(WAN-IFRA)公式ホームページ「World Press Trends 2015: Facts and Figures」(二〇一六年八月一一日取得、http://www.wptdatabase.org/world-press-trends-2015-facts-and-figures)

(5) 日本新聞協会公式ホームページ「新聞の発行部数と世帯数の推移」(二〇一六年八月一一日取得、http://www.pressnet.or.jp/data/circulation/circulation01.php)

(6) NHK放送文化研究所公式ホームページ「二〇一五年国民生活時間調査報告書」(二〇一六年八月一一日

取得、http://www.nhk.or.jp/bunken/research/yoron/pdf/20160217_1.pdf）

（7）黒藪哲哉（二〇〇六）『新聞があぶない』花伝社など参照

（8）日本新聞協会公式ホームページ「新聞広告費、新聞広告量の推移」（二〇一六年八月一一日取得、http://www.pressnet.or.jp/data/advertisement/advertisement01.php）

（9）毎日新聞社の第五代社長本山彦一は、新聞紙を〝社会の木鐸〟というよりも〝商品〟であるとする新聞商品論を唱えた。国立国会図書館ホームページ「近代日本人の肖像」参照（二〇一六年八月二四日取得、http://www.ndl.go.jp/portrait/datas/569.html?cat=63）

（10）NHKは地上波テレビ（総合・教育）、衛星テレビ（第1・第2・ハイビジョン）、ラジオ（第1、第2、FM）、国際放送（短波ラジオ等・衛星テレビ）を放送している。一三の子会社、九つの関連公益法人等、五つの関連団体を傘下に収めるメディア複合企業体といえる。

（11）NHK経営委員には、日本会議の中心メンバーで思想的にも安倍晋三首相に近いとされる長谷川三千子が二〇一三年に就任。二〇一五年に自民党の若手政治家たちとの勉強会で「沖縄の二つの新聞は潰さないといけない」と発言をした作家の百田尚樹も経営委員を務めていた。

（12）在京キー局の収益は新聞業界ほど落ち込んでいない。二〇一六年三月期決算で、フジ・メディア・ホールディングス（HD）の売上高は前年同期比〇・四％減の六四〇五億円をトップに、日本テレビHDが一四・四％増四一四七億円、東京放送（TBS）HDが同〇・二％増の三四八五億円、テレビ朝日HDが一・六％増の二八〇七億円、テレビ東京HDが五・九％増の一三六二億円だった。

（13）公共放送と異なり、営利を目的とするものは「商業放送」に分類されるが、日本の商業放送界では「商業」という語を嫌い「民間」と呼び変えてきた。

（14）日本民間放送連盟公式ホームページ（二〇一六年八月一一日取得、http://www.j-ba.or.jp/network/tv.html）

（15）太平洋戦争後の日本を間接統治したのは連合国最高司令官（Supreme Commander for the Allied Powers, 略称SCAP）であるが、その総司令部（General Headquarters）を指して「GHQ」と呼ばれてきた。本稿ではGHQ／SCAPと記す。

(16) 通信社の成立やあゆみについては元時事通信記者の里見脩（二〇〇〇）『ニュース・エージエンシー――同盟通信社の興亡』中央公論新社に詳しい。
(17) 大手全国紙のグループ傘下に入っている地方紙もある。福島民友新聞社は読売新聞社から、下野新聞社は毎日新聞社から、神奈川新聞社は朝日新聞社からそれぞれ出資を受けるなど、深い深い関係がある。
(18) 高市総務大臣の「停波発言」は、民主党の奥野総一郎議員に対する答弁でなされた。
奥野　この四条というのは、もともと昔から、古くは、まさに法規範性がない、努力義務だとずっと言われてきたんですね。［……］解釈の変更によって私は非常に報道の萎縮を生むと思うんですよ。［……］個別の番組についてバランスをとるということ、政治的公平性を求めるということについて、撤回していただきたいと思いますが、大臣、いかがですか。
高市　撤回はいたしません。［……］放送事業者が放送法の規定を遵守しないという場合には、放送事業者からの事実関係を含めた報告を踏まえて、昨年私が行いましたような行政指導を放送法を所管する総務大臣が行うという場合もございます。／電波の停止は絶対しない、私のときにするとは思いませんけれども、ただ、将来にわたって、よっぽど極端な例、放送法の、それも法規範性があるというものについて全く遵守しない、何度行政の方から要請をしても全く遵守しないという場合に、その可能性が全くないとは言えません。やはり放送法というものをしっかりと機能させるために、電波法においてそのようなことも担保されているということでございます。実際にそれが使われるか使われないかは、事実に照らして、そのときの大臣が判断をするということになるかと思います。（衆議院ホームページ・第一九〇回国会 予算委員会 第九号（平成二八年二月八日（月曜日））（二〇一六年八月二一日取得、http://www.shugiin.go.jp/internet/itdb_kaigiroku.nsf/html/kaigiroku/001819020160208009.htm）
(19) 憲法二一条の条文は以下の通り。集会、結社及び言論、出版その他一切の表現の自由は、これを保障する。検閲は、これをしてはならない。通信の秘密は、これを侵してはならない。
(20) アメリカの連邦通信委員会（FCC＝Federal Communications Commission）がモデルとなった。電波監理委員会の権能について、当時の吉田茂内閣とGHQとの間で綱引きがあったとされる。初代委員長に富安謙次が就任し、事務局は電波監理総局に設置された。

(21) 民主党が政権を担っていた二〇〇九年、総務大臣の原口一博が、アメリカのＦＣＣを参考にした独立行政委員会（日本版ＦＣＣ）構想を提起していた。
(22) 民放連出身の砂川浩慶は、高市発言が放送法第1条の「放送による表現の自由を確保する」は行政府に対する命令であり、総務省が立法主旨をねじ曲げてることを痛烈に批判している。
(23) 郵政省に提出された議事録や録音テープには『産経新聞』が報じた「指示した」などの表現はなかった。
(24) 『朝日新聞』二〇一四年一一月二八日付参照。
(25) 『毎日新聞』二〇一四年一二月三日付「熱血！与良政談：異論を封じる衆院選⁉」。筆者の与良正男は「政権の口出しが続くと、テレビ局側は萎縮するというよりも、細かく注文されるのが次第に面倒になって選挙報道そのものが減っていきはしないか」と記している。
(26) 逢坂巌（二〇一四）『日本政治とメディア―テレビの登場からネット時代まで』中央公論社
(27) 高市も、田原が司会を務める番組などに出演し、名前を売った典型的なテレビ型の政治家である。
(28) 『朝日新聞』一九九一年九月六日朝刊「『不偏不党』で『おつきあい』？　自民団体に献金三八社」、一九九三年六月一五日「メディア株、二九人が所有　国会議員の資産公開」、『毎日新聞』一九九三年九月一〇日「献金団体にマスコミも――自民党、民社党の政治資金収支報告書」、一九九三年七月一日「メディアの役員に複数の国会議員　『言論の自由』で論議」参照。
(29) 日本の「記者クラブ問題」に関する論説では、親睦のための Press Club と区別して、Kisha Club または Kisha Kurabu と表現されることがある。
(30) 記者クラブ加盟社の記者が常駐する記者室が「記者クラブ」と呼ばれることがある。
(31) 林利隆（二〇〇六）『戦後ジャーナリズムの思想と行動』日本評論社などによれば、公的機関が記者室や会見場などを提供してきたのは「広報活動の一環」であった。
(32) 鎌倉市における記者クラブ改革を主導した当時の市長は、元朝日新聞記者の竹内謙である。
(33) Reporter Without Borders 公式ホームページ（https://rsf.org/en/japan）参照。
(34) オフレコは off the record の略。ジャーナリズムの世界ではオンレコ（on the record）が原則で、オフレコは例外的な手法とされる。新聞の政治面で「政府高官」や「官邸筋」などと書かれている記事はオフレコに近い手法で取材されたものである。
(35) 防衛省・自衛隊ホームページ「元沖縄防衛局長の暴言等に関する質問に対する答弁書」参照(二〇一六年八月二六日取得、http://www.mod.go.jp/j/presiding/touben/179kai/syu/tou92.html)
(36) 琉球新報「『犯す前に言うか』田中防衛局長　辺野古評価書提出めぐり」二〇一一年一一月二九日(二〇一六年五月四日取得、http://ryukyushimpo.jp/news/prentry-184598.html)
(37) デニス・マクウェール(一九八三=一九八五)竹内郁郎ほか訳『マス・コミュニケーションの理論』新曜社。
(38) 林香里(二〇一一)『〈オンナ・コドモ〉のジャーナリズム―ケアの倫理とともに』岩波書店。
(39) 注(11)参照。
(40) Not In My Back Yard の略。自宅周辺に迷惑施設が建てられることに反対し、迷惑施設のために困っている地域の声に耳を傾けない地域エゴをめぐる問題。
(41) 中馬清福(二〇一〇)「地方報道はどうあるべきか:『狩猟型』と『農耕型』取材を考える」『ジャーナリズム』239: 4-11、朝日新聞社、服部敬雄(一九八〇)『現代日本地方新聞論:多層性とその機能』講談社参照。
(42) Christians, Clifford G. et al. (1993) Good News: Social Ethics and the Press, New York: Oxford University Press はジャーナリズムの実践倫理にコミュニタリアニズムの基本概念である共通善(common good)を導入することを提唱している。
(43) 玉野井芳郎ほか編(一九七八)『地域主義:新しい思潮への理論と実践の試み』学陽書房。

第5章　政党政治の危機と選挙制度の課題
——政治外交史から「災後」のデモクラシー共同体を考える

村井良太

第1節　三つの危機と三つの制度

私達は日々多くの課題に直面し、将来についても楽観することは稀である。それら直面し、直面すべき課題群に政治的解決を与えていく態勢が政党政治であり、政党政治と国民との間を直接結んでいるのが選挙制度である。二〇一五年、一八歳以上に選挙権を与える公職選挙法の改正が行われ、七〇年ぶりに選挙権が拡張された。にもかかわらず日本国民の多くは自らの政党政治に満足していないように思われる。危機的であるとすら考える者もある。

そもそも政党政治にとって、危機とはどのような状態を言うのだろうか。第一に政党政治の下での代表の質をめぐる危機がある（代表危機）。デモクラシーにおいては統治者と被治者には同質性がある。しかし、統治者が被治者を十分に代表しないと見られる時、危機が醸成される。国民を代表するのは議員個人ばかりではなく、この点で政党の資質も問われることは言うまでもない。

第二に、政治は結果であると言われる。当然のことながら政党政治の下での統治の質をめぐる危機がある（統治危機）。手続き的に正しいからといって政党政治が良き統治に結びつくとは限らない。それどころか「政争は水際まで」という言葉で警告されるように、政党政治にともなう党派対立は往々にして良き統治を阻害すると考えられてきた。さらに、多数派が固定的である場合には、多数の名の下に少数意見が抑圧され、理不尽がまかり通ることにもなる。近年、立憲政治の役割に注目が集まっていることも頷ける。また、いかに統治が優れていても、より一層困難な課題によって押し流されてしまうかもしれない。

このような危機は第三に、政治体制としての政党政治それ自体の危機と結びついていく（体制危機）。代表性に疑念があり、良き統治に結びつかない政党政治を人々は守ろうとするだろうか。民主制が独裁制を生むとは古典的な語りであり、冷戦終結直後に最終到達点としての自由民主主義を目して「歴史の終わり」が論じられたことがあるが、現在でも世界の政治体制は多様である。

他方、政党政治に大きな影響を与えるのが政治制度であり、選挙制度のみならず執政制度と政党制度が重要である。政治学者の待鳥聡史は、選挙制度と執政制度を「政治権力を創出するための選挙についてのルールと、政治権力を抑制するための政治家・官僚の役割分担や権限分割についてのルール」と整理して「基幹的政治制度」と位置づけ、その大きな変革は実質的意味の憲法改正であると述べている[1]。この観点から言えば、憲法典の修正がないことがすなわち憲法改正がないことを意味するわけではない。[2] 選挙制度は、政治参加によって公職者を選任するものであるが、制度によって結果やアクターの行動を変化させる。執政制度も権力の配置を決定することで政治にかかわる諸アクターの行動を変える。本稿では特に首相選定制度に注目する。これに対して政党制度は、内的制度としての政党組織と、外的制度としての政党システムからなる。政党システムとは政党を単体で考えるのではなく、主要政党の数や政党間の勢力バランス、政策やイデオロギー上の位置関係を問題とする概念である。[3] 政党システムにはさらに政党間の関係性において構造とプロセスの両面があり、政治アリーナにおける数を問題とする構造に対して、協力的／敵対的といった相互の文化的関係を視野に入れたプロセスの側面がある。[4]

以上、三つの危機と三つの制度に注目して現在の政党政治の「危機」を考える上で、ここでは歴史、中でも第一次世界大戦後の政党政治の経験から私達の立ち位置と教訓を考える。「いつか来た道」という言葉があるが、私達はいかなる道を心に刻むべきなのか。日本国憲法は占領下に制定されたが、民主政治までが占領下に誕生したわけではない。大日本帝国憲法下においても民主政治への歩みはあり、その模索と破綻の上に戦後民主主義（自由民主主義体制）は形づくられたのである。二〇一六年は政治史学者吉野作造の著名なデモクラシー論である「憲政の本義を説いてその有終の美を済すの途を論ず」論文が世に出て一〇〇年となる年であった。[5] 吉野がそこで論じたのが政党内閣制と（男子）普通選挙制と二大政党制であった。選挙制度といえば現在、小選挙区制か中選挙区制かといった区制の違いが生み出す政治家の質の差（選抜機能の差）に関心が高いが、ここでは長期に渡って選挙の意味と向き合い続けた社会運動家市川房枝の視点を踏まえたい。市川の関心は執政制度、政党制度にも及んでいる。

こうした歴史的考察は政党政治の危機を考える上でとかく近視眼的になりがちな問題理解に幅を与え、違った角度から光を当てる。現在、目の前にある危機とはいかなる危機なのだろうか。直面する現在を過大視することなく、かといって過去の強烈な出来事に認識を支配されることもなく、冷静な考察に努めたい(6)。

第2節　第一次世界大戦後の政党政治の「危機」——日常の中の政党政治批判

1　前提となる立憲政治の形成と発展——明治立憲制の基盤

戦前日本の政治的民主化は立憲政治の中に少なからぬ時間をかけて進んだ。一八九〇年に施行された大日本帝国憲法は政党政治を予定せず、それどころか党弊を警戒して「超然主義」が唱えられた。政党による政府支配を否定する「超然主義」には二つの意味があり、一つは政党を内閣から排除すること、もう一つはあらゆる政党を閣内に取り込むことによって党派の均衡を図ることであった(7)。しかし、国民を代表する衆議院を無視することは制度的にも輿論上もできることではなく、次第に政党の政治的地位が向上していった(8)。その中で範としたプロイセンとは異なり、憲法施行後一〇年も経たない一八九八年には初の政党内閣である第一次大隈重信内閣が成立し、その後も政党総裁による内閣組織が、第四次伊藤博文内閣、第一次、第二次西園寺公望内閣と断続的に続いていった。

選挙制度は地方から中央に及ぼす戦略がとられた。一八七八年の地方三新法（郡区町村編制法・府県会規則・地方税規則）公布によって地方政治における議員公選制が実施された。国政では帝国議会の開設にあわせて一八九〇年に最初の総選挙が行われた。[9] 選挙権の内、納税資格は直接国税一五円以上と定められ、一九〇〇年の改正で一〇円以上に引き下げられた。有権者数は総人口の約一%、改正後で約二%であった。最初の近代政党が生まれたのは一八八一年で、板垣退助率いる自由党が組織され、翌年には大隈重信が立憲改進党を、福地源一郎が立憲帝政党を結成した。そして内閣制度は大日本帝国憲法による民撰議院設立に対処するための政府強化を目的に、一八八五年に導入された。憲法で首相選定は天皇の大権とされたが、後に元老と呼ばれる複数の元勲達の話し合いで決められた。

憲法典をプロイセンに倣い、運用では「超然主義」を掲げる「建国の父祖」達の下でなぜ政党政治が発展したのか。[10] 第一に、幕末以来の公論文化に理由を求めることができる。幕末変革の中で幕閣専制に対する公議輿論の考え方が正統性を持ち、徳川慶喜の大政奉還上表でも天皇の判断と組み合わせた公議親裁が重視された。さらに五箇条の御誓文には「万機公論に決すべし」との一文があり、民撰議会設立に至った。[11] 第二に、外見的憲法という後代の評価とは異なり、憲法とその運用には実質性があった。憲法は日本が諸列強と対等な近代国家であることを示す対外的な実質性が求められただけでなく、対内的な実質性も必要であった。すなわち明治新政府は士族反乱、農民一揆、自由民権運動という三つの対抗勢力に囲まれているにもかかわらず政治的中心は遠心的で、昨日の政府高官が明日の反政府活動家となった。もとより伊藤博文など担い手の立憲思想も無視できない[12]。もとより必要性があっても応じなければ革命となる。そして第三に、以上の要素が二〇世紀初頭には国民常識へと発展していった。明治立憲制下で選挙制度、執政制度、政党制度は常に議論の的であったが、選挙制度においては普通選挙が、執政制度では政党内閣制が、そして政党制度では二大政党制があるべき政治像として社会の期待を集めた。そして日露戦争後にはいわゆる「大正デモクラシー」と呼ばれる状況となり、男子の普通選挙を認める衆議院議員選挙法改正案は一九〇二年に初めて衆議院に提出され、一九一一年には衆議院を通過したが、貴族院で全会一致で否決された。他方、一九一二年には第一次憲政擁護運動で政党内閣が「憲政常道」であると主張されるようになった[13]。

2　原敬内閣の成立と長期化——第一の契機

このような立憲政治の発展の中から、第一次世界大戦後に三つの契機を経て政党政治が誕生した。第一の契機は、大戦末期の一九一八年九月に成立した原敬内閣の長期化である。衆議院多数党政友会の総裁が組織した原内閣は初の「本格的政党内閣」と社会で歓迎された。大隈、伊藤、西園寺が政党指導者である前に元勲級の国家指導者であったのに対して、原は初めて政党で権力の階段を上った政治家であった。また原内閣の閣僚は陸相、海相、外相をのぞいて全て政友会員で占められ、党外大臣も原との関係が深く、内閣の一体性が高かった。原が選ばれたのは政党指導者であったからではなく、元老の考えによるものであり、今後も政党内閣を続けていく意思はなかった。にもかかわらず、原内閣が成立し長期化すると社会は政党内閣をますます当然視するようになった。そして、このような政党内閣への期待は野党を育てることになる[14]。

原内閣は代表性に止まらず、大戦後の世界によく適応した。一九二〇年一月、日本が常任理事国として参加する国際連盟発足に際して、大正天皇は「平和克復の大詔」を発した。その中でパリ平和会議の成功と国際連盟の設立を「実ニ欣幸トスル」と述べた上で、大国の責任を自覚し、国民に「進ミテハ萬国ノ公是ニ循ヒ、世界ノ大経ニ仗リ、連盟平和ノ実ヲ挙ケムコトヲ思ヒ、退イテハ重厚堅実ヲ旨トシ、浮華驕奢ヲ戒メ、国力ヲ培養シテ、時世ノ進運ニ伴ハムコトニ勉メサルヘカラス」と第一次世界大戦後の新たな世界秩序への順応を求めた。第一次憲政擁護運動に始まった大正という時代は、対華二十一箇条要求などの膨張と彷徨を経て、第二次世界大戦後にも通じる平和と民主主義に帰着したと歴史学者ディキンソンは述べている[15]。

選挙制度に関して、原は納税資格を従前の直接国税一〇円以上から三円以上に引き下げることで選挙権を拡張し、併せて小選挙区制を導入した。この改正で有権者数は三〇〇万人となり総人口の五%を超えた。他方で、再び盛り上がっていた男子普通選挙制導入論には時期尚早であると否定的で、解散総選挙を行って有権者の民意によって葬り去った。この時、原政友会は圧勝した。原は野党との政権交代を想定していなかった。また党弊イメージがつきまとい、現職首相として初めて暗殺された首相でもあった。その意味で原内閣は両義的であり、一方で政党内閣制の否定でありながら、長期政権で統治能力を示すとともに野党の成長を促すことで政党内閣制を準備する意味があった。

首相の死去を受けて元老達はいくつかの候補を検討したが、同じく政友会の高橋是清を次期首相に選び、高橋は政友会の総裁となった。この選択は社会の期待をますます高めた。当時訪日した英国皇太子を接遇した外交官の来栖三郎の第二次世界大戦後の回想では、同行記者の一人が「日本の憲政の歴史伝統がきわめて短期であることにも鑑み、わが国の議会政治が長く健全に通用せらるるであろうかということに多大の疑問を抱いて、常に自分と議論を闘わした」が、来栖は「政党政治華やかなりし当時の事象が、そのまま永続し得るものであるかに考えて、しきりに彼の所見の杞憂であることを主張した」。しかし、「その後の事態の発展は、この英国新聞記者の観測の方が正当であったことを、完全に証拠立ててしまった」のであった[16]。

昭和天皇が摂政として初めて施政の衝にあたったのは政治史学者三谷太一郎が鋭く指摘したように政党内閣下であった[17]。そして本稿が注目する市川房枝が初めて本格的に政治運動に関わったのも興味深いことに原内閣下であった。市川は平塚らいてふの誘いを受けて新婦人協会に参画し、女性の政治集会への参加を禁じた治安警察法五条改正運動で議会を回るようになったのである[18]。

国民から歓迎された高橋内閣であったが、与党政友会の内訌によって倒れ、一九二三年九月の関東大震災も間に挟みながら三代にわたる非政党内閣が組織された。その間、事実上の政友会内閣であった海軍出身の加藤友三郎内閣の下で国民が司法に参加する陪審制度が実現し、さらに男子普通選挙論と「憲政常道」論が高まっていった。なお、関東大震災では帝国陸海軍が被災者の救助に活躍し、その高い社会的評価が後の軍国主義を準備したという議論があるが、帝国陸海軍は一九二〇年代を通して国民の支持を背景とする軍縮の時代に呻吟したのであり、一足飛びの評価には問題があろう。[19]

3　第二次憲政擁護運動と「護憲三派」内閣の成立――第二の契機

政党政治への第二の契機は、第二次憲政擁護運動と、憲政会総裁加藤高明を首班とする政友会、革新倶楽部との連立内閣、いわゆる「護憲三派」内閣の成立である。第二次憲政擁護運動はかつては政党による単なる政権獲得運動と低く評価された。また男子普通選挙制と治安維持法が抱き合わせで成立した一九二五年を戦前政党政治の頂点であり限界とみなす議論も古典的で根強い。しかし、歴史学者瀧井一博が言うように、「実証的歴史学は不断の資料探索とその批判を通じて、常に書き換えられていくことを余儀なくされている」[20]。

一九二四年一月に三度非政党内閣が選ばれ枢密院出身の清浦奎吾内閣が成立すると、政党院外団を中心に批判が組織化され、圧倒的な第一党であった政友会が政友本党と分裂すると護憲三派と政府が対峙することになった。「護憲」といっても憲法の条文を擁護するのではなく、あるべき憲政（すなわち憲法政治）を擁護する政治改革運動であった。五月の第一五回総選挙で憲政会が第一党となり、残された元老西園寺公望は加藤高明を首相に指名した。他の選択がなく社会圧力を意識しながらの緊急避難的選択であった。

吉野作造は、同時期の東京帝国大学での政治史講義の冒頭、「日本の今日の政治状況を理解するに必要なる政治的歴史的背景」を明らかにすると述べ、「憲政の常道と称するもの」を理解する必要があると言葉を継いだ。吉野は「憲政の常道」について「多数の人の意をきくと云ふ点にその重点を求むるは不可」で、「最善の知識をして政治に活躍せしむる」ことが目的であり、そのために多数人の意見を聞き議論することを求めた[21]。第二次憲政擁護運動は、政党以外の政権担当を排除する政党内閣主義を政党勢力内で多数化し、「憲政の常道」と呼ばれたように輿論の中でも常識化し、結果として元老の自由選択を否定して加藤内閣を成立させたのであった[22]。

党派争いを自制した「護憲三派」内閣の成立を、その後宮中を長く支える牧野伸顕は「政界の堕落せる積弊を幾分一洗したる感あり」と評価した[23]。そして、同内閣下で衆議院議員選挙法が改正され、帝国臣民たる二五歳以上の男子に選挙権を認める男子普通選挙制が成立した。有権者数は約一二四〇万人で、総人口の約二一%となった。この時、選挙区制は長らく日本政治の特徴となる中選挙区制が導入され、戸別訪問も禁止された。戸別訪問禁止は一九〇九年以来議論されており、戸別訪問が投票売買など選挙腐敗に結びつくとともに選挙費用の増大を招くと批判されていた[24]。これは運動方法への制限であり、選挙費用の制限と選挙公営制度の導入が図られた。

以後、一九三二年に犬養毅内閣が五・一五事件で倒れ海軍長老の斎藤実内閣が成立するまで政党間での政権交代が続き政党内閣期と呼ばれる。加藤首相は男子普通選挙制を国政に導入した上で、地方政治に及ぼすことで政治生活の基礎を固め、次は国民の経済生活に取り組む意欲を示していたが、病に倒れた。

4　田中義一内閣の成立と二大政党間での政権交代――第三の契機

その実、加藤内閣の成立によってすぐさま政党間で政権交代を行う政党内閣制が成立したわけではなかった。与党内で政友会と革新倶楽部が合同し、憲政会、政友会、政友本党が三党鼎立状態となる中で政治は不安定に推移し、スキャンダル合戦が繰り広げられた。政党政治が台頭する中で、関東大震災の復興に尽力した後藤新平は政治倫理化運動を興し、吉野作造は政治道徳を強調するとともに無産政党に期待を寄せた。

その中で一九二六年一一月一五日、河井弥八侍従次長が西園寺から聞き取って牧野伸顕内大臣等宮中官僚に伝えた史料はその後迎える危機の時代や占領改革以前の日本政治の基本構想を考える上で貴重である。[25] 西園寺は「此頃ノ憂国者ニハ余程偽物多シ」と述べた上で、大問題でもないことで皇室を持ち出して政府の倒壊を策しながら時局を収拾する実力もない。国粋論者は動もすれば狭い見解に拘泥して他を見ることなく有害であり、日本の文明はそのようなものではなく「外国ノ思想文物ノ消化応用ノ跡」を見るべきである。政党の金銭スキャンダルについては、政治家の清節はそもそも疑わしいもので、党派的画策や司法官の倒閣運動はありはしないか。こう語る西園寺が最も憂慮したのは摂政が断を下すことで政争の渦中に入ることであり、宮中には内閣との親密な関係を求めた。そして、人心を一新し国論を一定するためにも解散総選挙に期待したのであった。しかし、関東大震災の事後処理を抱えていた若槻礼次郎首相は解散を回避し、立憲主義的機関である枢密院の批判を受けて総辞職した。

政党政治確立に至る第三の契機は、田中義一内閣の成立と二大政党化である。牧野は「憲政の常道に依り」田中に大命降下されることが「至当」との意見を西園寺に伝えた。[26] そもそも「憲政常道」論は政権を求める野党の論理として出発したが、首相選定者の中でも意味を持つようになったのであった。社会でも政党内閣制への期待が常識化した。そして一九二七年六月一日、憲政会と政友本党が合同して立憲民政党が組織され、立憲政友会との間で二大政党化した。

そして一九二八年二月二〇日、初めての男子普通選挙制に基づく総選挙が実施された。先に若槻が解散を避けたため、地方選挙で先に男子普選が実施されていた。政友会と民政党をあわせると得票率は八六%、議席率は九三%に及んだ。二大政党は有権者から支持されていたと見るべきであろう。なお、戦前日本の政党政治には選挙管理の問題もあった。選挙管理は内務省官選の府県知事監督下で郡市町村長があたっていたため、「超然内閣」においても問題はあったが、政党内閣では府県知事の党派的任免や、取締に手心が加えられているのではないかという疑念を呼んだ[27]。この時の総選挙では野党民政党系の貴族院議員伊沢多喜男が選挙監視委員会を組織し、民政党内閣では政友会が同様の監視団を組織した。

男子普通選挙制の効果として無産政党が選挙場裡で活発に活動し、このことに危機感を抱いた田中内閣は治安維持法を強化した[28]。同時期に即位した昭和天皇は自らの正しい施政への強い意欲を持ち、最初の普選では選挙への強い関心を示した。ところが与野党伯仲とはいえ第一党を守った田中内閣は張作霖爆殺事件の処理をめぐって昭和天皇の叱責を受けて総辞職に至った。背景には政党政治時代の立憲君主の役割像があった。西園寺が先に摂政の政治裁断を危惧したように政党政治を前提として政治に介入しない全権委任型の立憲君主像を支持していたのに対して、昭和天皇と牧野内大臣は政党政治を前提にこれを補完する立憲君主像を遂行したのであった。このような役割像に立てば、次の首相選定も君主や元老の恣意ではなく社会が理解するルール通りに進められ、少数ながらも第二党総裁の浜口雄幸が選ばれた。こうして日本政治はひとたび政党政治を強く抱きしめ、それは法律上（de jure）ではなく事実上（de facto）の議会制民主主義体制であったのである。

第3節　世界大恐慌後の日本政治の危機——非日常の中の政党政治批判

1　勃興する政党中心政治の猛々しさ

ひと度成立した戦前日本の政党政治であったが、結果的に一〇年と経たずに失われていく。にもかかわらず、すぐさま転落の物語が始まるわけではない。それはベルサイユ＝ワシントン体制といわれる第一次世界大戦後の国際協調システムを国内で支える民主政治（自由民主主義体制）の猛々しいまでの勃興期であった。首相選定方式の変化を前提とした執政制度のさらなる再編が進められようとしていたのである。

民政党の浜口雄幸内閣は一九三〇年二月二〇日に実施された二回目の男子普通総選挙で勝利した。二大政党の得票率合計は九〇％を超え、議席率は九六％に迫った。浜口内閣はこの国民からの信任を背景にロンドン海軍軍縮会議を妥結に導き、海軍との間で問題が起こる中でも昭和天皇の間接的な支援もあって押し切った。反対する立憲機関である枢密院に対しては元老の支持もあって抜本的な改革も視野に入れて対峙した。

浜口内閣は政党政治の復原力が問われた内閣でもあった。外交政策では済南事件と張作霖爆殺事件後の対中関係改善と金融面も含めた日米英三国の協調の強化であった。そして代表性の点で、反腐敗問題への取り組みを始めた。すなわち、衆議院選挙革正審議会が設置され、政党中心政治下での選挙のあり方が論じられることになった。答申は一九三〇年一二月に出されたが、比例代表制や民間教化団体など、検討が必要な項目もあり、直後の通常国会に法案は出されず前向きな検討が続けられた。そして成案を前に浜口はテロに遭う[29]。なお、一部の成果として女子学生も含めた政治教育が進められた。

市川房枝らの婦人参政権獲得運動も政友会と民政党の二大政党が男子普通選挙制の下で政権を競い合う新たな政治構造の中で大きく進展していた。もともと婦人参政権に理解のある代議士も個々にはあったが、複数政党制に立脚する競争的な政党内閣制がこのイシューを引き寄せ、両党間で競って政策の実現に動き出したのであった。当時言うところの「婦人参政権」は狭義の婦人三権からなり、地方政治への参画を認める婦人公民権、政党への参加を認める婦人結社権、そして国政への参画を認める婦人参政権があったが、一九三一年春の帝国議会では婦人公民権案の政府案が提出され衆議院を通過した。

この第五九回帝国議会は両義的であり結果的に戦前政治の分水嶺となった。一方で市川らの目指した婦人公民権案は貴族院で否決され、三月事件と呼ばれた陸軍中枢をまきこむクーデタ未遂事件が起こされた。また浜口遭難後の臨時首相代理となった幣原喜重郎外相の失言問題をめぐって議場は大混乱に陥った。もはや議会に問題解決能力はなく政党政治は末期症状を呈していたかに見える。ところが他方で、政府提出の婦人公民権案には家制度を反映した夫の同意条項がついており、市川らはそれを嫌い最後は反対運動をしている。急いで不充分な公民権案を得ずとも次の議会ではより望ましい案が成立すると考えたためであった。また三月事件が未遂に終わったのは、国民が未だ議会に反感を有しておらず、国民がクーデタに賛成しないのではないかと考えられたためでもあった。そして幣原臨時首相代理が批判されたのはそもそも政党内閣の臨時首相には政党員がつくべきというさらなる憲政擁護的発想があった。[30] それは政党内閣制を政党中心政治へと発展させていくさらなる民主化過程に伴う混乱と動揺であったのである。

2 世界大恐慌と満州事変という挑戦——第一の契機

しかし、この時すでに政党内閣制の崩壊に向けた第一の契機は訪れていた。それは世界大恐慌の始まりであり、その中で現地の中堅幕僚が引き起こした満州事変であった。一九二九年に米国で始まった大恐慌は日本やヨーロッパに及び、民主体制を相次いで転覆させていった。それは政治学者ハンティントンがその著『第三の波』で描いた第一の反動であった。[31] 日本は長期に渡る第一の波で民主化しており、当時の日本の民主政は敗戦国デモクラシーではなかったが、これを機に底が抜けていく。その最初の引き金となったのが、軍縮に耐えかねた陸海軍の中から満州事変と政治テロの時代が幕を開けたことであった。

一九三一年九月に起こされた満州事変は国内でのテロ未遂事件にも波及した。十月事件である。これについて海外の報道をもとに解説した市川房枝の記事を掲載した婦選獲得同盟の機関誌『婦選』は発禁処分を受けた。[32] この情報統制は長期的に見て国益に適ったであろうか。陸軍と政党が国民の支持を求めて競争する際に、政党の問題は公になりやすいのに対して、政府組織の問題は隠されていた。

第二次若槻礼次郎内閣は大連立をめぐる閣内不統一によって総辞職し、次に選ばれたのは「憲政常道」に沿った政友会の犬養毅内閣であった。犬養内閣は解散総選挙を行い圧勝している。この時も二大政党の得票率合計はさらにあがって九三%を超えている。また、犬養内閣の下で先の選挙革正審議会の官制は廃止されたが、選挙法改正への取り組みは続けられ、法制審議会への諮問を考えていた。

議会改革も継続的に議論されていた[33]。世界大恐慌を前に日本政治はすでに男子普通選挙制を実現しており、自由主義議会における国民合意は貧富の差を超えて実現しうる。といってもそれは形式論であって、社会主義思想が正統性を高めていく中で、自由主義議会が批判され、国民合意とはいわば階級合意でなければならないと考えられるようになっていく。そこに起こったのが五・一五事件であった。失敗したテロの中で唯一成功したのが首相の暗殺であり、このことが当事者の計画の粗密とは無関係に日本政治を次の段階に押し出していく。

3　五・一五事件による常道の一時停止——第二の契機

第二の契機は、五・一五事件後の非政党内閣の成立であった。五・一五事件は海軍の内部統制の失敗によって引き起こされたが、首相が暗殺されると陸軍中堅層は政党内閣の成立を阻止すべく積極的に運動した[34]。その甲斐あって政友会の後継総裁を押しのけて海軍長老で国際協調派の斎藤実が

首相に選ばれた。政友会内閣の出現を確信していた吉野は驚き、また、馬場恒吾は「昼間の幽霊」と内閣を評した。(35)

政党内閣制はこれによって大打撃を受け、一時停止されたが、しかし崩壊したわけではなかった。斎藤選定を主導したのは牧野内大臣や木戸幸一内大臣秘書官長ら宮中官僚であった。西園寺も宮中官僚も斎藤自身も危機を緩和して再び常道である政党内閣に戻すことが当然であると考えていた。このことが首相指名を当然視していた政友会が民政党とともに官僚内閣を閣内から支えた理由でもあった。斎藤内閣は非常時暫定政権であり、加藤友三郎内閣と同じく実質的な政友会継続内閣であった。

政党内閣制を再駆動させるには内外の危機を緩和しなければならない。満州国承認によって国内の対立を宥和したが、国際連盟からも脱退を余儀なくされるなど日本の外交路線は大きく変化した。外務省OBで政友会代議士となっていた芦田均は外交が軍に引きずられることを批判する演説を行った。(36)斎藤内閣はまた、犬養内閣の課題を引き継いで選挙制度改革に取り組んだ。当初、選挙公営と比例代表制の導入が議論されたが、一九三四年に実現した改正では選挙運動の取り締まり強化と選挙運動費用の低減が図られた。選挙公営案に対して、民政党の斎藤隆夫は「角を矯めて牛を殺す」類であると批判した。(37)また選挙管理上の問題とも見られた官吏の身分保障も強化された。

他方で、社会不安は止まることを知らなかった。五・一五事件の公判では政党批判が堂々と展開された。市川は「五・一五事件の被告が口を揃へて攻撃してゐる政党の腐敗、財閥の横暴は、今日心あるものの等しくみとめる所であるが、要は如何なる手段によつてこれを廓清し、是正するかにある」と述べ「政党の腐敗は、議会制度そのもの、結果にあらずして、選挙の方法政党の組織の不備不完全のためではあるまいか」と選挙制度の信頼回復を説いた。婦選獲得運動が逆風に直面していた市川は、「私共は、少くも政党内閣が出来る迄は、憲政の運用が平常に復する迄は、——と云つて政党内閣にだつて大して期待は出来ないが——尚隠忍自重せざるを得ない立場に置かれてゐる」と常道回復に期待した[38]。民政党は一九三四年三月、党員の政務調査の便と、党外の権威者が政党本部で意見交換を行い政党を通じた政策立案ができるよう政務調査館を設立した[39]。こうした取り組みとともに党内の内訌が昂進するなど政党の劣化も進む。斎藤内閣はこのような綱引きの中、後に「空中楼閣」であったと被告全員が無罪判決を受ける帝人事件で総辞職した[40]。

こうして非常時暫定政権が直面する危機を緩和できないまま政党に政権を戻すこともできず次第に暫定性を失っていく中、次期首相には海相を務めた岡田啓介が選ばれた。岡田の名前は下馬評にも挙がっておらず、首相選定は国民の期待とは無関係に小さなサークルで行われていくようになった。当然のことながら多数党の政友会は反発し、天皇機関説事件でも政府を批判する側に回った。こうした中で、憲政擁護は次第に憲法擁護へと転じていき、大日本帝国憲法や国体の固有性が強調されるようになっていく。また、政権課題であった海軍軍縮条約の継続にも失敗した。五・一五事件後初となる一九三六年二月二〇日の総選挙に向けて選挙粛正運動が行われたが、その結果は直後の二・二六事件勃発で首相選定に結びつくことはなかった。

4　二・二六事件による常道の喪失——第三の契機

第三の契機となるのが二・二六事件による日本政治の雪崩現象であった。日本の侵略戦争と敗戦への道を考える時に、どこがポイント・オブ・ノーリターンであったかは関心を集めるところである。「ぎりぎりであれば真珠湾攻撃」と言われるが、外交史、軍事史だけでは戦前日本の戦争への道は理解できない[41]。幾度となく他の道がありながらそれを潰していくからである[42]。それは体制の問題であり、一度確立していた自由民主主義体制に対する長期に及ぶ反動体制であり、二・二六事件で政党政治の復原力は失われ、政党内閣制は崩壊した。一九三七年にジャーナリストの長谷川如是閑は「今日はもはやいはゆる『憲政の常道』を口にするもの丶ない」と述べており、一九四〇年に首相指名を受けた近衛文麿は政党の弊害として、立党の趣旨において自由主義、民主主義、あるいは社会主義をとってその根本の世界観人生観が国体と相容れず、政権争奪を目的とすることを批判した[43]。こうした中で実現には至らなかったものの、男子普通選挙制を否定し、選挙権を男子戸主に制限する改正も検討された[44]。

一九三六年以後も憲法や政党、選挙それ自体が失われたわけではなく、政党の党首を首班とする政党内閣が成立する可能性がなくなったわけではない。明治憲法がある限り帝国議会は安泰である。しかし、政党間での政権交代を通して国政を運営していく制度は二・二六事件の処理をめぐって失われたのであった。以後、ベルサイユ＝ワシントン体制と政党政治、すなわち一九二〇年代型内外路線以外のあらゆる手段を使って日本政治外交の再均衡が模索されるが、成功を見ることはなかった。「出たい人より出したい人を」をスローガンとする選挙粛正運動も政党政治の体力を高めるはずの運動が、「正しい」時局認識を持つ候補を議会に送り出そうとする翼賛選挙運動へと大転換していった。

再び来栖三郎の言を求めよう。[45] 来栖は「道義の日本、憲政の日本はこの二月二十六日を限りとして亡びてしまったのである」と述べる。来栖が「道義の日本」を問題にするのは五・一五事件と二・二六事件での要人殺害の残虐性に驚き、「今度の戦争以前においても、すでに日本人の一部は、自国において自国人に対してもかくのごとき残虐をあえてし得る人間に変化していたのである」と感じたためであった。[46]

原がかつて「政党の改良は政党自身の力に依るの外に道なし」と述べ、「党をして誤れる行動をなさしめざる為めには実に周到なる注意を要す。〔中略〕自然党員をして自ら不都合を戒しむるに至らしめざるべからず」と党指導者のリーダーシップを説いていたのは慧眼であった。[47] 政党を排除して進められた政党改善の試みは成功せず、政党は政権から排除されるにつれて劣化を極めていった。西園寺は一九四〇年に亡くなる直前、「やはり尊氏が勝ったね」と王政が武門に敗れたことを嘆いた。[48] 西園寺にとって政党とは文明政治の旗振り役であり、地域的な割拠主義を破壊する国民統合の装置であった。[49] 近衛文麿は日米戦争開戦後、「やはり西園寺公は偉かったと思いますね、終始一貫、自由主義者であり、政党論者であった。僕は大政翼賛会なんて、わけのわからぬものを作ったけれど、やはり政党がよかったんだ。欠点はあるにしてもこれを存知して是正するより他なかったのですね」と述べたという。[50] 政党政治を否定して模索した一九三六年以後の新たな政治体制は全く機能しなかったのである。[51]

政党内閣制の崩壊は「既成政党」であり「腐敗」政党である政友会と民政党の国政支配を打破した。が、それに止まらない。首相選定は「おみくじを引くよう」と言われるように不確実性を増し、首相経験者が選定に加わることになったことは陸海軍の権力を構造化させる場を一つ提供することになった。また、政党による統合が失われたことによって憲法諸機関は割拠性を増し、市川の運動がそうであったように、政党システムが社会の課題を吸着していく機能も失われた。そして最も深刻な問題として、来栖が嘆いたように、ある政治体制にはその体制に即した文化があり、その文化が急速に失われたのであった。[52]

こうして危機克服に向けた取り組みは敗戦まで実ることはなかった。政党政治の崩壊にあたっては自由民主主義の過剰が批判されたが、現実には自由民主主義の過少であった。そこで占領下に自由民主主義の回復と強化が図られる。明治憲法下であっても自由民主主義体制の有無が日本政治の死活を分けたのであった。なお、日本人は戦争を選んだかと問えば、政治学的には、二・二六事件後の日本で、国民は戦争も平和も選ぶ手がかりを持たなかったと言えよう。[53] 運動の前提となる政治体制がいかに重要であるかは日本の経験が語り続けることである。

第4節　現在の「危機」の歴史的デッサン

1　占領戦後下の再建――非日常の中の政党政治批判

一九四五年一二月に衆議院議員選挙法が改正され、女性参政権と選挙権年齢の低下が実現した。翌一九四六年四月には改正後初めての総選挙が実施され、有権者数は約三六九〇万人、総人口の約四九％に及んだ。この改正は戦前の蓄積を前提に日本政府が改革を先取りしたものであったが、市川房枝は占領下での女性参政権の実現を喜びながらも連合国最高司令官総司令部（ＧＨＱ）の指令によると理解した。また「負け取った」民主主義という議論もある。(54) 占領下で都道府県知事の公選と第二院である参議院議員選挙が実現した。こうした敗戦契約としてのデモクラシーという認識から来るのであろうか、自由民主主義体制への反対は戦前回帰的なイメージで捉えられることがある。また、政治思想史学者の丸山眞男は、「『である』ことと『する』こと」についての論考で、一九五八年に眼前の警職法問題をとりあげ、「民主主義は日々つくられるのではなくて、既存の『状態』であり、この『状態』の攪乱はいわば自動的に『反民主主義』のレッテルをはられて」しまうと述べて、「いまは民主主義の世の中だから」といった「『状態』的思考」を批判した。(55)

しかし、すでに見てきたように戦前日本においてもデモクラシーは日々つくられてきたのであった。それは占領・戦後においても基本的に変わらない。日本が敗戦にあたって受諾したポツダム宣言には「民主的傾向の復活と強化」という一節があり、占領下で議院内閣制を定置する形で憲法が改正された。それは総司令部が原案を作成したものであるが、日本政府がこれを受け容れ、市川の「逆コース」への懸念とは異なり日本国民は占領後も大切にしてきた。また、両大戦間期の政党政治をめぐる失敗は戦後の再出発に際して活かされている。戦後首相を務める石橋湛山は「政治には、他の人事と等しく、あるルールを必要とする。ルールは必然機械的たることをまぬがれない。しかしその機械的なることが、政治を公明に、かつ円滑に進ませる」と明治憲法下での首相選定のあり方を問題にし、「日本の新しき憲法は、右の禍根を一掃した」と述べた[56]。保守合同といわれる一九五五年の自民党結成も、岸信介に言わせれば「保守新党」であらねばならず、政友会、民政党に比して国民運動に支えられ、かつての無産政党の政策を取り込んだ新たな保守政党として構想されたのである[57]。興味深いのは吉田茂の影響である。吉田が作った戦後政治体制は戦前の政党政治の復活でもなければ戦時体制の継続でも、ましてや明治国家への回帰でもなく、いわば一九二〇年代後半に問題視されていた強すぎる政党政治への更正体としての側面を有していた[58]。貴族院もまた参議院として再生した。参議院議員となった市川は党派政治によって政治のエンジンとなる衆議院とは異なる存在として参議院を位置づけた。そして、政党政治の回復とともに立憲君主制も政党政治を前提とする全権委任型へと収斂するとともに、「日本国民統合の象徴」としての補完的でおそらく不可欠な活動を果たしていく。

一九五五年に成立した「五五年体制」は初期においては自社二大政党対立による二大政党制への期待があったが、次第に自民党の一党優位状況となり、一九五八年の選挙を最後に社会党は議会の過半数を超える候補者を立てなくなった。市川は得た権利を行使するために女性有権者の政治教育を重視し、さらに理想選挙を訴えていく。そして自らは無所属議員として政党政治とは距離を置いたが、六〇年安保に際して請願の盛り上がりを評価する一方、選挙に繋げていく重要性を指摘し、「結局は選挙の時に反対の議員、反対の政党に属する議員を多数送り出しておかなければだめなんです」と述べた[59]。一九六〇年代は六〇年安保の騒擾を一九七〇年に再びくり返すのかが焦点となったが、高度経済成長とともに政党システムの多党化が進展した。特に野党の多党化であり、社会党、共産党に加えて、民社党と公明党が登場した。市川の問題意識は一九六〇年代を迎える頃からますます腐敗選挙批判と自民党の長期政権に向けられていくようになる。

2　戦後の次の日本政治──日常の中の政党政治批判

「戦後」という言葉は日本では融通無碍に使われているが、大きく三つの意味に整理することができる[60]。第一は戦争が過ぎ去った後というだけの意味である。第二は次の戦争が起こっていない状態である。この意味の戦後は長く続いてほしい。そして第三に戦争の影響を強く残し、平常への復帰が果たされていない特別な時間と空間を戦後という。日本の戦争からの復興を戦時の暴力と貧しさの後と考えれば、日本はすでにこの意味での戦後にはない。日本の戦後は日米安全保障条約が大きな混乱もなく自動延長された一九七〇年には終わったと言えよう。

ポスト戦後においても政党政治は育まれてきた[61]。現在の日本政治は第二次世界大戦の教訓によって「戦後」に成立した政党政治であるだけでなく、「戦後」後の変容にもよるものなのである。直近の危機を考えるには一九九〇年代から二〇〇〇年代にかけての日本の政党政治の大きな変化を無視することはできない。それは戦後の後のデモクラシーに続く冷戦後のデモクラシーである。政治外交史によって分析するには対象が新しく、詳細は他に譲るが、冷戦後の政党政治の形成も大きく三つの契機によって理解できよう[62]。

第一の契機は一九八九年七月の参議院議員選挙であった。平成に改元されたこの年、前年リクルート事件が表面化する一方で消費税が導入され、自民党の中からも政治改革への取り組みが現れる中で衆参両院のねじれが生じた。その後、湾岸戦争への対応など外交要因に強く作用されながら自民党分裂による一九九三年七月の総選挙に至る。

引き続く第二の契機は、一九九三年八月の細川護熙連立政権の誕生であった。自民党は衆議院で過半数を失ったもののなお他に三倍する圧倒的な第一党で、第二党となった社会党も数を減らしていた。しかし、自民党を出て新生党に参加していた小沢一郎は日本新党の細川を巻き込んで非自民連立政権を誕生させた。その後、多党連立内閣が動揺し与野党対立が先鋭化する中で、今度は自民党が社会党内閣を支持する村山富市内閣が誕生した。いずれも連立政権であり、院内の多数工作で政権交代が続いた時代であった。その過程で選挙制度が小選挙区比例代表並立制に変更され、政党交付金制度が設けられた。また社会党は政権獲得とともに支持者との議論もなく日米安保堅持と自衛隊容認に方針転換し、この時期、支持政党を持たない無党派層も激増した。

そして第三の契機は二〇〇九年八月の総選挙で野党民主党が圧勝し、選挙による政権交代が起こったことである。さらに二〇一二年一二月には今度は自民党が圧勝することで、選挙による政権交代が繰り返されるに至った。

政治外交史の観点からの一九九〇年代以降の日本政治の評価はまだ始まったばかりであるが、一九八〇年代以降の制度化された自民党政治を克服し、冷戦後の新たな課題と向き合うために、新たな選挙制度と、政権交代を通して日本政治を運営する新たな常道、新たな日常の中で模索が続いていると言えよう。改革は選挙制度改革を震源地として、行政改革、地方分権改革や政官関係の再定義、自衛隊の運用など多方面に渡ってなお続いており、国民相互の約束である憲法の改正も真摯に議論されてきた。その間、政党システムは大きく変化してきた。二〇一五年は戦後七〇年として注目を集めたが、この言葉はともすれば誤解を招きかねないことに注意が必要である。戦後七〇年というと一つながりの大きな時代像を想起させるが、狭義の戦後がすでに終わっているだけでなく、戦前の中にも多様な政治的時期があったように、戦後の中にも多様性があり、異なる時代状況や政治構造が層をなして現在を構成しているのである。

第5節　「災後」の政党政治と事前復興

本稿では、現在の政党政治の「危機」を理解し、選挙制度の課題を考える上で、三つの危機と三つの制度に注目しながらわが国の歴史を振り返ってきた。すなわち、政党政治の危機には代表危機と統治危機と体制危機があり、危機を理解するには選挙制度、執政制度、政党制度に注目する必要があるというものであった。危機を高唱する前にいかなる危機であるかを考えることが重要であり、また選挙制度の問題もそれだけを取り出して考えても意味がない。では、以上の歴史的事例は現在の私達に何を投げかけてくるのだろうか。

第一に指摘しておきたいのは体制危機との関わりで、危機を安売りしないことである。体制の危機と、体制が安定的である中での危機的状況は区別されなければならない。理論的考察に加えて、国際的な比較、歴史における比較が役に立つだろう。極論は危機を深めるだけである。警鐘を鳴らすには有効である「いつか来た道」論の陥穽として、過去の像が歪んでいる場合に加えて、安易に結びつけてしまう可能性がある。例えば一九二〇年代と一九七〇年代以降とでは自由民主主義体制の制度化の度合いが異なり、より大きな問題として植民地帝国の政治への負荷はやはり大きかったと言うべきである。私達にはすでに政党政治の長い蓄積があり、その上に立って、柔軟にかつ忍耐強く政党政治と接し続け、その体力と健全性を養う必要がある。

とはいえ体制の安定性に甘えていてはいけない。体制危機に転化しうる危機の芽を探せば、やはり統治危機と代表危機に指さすべきであろう。第二に統治危機については、結果責任の側面があり、内外多難な中で困難を増していると言えようが、政党政治で「なんとか切り抜け」(muddling through) ていくしかない[63]。政治主導についても、政党のあり方についても、政策秘書制度にしても、ハサミを活用しながら常にハサミを研いでいくしかない。また、かつて議論されたことが全く議論されなくなることも往々にしてある。一〇年程度を目処に日本政治を検証するしくみも必要だろう。ここにもジャーナリズムとは異なる形での社会科学者の仕事がある。

そして第三の代表危機である。統治は実績であるが、手続き的正統性は代表性とともに秩序の安定性を担保する。現在の手続きが現実を十分に反映していない場合もあるだろう。国民と政党との結び付きはいかにあるべきか。マニフェスト策定プロセスの改善、政党助成金の要件、政党における健全な企業家精神が問われる。政治と金の問題はエリート叩きのような歪んだ爽快感を求めてはいないか。代表性の問題は政治資金問題に還元することはできない。

この点で特に指摘しておきたいのは、女性参政権と若者の選挙権の問題である。なぜ少なからぬ女性政治家が求められるのか。なぜ若者の選挙権が拡張されるのか。自由民主主義体制は選挙権を中心に動いており、投票率も含めて選挙権がない／弱いことは自らの利害を守れないことになる。しかしより本質的な問題は、一国単位で整備されてきた私達のデモクラシー共同体の機能性と健全性を損なう点にある。吉野作造が述べたように最善の知識を政治に活躍させるために多数を集めることが必要であるならば、意思決定のメカニズムの中に女性が、若者がいなくてはならないのである。その意味で新有権者のお手並み拝見、女性政治家のお手並み拝見といった姿勢ではなく、ベテランの有権者こそがその行動を問われていると言えよう。若い世代の利益や将来の有権者の利益が選挙では絶対に実現できないとすると、クーデタが合理性を帯びる。それは暴力によって道を誤った日本政治外交史を思う時、他の国民とは異なる特別な意味を持つだろう。

総じて現在の危機を過大視することなく、統治危機と代表危機に対する創造的取り組みを恒常的に進めることでデモクラシーを活かしていくことが必要である。角を矯めて牛を殺すということがないようにしなければならない。「いつか来た道」とは政党政治という国民と政府とを結ぶしくみを失い、日本政治から復原力を奪ったことではなかったか。それはまた国際社会との共存を困難にした。待鳥が説くように、複数の政党が存在してこそ良き政治になる[64]。吉野作造は「政治上の敵は学問上の敵と同様、協同者たる可きなるもの」と説いた[65]。また、吉田茂は「民主主義の根柢をなす思想は寛容（magnanimity）である。敵と味方の確執（feud）ではない。己を知り己を愛し、また敵を知り敵を愛する寛容があってこそ、民主政治が行われるのである」と述べている[66]。

現在、私達は「災後」の時代に生きている[67]。東日本大震災から七年が経ち、すでに遠い過去の出来事であろうか。大規模地震災害からの復興は発災後、初動、応急、復旧・復興、そして復興後へと至る過程を辿る。しかし、復興に終わりはなく、地震の再発性から復興後とはすなわち次なる震災の前史である。また、二〇一六年四月には熊本でマグニチュード7・3の地震があり、日本列島の地震活動が活性期にあることをあらためて意識させた。こうして非日常と日常が連続し交差する「災後」は過ぎ去らない。その中で政治には何が求められるだろうか。ひと言で言えば、中央政治、地方政治を問わず、デモクラシーにかかる負荷がますます大きくなっている[68]。住む場所に始まり、誰が負担を引き受けるのか、いかなるエネルギーを選択するのかなど、私達は多くの決め事に直面し続けるのである。

一つの注目すべき考えは「事前復興」である。復興は被害を受けてから始めては遅すぎ、コストも高い。また災害は起こる時間や場所などによっても千差万別であるが、災害対応は発災後の特異な時間と空間がなせる技と言うよりは、発災までに何が準備されているかに依存する。そこで「防災の主流化」と言われるが、開発に際して事前に震災を織り込んでおくことが奨励されている。政治においても同様である。現在の日本の議会制民主主義は政党政治を通じて国民合意を形成することに成功しているだろうか。私達のデモクラシー共同体は次なる課題に対処するための信頼を得ているだろうか。一方でリーダーを育て、他方で社会を育てる必要がある。オオカミはいつも後ろから来るとは限らない。危機は常に新しい。その中で私達は、来るべき危機に備えて政党政治の健康体を養い続け、デモクラシー共同体の機能性と健全性に留意し続けなければならない(69)。

註

(1) 待鳥聡史「政治学からみた『憲法改正』」駒村圭吾・待鳥聡史『「憲法改正」の比較政治学』(弘文堂、二〇一六年)一〇頁。基幹的政治制度の変革のうち何が実質的な憲法改正に該当しうるかについては同書一一頁を参照。待鳥聡史『代議制民主主義』(中央公論新社、二〇一五年)、久保慶一・末近浩太・高橋百合子『比較政治学の考え方』(有斐閣、二〇一六年)も参照。

(2) また、憲法秩序の変容についての多様な理解を与えるものとして、阿川尚之『憲法改正とは何か―アメリカ改憲史から考える』(新潮社、二〇一六年)を参照。

(3) 久米郁男・川出良枝・古城佳子・田中愛治・真渕勝『補訂版政治学』(有斐閣、二〇一一年)五〇四―五〇七頁。

(4) 構造とプロセスについては、ジョセフ・S・ナイ・ジュニア(田中明彦/村田晃嗣訳)『国際紛争(原書第6版)』(有斐閣、二〇〇七年)四八―五〇頁。村井良太「『社会開発』論と政党システムの変容―佐藤政権と七〇年安保」『駒澤大学法学部研究紀要』七一号(二〇一三年)も参照。

(5) 吉野作造『憲政の本義―吉野作造デモクラシー論集』(中央公論新社、二〇一六年)。

(6) 本稿の執筆に際しては、二〇一六年六月一八日の近代日本政治外交史研究会にて関連する報告と議論の機会を得た。研究会を主宰される長谷川雄一先生はじめ関係各位にお礼を申し上げたい。

(7) 御厨貴『明治国家の完成』(中央公論新社、二〇一二年)。

（8）福元健太郎・村井良太「戦前日本の内閣は存続するために誰の支持を必要としたか：議会・軍部・閣僚・首相選定者」『学習院大学法学会雑誌』四七巻一号（二〇一一年）。
（9）以下、制度の詳細は杣正夫『日本選挙制度史—普通選挙法から公職選挙法まで』（九州大学出版会、一九八六年）を参照。また、近代日本の選挙管理について村井良太「戦前から戦後への日本の選挙管理—信頼性と政治的安定をめぐって：一八八九—一九五二年」大西裕編『選挙管理の政治学—日本の選挙管理と「韓国モデル」の比較研究』（有斐閣、二〇一三年）を参照。
（10）「建国の父祖共同体」について、御厨貴『戦前史のダイナミズム』（左右社、二〇一六年）を参照。
（11）三谷博編『東アジアの公論形成』（東京大学出版会、二〇〇四年）、鳥海靖『日本近代史講義—明治立憲制の形成とその理念』（東京大学出版会、一九八八年）。
（12）大石眞『日本憲法史〔第二版〕』（有斐閣、二〇〇五年）、瀧井一博『伊藤博文—知の政治家』（中央公論新社、二〇一〇年）。
（13）村井良太「近代日本における多数主義と『憲政常道』ルール—政権交代をめぐる制度と規範」日本政治学会編『年報政治学二〇〇九Ｉ民主政治と政治制度』（木鐸社、二〇〇九年）。
（14）村井良太『政党内閣制の成立一九一八～二七年』（有斐閣、二〇〇五年）。なお、本稿では詳しく先行研究に触れられていないが、同書と注（30）の村井書の主要参考文献を参照してほしい。
（15）Frederick R. Dickinson, *World War I and the Triumph of a New Japan, 1919-1930* (Cambridge University Press, 2013).
（16）来栖三郎『泡沫の三十五年—日米交渉秘史』（中央公論新社、一九八六年）二四二—二四三頁。
（17）三谷太一郎『近代日本の戦争と政治』（岩波書店、二〇一〇年）二〇七頁。
（18）市川について、参考文献等も村井良太「一九二〇年代の政治改革、その逆コースと市川房枝」坂本一登・五百旗頭薫編『日本政治史の新地平』（吉田書店、二〇一三年）を参照。
（19）Rechard. J. Samuels, *3.11: Disaster and Change in Japan* (Cornell University Press, 2013), p.192.
（20）瀧井一博『明治国家をつくった人びと』（講談社、二〇一三年）二五六頁。また、このような過程を理解するには成田龍一『近現代日本史と歴史学—書き替えられてきた過去』（中央公論新社、二〇一二年）を参照。

(21) 吉野作造講義録研究会編『吉野作造政治史講義―矢内原忠雄・赤松克麿・岡義武ノート』(岩波書店、二〇一六年)三七三頁。

(22) この間の経緯については、村井前掲『政党内閣制の成立一九一八~二七年』を参照。

(23) 牧野伸顕(伊藤隆・広瀬順晧編)『牧野伸顕日記』(中央公論社、一九九〇年)一三九―一四〇頁。

(24) 杣前掲『日本選挙制度史』四六一頁。奈良岡聰智「一九二五年中選挙区制導入の背景」日本政治学会編『年報政治学二〇〇九I民主政治と政治制度』(木鐸社、二〇〇九年)。

(25) 河井弥八『昭和初期の天皇と宮中』六巻、二三二―二三四頁。村井前掲『政党内閣制の成立一九一八~二七年』二五九―二六一頁。

(26) 松本剛吉(岡義武・林茂校訂)『大正デモクラシー期の政治―松本剛吉政治日誌』(岩波書店、一九五九年)五六七頁。

(27) 村井前掲「戦前から戦後への日本の選挙管理」。

(28) 中澤俊輔『治安維持法―なぜ政党政治は「悪法」を生んだか』(中央公論新社、二〇一二年)。

(29) 杣前掲『日本選挙制度史』一一七頁。

(30) 村井良太『政党内閣制の展開と崩壊一九二七~三六年』(有斐閣、二〇一四年)一二六―一三四頁。幣原の失言もロンドン海軍軍縮条約への懸念に天皇の批准を理由に反論したことが責任政治の観点から批判されたものであった。なお地方制度においても、政党政治の台頭と歩みを同じくして自治権拡張・分権化の流れがあったことは変化の全体性をうかがわせる(天川晃『戦後自治制度の形成』序章、左右社、二〇一七年)。

(31) サミュエル・P・ハンティントン(坪郷實・中道寿一・藪野祐三訳)『第三の波―20世紀後半の民主化』(三嶺書房、一九九五年)。

(32) 市川房枝『野中の一本杉』(新宿書房、一九八一年)、JACAR(アジア歴史資料センター)Ref. A04010459600、内務省警保局『出版警察報』四三号(一九三二年)三〇頁(国立公文書館)。

(33) 議会制度改革論については、村瀬信一『帝国議会改革論』(吉川弘文館、一九九七年)を参照。先の第五九回議会では労働組合法案も衆議院を通過したが貴族院で審議未了廃案となった。一九三〇年代前半の議会の対処能力や議会改革の進捗を考える時に、貴族院との両院制や枢密院も含めた事実上の三院制の問題がある。この点について、川人貞史『日本の政党政治一八九〇―一九三七年――議会分析と選挙の数量分析』（東京大学出版会、一九九二年）を参照。

(34) 村井前掲『政党内閣制の展開と崩壊一九二七~三六年』二〇一―二〇七頁。

(35) 吉野作造『吉野作造選集』一五巻（岩波書店、一九九六年）三八六―三八七頁。馬場恒吾「斎藤内閣の素描」『民政』六巻六号（一九三二年）二二―二三頁。

(36) 村井前掲『政党内閣制の展開と崩壊一九二七~三六年』二五五頁。

(37) 杣前掲『日本選挙制度史』一四一、一七二―一七六頁。また、当時の選挙違反について、季武嘉也『選挙違反の歴史―ウラからみた日本の一〇〇年』（吉川弘文館、二〇〇七年）を参照。

(38) 市川房枝（市川房枝記念会監修）『市川房枝集』二巻（日本図書センター、一九九四年）一二一頁。

(39) 松村謙三『町田忠治翁伝』（町田忠治翁伝記刊行会、一九五〇年）二五一―二五三頁。

(40) 菅谷幸浩「帝人事件から国体明徴声明まで」筒井清忠編『昭和史講義二―専門研究者が見る戦争への道』（筑摩書房、二〇一六年）。

(41) 山崎正和・北岡伸一「対談北岡伸一著『日本政治史　外交と権力』を語る」『書斎の窓』六〇七号（有斐閣、二〇一一年）。

(42) 入江昭（篠原初枝訳）『太平洋戦争の起源』（東京大学出版会、一九九一年）、日本国際政治学会太平洋戦争原因研究部編編『太平洋戦争への道』全七巻・別巻資料編（朝日新聞社、一九六二―一九六三年）。

(43) 『読売新聞』一九三七年六月一四日付、伊藤隆『大政翼賛会への道』（講談社、二〇一五年）九頁。

(44) 粟谷憲太郎『昭和の政党』（岩波書店、二〇〇七年）三五三、三八七頁。このような二・二六事件後の変化について、藤村道生は「アメリカの占領にさき立つ」一九三七年一一月の大本営設置による「軍部による占領」を論じた（藤村「二つの占領と昭和史―軍部独裁体制とアメリカによる占領」『世界』四二九号、一九八一年。櫻井良樹先生のご教示を受けた。記して感謝したい）。天川晃は地方制度に関して、一九三〇年代後半から一九四〇年前半を内務省に対峙して「いわば日本軍が日本国内を支配しているような時代」と、その後の連合国軍による日本占領に対置した（天川前掲『戦後自治制度の形成』七〇頁）。選挙制度は男子普通選挙制が再び制限されることは結果的になかったが、地方制度は市町村会が市町村長を選挙する制度を「政党時代に行われるべき旧制度」と見なして一九四三年、官選に改められた（同四三―四八頁）。

(45) 来栖前掲『泡沫の三十五年』二三八頁。

(46) 来栖前掲『泡沫の三十五年』二三六頁。

(47) 原敬（原奎一郎編）『原敬日記』（福村出版、一九六五年）四巻二三六頁、五巻三〇一―三〇二頁。

(48) 原田熊雄『西園寺公と政局』八巻（岩波書店、一九五二年）三六五頁。

(49) 村井前掲『政党内閣制の展開と崩壊一九二七～三六年』三七八頁。

(50) 富田健治『敗戦日本の内側―近衛公の思い出』（古今書院、一九六二年）一一一―一一二頁。

(51) 憲法との関係で言えば自由民主主義体制下には明文の憲法典改正は必要なかった。しかしその後の反動を思えば、憲法を早めに変えておけば良かったたか。明治憲法にも改憲規定はあったが、婦人参政権にも反対した枢密院や貴族院など、民主政治を押し止めようとする立憲的諸機関が強硬に反対したであろうことは想像される。なお不磨の大典として一八九〇年から一九四五年まで一度も改正されなかった明治憲法の条文が、五・一五事件後には帝国議会を守り、政党政治の存立基盤を残す役割を果たす。

(52) この点については、村井前掲『政党内閣制の展開と崩壊一九二七～三六年』四二九―四三一頁でより詳しく論じた。

(53) その点で選択し得る位置にいた者の責任は大きい。加藤陽子『それでも、日本人は「戦争」を選んだ』（新潮社、二〇一六年）を参照。同書の視角には戦争責任を国民としていかに受け止めるかという問題意識があり、単純に権威主義体制と民主主義体制での国民の主体性を問うものではない。なお、この時期の政治外交史理解においては、同書に加えて、筒井清忠編『昭和史講義―最新研究で見る戦争への道』（筑摩書房、二〇一五年）、筒井前掲『昭和史講義二』、簑原俊洋・奈良岡聰智編『ハンドブック近代日本外交史―黒船来港から占領期まで』（ミネルヴァ書房、二〇一六年）などが手引きとなる。

(54) 松本重治『国際日本の将来を考えて』（朝日新聞社、一九八八年）二二頁。

(55) 丸山眞男『日本の思想』（岩波書店、一九六一年）一八七頁。また、丸山は「民主主義というものは、人民が本来制度の自己目的化―物神化―を不断に警戒し、制度の現実の働き方を絶えず監視し批判する姿勢によって、はじめて生きたものとなり得るのです」と述べている（同一七三頁）。
(56) 石橋湛山『湛山回想』（岩波書店、一九八五年）三八五―三八七頁。
(57) 原彬久編『岸信介証言録』（中央公論新社、二〇一四年）八四―八九頁。
(58) 村井哲也『戦後政治体制の起源―吉田茂の「官邸主導」』（藤原書店、二〇〇八年）。
(59) 市川前掲『市川房枝集』五巻五三頁。
(60) ここでの議論は、村井良太「東日本大震災と国民の中の自衛隊」サントリー文化財団「震災後の日本に関する研究会」編『「災後」の文明』（阪急コミュニケーションズ、二〇一四年）を参照。
(61) 中北浩爾『自民党政治の変容』（NHK出版、二〇一四年）、福永文夫編『第二の「戦後」の形成過程―一九七〇年代日本の政治的・外交的再編』（有斐閣、二〇一五年）などを参照。
(62) この時期の内政と外交について、薬師寺克行『現代日本政治史―政治改革と政権交代』（有斐閣、二〇一四年）、宮城大蔵『現代日本外交史―冷戦後の模索、首相たちの決断』（中央公論新社、二〇一六年）。河野康子『戦後と高度成長の終焉』（講談社、二〇一〇年）、季武嘉也・武田知己編『日本政党史』（吉川弘文館、二〇一一年）、佐道明広『「改革」政治の混迷』（吉川弘文館、二〇一二年）も参照。
(63) 猪木武徳『自由の思想史―市場とデモクラシーは擁護できるか』（新潮社、二〇一六年）一二三頁。
(64) 待鳥聡史『政党システムと政党組織』（東京大学出版会、二〇一五年）一一一頁。
(65) 吉野作造講義録研究会前掲『吉野作造政治史講義』三九九頁。
(66) 吉田茂『回想十年』四巻（中央公論社、一九九八年）五七頁。
(67) 御厨貴「序」サントリー文化財団「震災後の日本に関する研究会」前掲『「災後」の文明』七頁。
(68) 村井良太「復興権力の三大震災比較―近代日本における『災後』の統治と政権交代」御厨貴編（五百旗頭真監修）『大震災復興過程の政策比較分析―関東、阪神・淡路、東日本三大震災の検証』（ミネルヴァ書房、二〇一六年）を参照。
(69) 憲法の問題はこの点で小さくない問題である。私達の二つの憲法は国民から見た時に確かに与えられたものかもしれないが、自由民主主義体制は日本政治において、大戦も越えて、体制側、運動側双方から日々つくられてきたのであり、これからもつくられていくものである。私達は国家単位でのデモクラシー共同体を育みつつ、外に対して調和をはかっていかなければならない。そして、このように日々つくられていく自由民主主義体制のダイナミズムの中で、憲法もまた、逆コースか精神の回復かといった紋切り型の議論、誤れる思い込み（思考停止）とは無関係に、日々の中から改正されていくことになるだろう。日本固有の歴史から学びうることは、大事なのは憲法に止まらず、人・運動・制度を含めた自由民主主義体制である。憲法は自由民主主義体制を助けなければならない。にもかかわらず憲法があまりに硬直化し、神格化（物神化）すると、日々の自由民主主義体制を支えられなくなる危険性が高まるのである。

第6章　福祉国家の変容と福祉ガバナンスの可能性

尹　永　洙

第1節　福祉国家と二十一世紀

どうやら富と平等分配という二兎を追うのは相当難しいどころか不可能に近いように見える。つまり、経済的成長を伴う福祉国家は二律背反の概念であり、単なる理想であるかもしれない。かといってそのような希望を捨てるには結果に対する甘い想像のせいか、もの惜しい気がしてやまない。二十世紀に入ってから、否、そのちょっと前から人間社会は資本主義と社会主義という二つのイデオロギーによって分けられ、それぞれの主義主張が絶対的であるとし対立を繰り広げた。多くの歴史的事実からわかるように、そのスタートは富に対する階級間の所有権紛争であり、いつの間にか平等に対する価値判断の差異（機会の平等と結果の平等）として現れたのである。そして、両立場の間で経済の格差が広がるようになったが、国際社会を揺るがす大きな出来事であった第一次世界大戦の後、経済的な不安定から生じた大恐慌により、一歩先を歩いていると思われていた資本主義社会に反省と対策が求められるようになった。その解決策として登場したのが、いわゆるケインズ主義と言われている経済理論である。ケインズ主義は平等の出発線上にある不安定さを是正しようとして、国家の役割を再整理し、既存の市場主義が訴える市場自由の考え方を否定するかのように、国家は国内市場に規制をかけ、所得の再分配を行いながら、経済成長と完全雇用を実現すべきであると主張し、それがイギリスを筆頭に各国で受け入れられたのである。そして、政府は相対的に高いレベルの自律性を維持しながら経済を運営することによって、市場と家族が満たすことのできないニーズに対する社会的給付を行うことができたのである。[1] 一方、福祉国家を論ずる際に必ず出てくるベヴァリッジ報告書（Social Insurance and Allied Services）が提出されたのが一九四二年であり、一六世紀から続いてきたイギリスにおける『救貧法』が廃止されたのは一九四八年である。ところが、W・W・ロストウは「福祉国家の出現は、社会が技術の進歩を越えて進んでいることの一つの現れである」としている。[2] 技術の進歩による経済的豊かさが生まれる過程では、その技術の産物を享受する人々のため、陰で支える人々や技術の進歩により獲得できる果実とは無縁の世界に住む人々も現れる。そして、社会は複数の階級による葛藤の種が内在されたまま未来へ進んで行く。すると、場合によっては葛藤が露になったり、場合によっては葛藤の解決を試みる新しいシステムが登場したりする。その新しいシステムこそが福祉国家であり、二十世紀の西陣営における国家運営にあたっての課題であり続けた。

つまり、二十世紀は資本主義と社会主義の対決で始まり、社会主義が敗北した形で幕を下ろしたが、人々は、伝統的な封建制が崩れ、世俗的な意味での近代が解体された偉大な実験としての社会主義革命を称えたり、いまなおその再建を望んだりしている。しかし、おおよその評価としては、旧ソ連の解体と東欧の体制崩落による社会主義システムの敗北が既定事実化しており、それに異議を唱える者はあまりいないだろう。もちろん名目上の社会主義システムを維持している国々が存在するのは認めるとしても、そのシステムがいつの間にか押し寄せていたグローバリズムの波によって色あせたり、その主張が整合性を失っていたりすることになったのは周知の事実である。しかし、それでも人類は漸進的あるいは革新的発展を望みながら、二十一世紀を迎えたのであり、始まったばかりの今世紀に、これからどのような出来事が待ち受けているのかについて、さぞ不安と期待を持って生きているだろう。もっと言うと、すでに到来している危険社会と未来に対する予想不可能さから起因する焦燥感に追い込まれているかもしれない。

とにかく、打倒対象としての資本主義の破棄、階級社会の打破や万国の人民の平等といったスローガンに触発され二十世紀を営んできた社会主義が主張する社会保障とは異なる形で、西陣営では、いわゆる混合経済としての社会保障政策が編成されるようになった。つまり、社会主義国家は社会主義国家であって、福祉国家とは言えない。しかも西陣営の各々の国の政治経済環境や社会雰囲気によってその政策は異なる様子を見せてきたのである。それ故、比較福祉国家論や福祉資本主義の分類といった研究も進んできたのである。

豊かな社会を目指す努力と伴って、社会における経済的収入の再分配政策が盛んになり、福祉国家への理想は順調に進んでいるかのように見えたが、二回に及ぶ石油危機と各国における政府の肥大化や支出の増大により、福祉国家への疑念が現れた。そして、小さな政府を目指す政権が大西洋を間において誕生した。新自由主義と称される古くて新しい風が吹いてきたのである。ケインズ経済学は、公共事業などを通じ政府の支出を増やすことによって労働市場での需要の創出を画策し、第二次世界大戦後の世界経済発展をけん引してきた功績はあるものの、政府負債の増大と非効率的な政府運営が問題化された。滞っている財政難を突破し、市場に活気を吹き込むためには、通貨流通の増大と規制緩和、政府の減量が必要であると考えられたのである。

一方、国内経済、すなわち内需にだけ依存してきた産業が、今度は賃金の節約や輸出入における物流の簡素化、貧国への市場の拡大などの理由で、世界を活躍の場としてとらえ始めた。加えて、先進諸国の人口構造の変化が見られた。少子高齢化がそれである。このような難関をどのように乗り越えるかが各国における最大の関心事であり、新しい潮を待ち望んでいたため、新自由主義という名の考え方は、瞬く間に世界を変化の渦巻きの中に追い込んだ。福祉国家という理想は幻想にすぎず、これからの世界は別の形のシステムを用意しなければならないと判断するのにあまり躊躇はなかった。福祉国家危機論、否、もっと言うと福祉国家終焉という議論の始まりである。

本稿では、福祉国家の発展過程とそれを支える考え方を探る。そして福祉国家の変容を追いながら、福祉国家再建という命題まではいかないものの、これからの福祉国家のあり方に対する方向性や可能性を模索することとする。

第2節　福祉国家の発展

福祉国家は、周知の通り、第二次世界大戦後約三十年間にわたり発展したと言えよう。その時期では、科学技術の発展に伴う高度経済成長と産業の拡大、都市化、人口の飛躍的増加、雇用や家族形態の変化などにより、公衆衛生、住宅、教育、社会保障の社会問題に対する政府の役割が増大し、いわゆる「大きな政府」が登場した。上述のケインズ主義の目標とする完全雇用の達成や失業対策、困窮者、病弱者に対する社会保障が政府の主要政策の地位を得るようになった。そして、一九七〇年代に入り、福祉国家に対する見直しの議論が浮かんだのである。理由は世界の経済成長をけん引してきていた石油の低価格が維持できなくなったことにある。もちろん、福祉国家危機説が浮かび上がったのには石油危機だけがすべての原因ではない。各種社会保障サービスの高品質化への模索と量の増加、それに付随する費用、つまり社会保障コストの増大が、各国に大きな負担となっていたからである。

ところが、福祉国家論は社会主義諸国との違いをその根底にある民主主義から探そうとした。例えば、T・H・マーシャルは歴史的に福祉国家たるシステムにならざるを得なかったと主張する。第二次世界大戦中の一九四二年出されたベヴァリッジ報告は、戦争で勝つことも大事であるが、現代国家において国民の生存権を担保するための政策転換が必要であることを強調した。つまり大砲かバーターかではなく、大砲もバーターもという政策の展開を求めたのである。その後、一九四四年発表された「自由社会における完全雇用」というイギリス政府白書は戦後社会の設計図であり、労働党による長期執権の導火線になった。これをきっかけにヨーロッパでは、幅広い社会保障とケインズ主義の影響を受けた形で完全雇用政策を行うことが国家の責任とみなされるようになる[3]。また、アメリカでは二十世紀初頭に国民の合意として与えられた経済的再編と政治的安定のために国家権力の介入が認められていた[4]。そして、第二次世界大戦後、世界は東西に分かれ冷戦状態に入っていた。そのような時代背景もあり、福祉国家は社会主義との差別化を図りながら、社会保障制度を拡充していた。また、社会の繁栄と経済発展などを掲げた開発独裁国やナチスドイツみたいな戦争国家とも一線を画す。そして、福祉国家において福祉は、一種の権利としての性質を持つようになった。マーシャルによると、福祉国家とは単なる物質的再分配政治ではなく権利政治としてその存在根拠があり、その権利こそが、市民が自らの要求を統治や政策に反映することが制度的に担保される政治体制、すなわち民主主義的政治体制の中から生まれるものであるとした[5]。具体的にはシチズンシップ（citizenship）の制度化という観点から福祉国家を論じている。つまり、シチズンシップは自由権（civil rights ＝市民的権利）、参政権（political rights ＝政治的権利）、社会権（social rights ＝社会的権利）といった三つの権利から構成されているとした。自由権は一七世紀以来所有権などを内容にした資本主義の発展の過程で定着されたものである。経済活動においての自由な活動は形式的な平等をその特徴として持つが、実質的には経済的社会的不平等の意味をも持つ。それゆえ、人々は積極的に不平等状態を改善するための手段として政治への関与を求めるようになり、参政権という政治的権利が与えられるようになった。しかし、二十世紀に入り、市場経済が生み出す不平等を解決するため、国家は実質的所得への普遍的権利としてのナショナルミニマムを保障する義務を負うようになり、市民は社会権を獲得するようになる。このように歴史の過程において位置づけされた福祉国家は、平等という理念の拡大により社会経済的不平等を是正しようとする動因になったのである。つまり、権利としてのシチズンシップは資本主義という経済システムの中で実質的平等を追求することにより福祉国家構築の根拠論理になったのである。

一方、H・L・ウィレンスキーは福祉国家形成に対する比較研究を行い、国民一人当たりのGNPの増加によって人口の高齢化と官僚制の拡大が現れ、社会保障制度が発達したと分析する。いわゆる、収斂説である。つまり、経済発展によって人口構造が変化し、その社会に見合った制度を創出ないし既往の制度を是正することで社会保障支出が増大し、それこそ福祉国家に収斂するということである。経済発展を媒介にした単線的な理論であるという批判はあるものの、世界中の六四ヵ国を比較分析した結果である。それに、福祉国家の黎明期である一九四〇年代から石油危機による福祉国家危機が議論される一九七〇年代までの約三〇年間に及んで、世界は第二次産業、とりわけ重化学工業によって、これまで人類が経験したことのない高度成長を成し遂げていた。雇用の増大と労働生産性の上昇、それに並行しての実質所得の向上は、都市問題や公害問題などを起こしたものの、人々の健康や栄養状態を改善させ、平均寿命が延びる結果につながった。第一次産業が盛んだった時代に作られたさまざまな制度はその疲労感を露呈し、時代に合わないものに対する変化が求められる時期でもあった。それ故に、ウィレンスキーは、国民一人当たりのGNP、自由主義国家と全体主義国家いった政治体制の類型、六十五歳以上高齢者の人口比率、社会保障制度の経過年数などの指標を用い、GNP比率でみた社会保障支出との相関関係を分析した。このような分析指標は政治的な変数ではなく経済的な変数であるが、長期的に見た際に、福祉国家を発展させるのは経済水準であることを示したのである。つまり、経済の発展は所得の増加をもたらし、それが都市化や高齢化などの社会の変化につながる。他方では、税収が増えることによる財源の確保も容易になり、社会問題に対する対策としての社会保障制度の拡充が可能となる。ところで、そのような制度も時間が経つにつれ疲労を露呈する。そして各種選挙や有権者を意識した政治家たちの働きによって、新しい制度の創設やサービスの増加が行われ、社会保障における政府支出はさらに拡大される。福祉国家の発展である。実際、時代は高度経済成長期であり、しかも長期間にわたる成長であったため、まさに福祉国家の黄金期であったと言えよう。しかしながら、彼は、福祉成果に関する指標においていくつかの障害について言及することによって、自分自身の研究の限界を認めている。例えば、安全や不安、幸福と絶望といった分析に困る非経済的な要素である。[6]そして、その性格が自己増殖的であり自己拡大的である官僚制に対し、その有効性が失われた時にも、それを解体することはできないとし、それ故行政費用が増えていく結果を招いてしまうと指摘している。それによって政府支出が高水準に達し、しかも市民的自由を支えている構造的・規範的基盤が浸食されるような事態になれば、民主主義にとって福祉国家は一つの脅威になると考え、福祉国家への抵抗が現れるかもしれないとした。[7]

第3節　福祉国家の危機と再編

石油危機は確かに世界に大きなショックを与えたのは言うまでもない。まずは経済に、そしてその影響は社会全般に広がり、政治や各国政府においての政策転換までに追い込んだ。財政収入の見込みが悪化していく中、福祉国家を築いてきていた国々はその目標を修正せざるを得ない状況になったのである。もちろん福祉分野のみでの政策転換になったとは言えないかもしれないが、典型的な国家の役割であろう基本サービス分野での改革はそれほど簡単ではない。例えば、司法や外交、国防分野がそうである。そうであるとすれば、対国民サービス分野で比較的に歴史が浅いものがその対象になりやすい。かつては行政の役割がもっぱら規制にあったとすれば、福祉国家を目指し必要に応じて政府の形を徐々に大きくしながら拡大したサービスこそ社会保障分野にある。安定的な政策の運用の要因として考えられるのは、よく設計された政策と効果的な実施である。成長と公平への欲求は、福祉国家においての二兎であった。これらのトレードオフは現実的に解決しにくい課題である。第二次世界大戦後、フォーディズムからなる大量生産による経済成長は同じくして福祉の拡張を助長した。世界の経済成長を引っ張ってきていた先進諸国での産業は、すべての分野で成長を成し遂げたかというとそうではない産業群もあった。例えば、衣料、製糸、石炭などの産業であった。重化学工業への転換こそが成長の原動力であって、フォーディズムの生産システムを中心に持ちつつも不良産業の重荷を背負う形になる。翻って消費の面では、もっとも充実した福祉制度と強力な労働組合を持っていた。すなわち、フォーディズムの大量生産・消費の制度において、一部分の産業のみが強く、消費は強い不均衡状態に陥っていたのである。[8] 一方、経済政策と社会政策の関係は多元的であり、経済成長に伴う新しい社会的要請に答えるべく広範囲な財とサービスの提供を包含するように拡大された時期でもある。とはいえ、果たして社会政策は新しい経済政策とのかかわりを必要とするまでに発達したのであったのであろうか。経済全体の効率に対する広範な潜在的悪影響、労働や経済変化への対応のためのインセンティブ阻害、労働コスト・価格・雇用に関する財政的方法に対する悪影響、需要とサービス供給の間の量的な不均衡などの問題[9]があり、社会サービスや社会保障の普遍化という福祉国家の到達目標には至っていない現実もあった。一九六〇年代及び一九七〇年代初期にあっては、大半のOECD諸国は全国民に対象を広げることと給付の増大を目指し、社会的施策を拡大した。その結果、ミニマムな所得の設定およびミニマムなサービス受給機会の確保などをはじめとする種々の給付措置が生活水準の向上に結び付いた。しかし、支出増大を起こすいくつかの決定要因も拡大していた。まずは、給付水準あるいはサービスの質の改善要求の圧力、次に医療費の増大をもたらす技術進歩、そしてデイケアサービスといった当時のところでは市場を通じてでは得難いか不十分にしか得られないような社会サービスに対する新しい需要を生み出す社会経済状況の変化などである。したがって、福祉国家が掲げてきた当初の概念の一つであった主要なリスクに対し財政を通じて必要最小限の社会的保護のみを提供する、ということと整合性が合わなくなっていた。当然ながら、これは政府が必要最小限の社会的保護と民間機関の補完的役割を連携させねばならないことを意味しており、それ故に公平の問題と行政運営のあり方の問題が浮かび上がったのである[10]。

他方、福祉国家は、経済システムが多様で絶えず変化する公的、私的な財に対する個人の需要に適応する程度を示すミクロの効率の原則にあてはまる能力が要求される。しかし、福祉国家が経済を活気づかせることができるかについては、非市場的公共部門の需給の特質に深く関係があるため、福祉国家を構成する諸制度によってほぼ不可能に近い。つまり、福祉国家は高い生産性水準を必要とするが、その政策は必然的に生産水準を低下させるのである。福祉国家の持つ矛盾である。また、福祉国家は必然的に高コストをもたらすその活動の中で、重い負担と歳入の流出とでもいうべき二つの問題に立ち向かわなければならなかった。重い負担というのは、第一次石油危機以来、各国の経済成長の鈍化にもかかわらず、公共政策のコストは容赦なく上昇したことである[11]。

このような状況が広がっていたため、福祉国家が強い批判を浴びるようになったのはある意味当然かもしれない。特に新自由主義を中心に、福祉の独占的提供者である国家の位置づけに対しての批判が高まった。つまり国家の持つ福祉に対する機能を完全に否定するわけではないが、市場に抗って社会的公正や平等を実現するという考えに疑問を呈したのである[12]。新自由主義は国家の機能が競争市場の保全や補完に限定されるべきであるとする従来の自由主義の考えに加え、健全な市場経済の育成のための政策を強く求めたのである[13]。彼らによると、福祉国家と呼ばれるものの実態は、競争秩序の社会的・経済的基盤を整備し人々の自律的な生活形成を可能にする秩序政策の代わりに、市場と人々の生活形成への場当たり的干渉が生まれ、市場は機能不全に陥ってしまい、なお一層の国家干渉を招く結果につながった。しかも、国家給付の拡大は、安定をもっぱら国家に求める国家依存型の心理傾向を生み出し、精神的貧困化が進んでいるとした。その上、福祉国家の理念自体が給付国家的施策の積み重ねの歴史的経緯に乗っかった折衷主義的価値観の産物であったと批判した。それ故、彼らにとって平等主義的偏向と過剰な給付に集約されると考えられた再分配政策は、人々に生活平等主義化の途を歩ませることになるが、そのような福祉国家の目標である社会的正義は、新自由主義の擁護する自由と真っ向から対立する。しかし、平等の恩恵から漏れる人たちには給付の過少性をもたらし、新たな貧困と格差を生み出したとした[14]。そして、この新自由主義の考え方は、福祉の政策を既存の国家が担うことを破棄し、福祉の市場化・営利化・商品化を中心とする福祉社会への方向転換の流れを導いたのである。

ところで、一九七〇年代の経済成長停滞から福祉国家を見直そうとする動きが政治の場でも現れ始めた。周知の通り、イギリスやアメリカといった、いわゆるスモール・ガバメントを掲げた政権の誕生である。そして産業構造の変化も余儀なくされ、それに伴う経済のグローバル化が進むようになった。それは貿易のグローバル化であったり、金融のグローバル化、多国籍企業による生産のグローバル化といった形で現れた。国内経済成長の鈍化は、その目を国際社会に向けさせた。そうすることによって各国の経済は国際経済の影響を受けやすくなり、グローバルな競争力を理由に福祉支出の削減を要求したり、社会保障に対する負担金の引き上げに抵抗したりする。また、資本市場のグローバル化による資本の移動や変動相場制へのシフトによるケインズ主義的マクロ管理戦略の有効性が浸食された。そして、多国籍企業による安い賃金を求めた生産拠点の移動により派生する雇用問題や、税金に優遇される地域への生産拠点の移動による税収入にも影響が及ぼすようになった。それ故、既存の失業削減に重みを置いていた国の政策が、資本の海外流出をつなぎとめるため社会保障を最小限に切り詰めるための国際競争力を重視する政策に変容し始めた。その結果、福祉国家の見直しが主張されるようになり、例えばアメリカやイギリスのような低水準の自主主義的色合いが濃い福祉国家へと収斂していった(15)。

しかし、このような経済のグローバル化がもたらす福祉国家の衰退もしくは危機論に対しては、グローバル化が福祉国家に与えた影響そのものが明確ではないという考えもある。そして、福祉国家の変容をポスト産業社会への移行から探る議論があがったのである。P・ピアソンは、製造業中心の経済からサービス産業中心の経済への移行、人口構造の変化、福祉国家の成熟化、女性の社会進出の増大をポスト産業社会の特徴としてあげている。サービス産業は生産性が低いため、経済成長率につながりにくく、結果として福祉国家を支える財政的基盤の弱体化を示唆し、製造業に比べ雇用保障が弱く景気変動の影響を受けやすいため、失業を生み出しやすい。失業が増えると失業手当などの受給者増加をもたらす。また、高齢化という人口構造の変化は、老齢年金などの受給者の増加、受給期間の延長、介護などの新しいサービスの必要性をもたらし、財政的基盤を脅かす。少子化は生産人口の減少につながり財政難に拍車をかける。そして、福祉国家はその初めの頃に比べ社会政策コミットメントを充実・拡大させてきたことにより、政府の財政的負担は限界に達しつつある。最も重要なインパクトとしての女性の社会進出の拡大は、家庭により負担されてきた福祉生産・供給の役割を社会政策によって代替・補完しなければならなくなった。とりわけ保育や介護などの社会サービス充実が求められる。このようにポスト産業社会への移行は福祉国家の財政基盤を脅かす一方で、新たな社会政策のニーズを高めるという点で、既存の福祉国家への潜在的な変容圧力になったと考えられる[16]。

一方、一九七〇年代以前までに福祉国家における労働者に適用されるように見えていた市民的かつ社会的安全の保障が急速に弱くなるきっかけとなった。市場への規制に対する機能不全による国家の弱化がその理由であった。主導権は企業に渡され、賃金労働者の利益を擁護し、ある程度市場の抑制に成功してきた国家はその成立基盤を放棄しなければならなくなり、労働者たちをつないでくれていた集団的審級が崩壊し、連帯を構成していた労働者たちの間に競争原理が働き始めたのである。ところで、一九八〇年代以降、事故や疾病、失業のような古典的リスクから自分自身を守ることができなくなることが再現されるようになる。同時に新しいリスクも登場した。例えばチェルノブイリ原発事故やBSE（狂牛病）などが考えられる。このような新しいリスクは産業的、科学技術的、保健衛生的、自然的、生態的な脅威であり、人々はその前で一般的な無力感に陥った。またこの二つのリスクが複雑に絡み合いながら、リスク概念のインフレーションにもつながった。そしてリスク管理は国家による保障から個人の責任に基づくものへと移行した[17]。なぜなら、一九七〇年代に直面した不況から起因する大量の失業や労働関係の不安定化は賃金労働者のヒエラルキーの底辺を直撃し[18]、同等の職業的身分関係による連帯が平等者間の競争に代わったためである。R・カステルはこのような状態を「脱集団化[19]」と呼んでいる。現代社会は長期失業状態の人々や就職難によってフリーター生活を余儀なくされている若者たちを社会の外側にいるように扱っている。しかし、彼らを同じパラダイムの中にいると同一視するのは、彼らの過去、現在、未来が異なっていて、彼らが歩んでいく人生が全く異なるにもかかわらず、それらを無視するということを意味する。事実、彼らは社会の外側にいるのではなく、個人としての脱集団化状況に置かれているのである。もちろん一部の労働者階級はこのような個人主義的改革からある程度利益を獲得するかもしれない。扇動的な政治家や新自由主義者たちが言うように、危機を機会として転換させ自分の能力を最大限発揮し機会を生かせる人々も存在するのも事実である。しかし、このような差異の発生が偶然なものではない。なぜならば人間が使用できる客観的資産と個人が状況を新しく開拓していくための機会は相互依存的であるからである。すなわち、自分自身の労働の対価として得られる資産を使用すること以外には、事実上集団に所属していることのみが自分が依存するすべてであるからである。そして、リスク管理は個人の責任領域の問題になる。

さて、福祉国家の終焉や危機と言われた時期から、一九八〇年代に入るとレーガノミックス、サッチャリズムといった新保守主義の風が強く吹く中、福祉国家のオルタナティブを構築しようとする努力が現れ始めた。例えば、C・ピアソンなどによる新政治経済学のアプローチであるが、それは福祉国家の限界を乗り越えるような先進資本主義社会の社会的・経済的・政治的体制について幅広く解明しようとするものである。このような動きが引き金になり、一九八〇年代後半に入ると福祉国家の比較研究が活発化されるようになった[20]。特に注目すべきものとしては、福祉国家を三つの類型に分けて説明しようとしたG・エスピン－アンデルセンの考え方がある。周知のように、彼は多年にわたり厖大なデータの収集とその分析を行い、西陣営の福祉国家を保守主義、自由主義、社会民主主義といった三つのレジームに分類し、加えてその手法や分析技術から社会科学分野に大きな影響を与えたのである。それは、脱商品化という理論的概念を操作化して、計量社会学や計量政治学による研究を可能にした[21]。

しかし、彼の主張に対し、批判の声があるのも事実である。例えば、分析対象として扱った国は一八ヵ国であるが、日本、アメリカ、カナダ、オーストラリア[22]、ニュージーランドを除けばすべてヨーロッパであった。また、一八ヵ国ともOECD加盟国であり、福祉のみならず経済的にも一般に先進国といわれる国々であった。そして、女性の社会進出が著しく拡大されている中、ジェンダー論を度外視したことに対しても大きな批判を受けている。このような批判を受けた彼は、家族主義や脱家族化といった概念を導入することとなるが、それも労働市場において説明が不十分であると言われている。にもかかわらず、彼はグローバル時代における福祉国家のジレンマとして、効率性と分配上の目的の間にある潜在的な衝突を処理するうえで、政治的および他の制度・仕組みが大変重要であることを主張している。それは、福祉国家の危機や終焉という言葉が流行りのように各国において蔓延していた雰囲気を払拭するかのように、多くの研究者たちの研究対象を従来の福祉国家論から福祉国家レジーム論、あるいは福祉レジーム論に方向転換させたと言えよう。

第４節　ポスト福祉国家と福祉ガバナンス

福祉国家危機論の理論的根拠としてよく使われるのが経済成長の鈍化とそれによる財政収入の減少である。しかし、いわゆる戦後資本主義の黄金時代と言われる時期と比べればその成長率が緩やかになったものの、一九七〇年代半ばの石油危機以降、OECD諸国での実質国民生産は増加していた。もちろん公的社会支出もそれ以上に伸びたのだが、一九八〇年代に入るとその傾向も見られなくなっていた。[23] ところが、それが原因で福祉分野での支出が縮小されたわけではない。その理由は、政治過程において福祉国家戦略の縮小もしくは後退は政治家にとっては極めて高リスクとして作用するからである。福祉国家の成長期では、福祉の拡大によってすべての利害関係者が満足を得ることができていた。それに対し、福祉を削減して有権者に減税を提案しても、有権者から充分な政治的支持を得ることはできない。つまり福祉削減の政治は正当性を失うことにつながるためである。[24] 社会保障制度が国民の大多数を受給対象者としている現代福祉国家においてはほぼ不可能に近い。それ故、福祉国家に対する談論が福祉政治に対する関心に移る要素となる。そして、福祉国家の危機論や終焉論に対抗する新たな展望として福祉社会論が台頭するようになった。

政治制度の違いからくる政策の違いが、新たな福祉国家の形として登場した。グローバル化のもとで世界の国々では経済的な格差が広がり、各々の政府はそれぞれの対応にも差異を見せた。ただし、その格差への対応の成否を決定づけるのは単なる再配分というよりも、新しいリスクへの対応であった。その新しいリスクの中心にあるのが、労働市場での二極化であり、労働市場での問題を解決するため登場したのがワークフェアである。ワークフェアは労働者の権利の持続性を保障するために考案されたが、その姿は社会の属性によって異なる形で現れた。[25] もちろん福祉国家への挑戦は経済的な条件の変化だけからもたらされたわけではない。例えば、G・エスピン-アンデルセンは、経済的条件の変化以外にも、家族構成の変化や職業構造の変化、ライフスタイルの変化によって引き起こされる社会的支援制度とニーズやリスクの展開の間に不整合が拡大しているとも指摘している[26]。そして、宮本太郎は、各福祉国家レジームの制度が社会に浸透し諸アクターの固有の選好構造が生み出されたことを所与とし、経済グローバル化と産業構造の変容が進行したことを契機として立ち上がる政治があるとして、P・ピアソンの概念を借り「新しい福祉政治」と呼び、諸アクターの新しい戦略とそれに基づく長期的な視点に立った制度改革が必要であるとした[27]。一方、経済のグローバル化による福祉国家の危機論に対し、福祉国家の持続力を認めたうえで、福祉国家自体のグローバルな秩序形成への能動的な役割についての論議も活発化している[28]。

他方、福祉国家の危機に対しその克服のための代案として登場したのが福祉社会論である。W・A・ロブソンは、福祉社会とは公衆の福祉にかかわる問題について人々が行い、感じ、そして考えるものであると言い、福祉国家の目的充足のための補完的ものとして福祉社会を取り上げている（福祉国家補充論[29]）。ところが、一九七〇年代半ばまではケインズ主義的完全雇用と福祉国家が一つの経済と社会の調和システムであって、国家の役割が大きくなり政府の意図するところにその政策を展開してきたが、時代と環境の変化により、人々の福祉ニーズは多様化され、それに対応する供給主体も多元化されざるを得なくなった。既往の福祉国家が持っていた諸機能を個人、家族、地域、NPO、企業、地方自治体、国家が分担し、サービス供給主体としての福祉社会の役割が期待されるようになったのである（福祉国家・福祉社会調和論[30]）。このような考え方は福祉国家の非効率性への反省から新自由主義の影響下でもたらされた概念であると批判されたが、従来の福祉国家システムでは軽視されていたインフォーマルな部分とそこから発展したNPOなどと最適に組み合わせた福祉ミックス社会を期待する声もある。[31]

そして、福祉国家の危機からの転換、つまりポスト福祉国家に向けて新たに登場したのがソーシャル・ガバナンスに対する論議である。一九九〇年代以来、大きな政府対小さな政府といった二分法的統治システムに対するオルタナティブとして登場し、行政国家・大きな政府・中央集権システムの限界を多元主義によって克服しようとする動きであった。換言すると、営利・インフォーマル・行政・ボランタリーの各部門を有機的に組み合わせ、新しい社会ニーズや問題に適切に対応するということである。[32] つまり、従来行政が担当してきた社会統合機能を代替する形で、コミュニティを中心とするインフォーマルなボランタリー部門が外延的に拡大することにより、政府と各種民間団体との協調関係を築くものである。他方では、政府はその機能の一部を国際的な組織へ、一部は地方政府へ委譲すると言った概念である。しかし、問題は残る。というのは、福祉国家が抱えているリスク、すなわち労働市場での雇用問題と、所得保障の理念が引き起こす財政負担の問題がある。それを解決するのは至難の業かもしれないが、そのために必要とされるのが政治の力であり、それこそ福祉政治と言えるだろう。宮本はA・ギデンスの表現を借り、権力と資源の再分配をめぐる政治として「生活のあり方にかかわる政治」、つまり福祉政治の新しい領域であるライフ・ポリティクスが必要であると主張する。年金、医療、公的扶助といった従来の福祉政治は引き続き中心に置きながら、人々の多様なライフスタイルを選び取りながら社会参加していくことを支援する仕組み、すなわち生活の中身について問いかけを組み込まなければならないという。そして、このようなライフ・ポリティクスは直情的な政治、感情過多の政治に展開していくおそれがあるものの、具体的な問題解決の展望と結びつけば、公共空間の拡大につながる可能性がある。したがって、福祉国家から福祉ガバナンスへの転換が必要である。すなわち、ライフ・ポリティクスの可能性を活かし人々の社会参加の多様な形を実現する制度的な条件を考えると、もはや福祉国家の枠に収まらないためである。人々の社会参加のための多様で複雑なニーズに対応していくうえでは、NPOや自助グループなど民間の非営利組織が有効な場合が多い。つまり、政府は公共サービスを地方政府や民間組織との連携で実現していく必要があるのであろう。一方で、雇用問題に対しては基礎的自治体の場合、雇用創出の機能を担うのはその規模の小ささから適さなく、むしろ広域的自治体が経済政策の主体として成熟していく必要性がある。そして、所得保障については依然として中央政府の役割に頼らざるを得ないとしている(33)。これまでは福祉や雇用問題に関しては福祉国家がその担い手であったが、ライフ・ポリティクスの比重が高まる新しい福祉政治時代においては、さまざまなアクターによる福祉ガバナンスが必要になってきたと言えよう。

第5節　福祉国家の可能性

福祉国家の危機が言われて久しい。しかし、今なお福祉国家に対する危機意識は続いている。周知のように、福祉国家の危機が言われ始めた所以は、拡大一路の福祉国家路線に問題が生じたためである。しかし、その問題さえ取り除けば解決できるものではない。しかも、その問題たるものは、経済のことであったり制度の問題や制度運用の問題であったりする。にもかかわらず、忘れてはならないこととして、福祉の需要は常に存在することであろう。もちろん諸要因によって福祉国家の必要性が過去に比べ一段と高まっているからと言って、その存続が保証されるわけではない。むしろその存続やいかなる新たな福祉国家像を作っていくかについてのことがより大事であろう。

例えば、福祉ガバナンスである。政府のみの政策作りや運用ではなく、営利・非営利を含めた民間組織や個人・家族・コミュニティ、そして行政などの異質な複数の部門による協働への移行である。さらに、政府間関係の構造転換も考えられる一つの選択肢である。一九八〇年代のヨーロッパでの地方分権は単なる中央政府から地方政府への権限移譲ではない。住民参画型として設計されていた地方分権は、ローカル・ガバナンスの可能性とそれに伴う新たな福祉社会構築への可能性を考えた包括的なものであった。日本においても、介護保険制度の導入とその後の法改正により、基礎的自治体の主導下で地域住民が参加できるガバナンス体制が敷かれるようになった。

一方、最近ヨーロッパを中心に最低所得保障制度として話題になっているのが、ベーシック・インカムである。就労という条件付き給付であるワークフェアの対極にあるこのシステムが新しい挑戦であるのは確かである。周知のように、この制度の最大の特徴は就労の選択が個人の自由意思によって決まるということのため、これからもフリーライダーや労働忌避など、さまざまな形で議論の場に上がると思われるが、平等という価値が守られているところは評価できるだろう。

福祉国家の可能性について考える上で注意しなければならないことは、二十一世紀になっていても世界は依然として不平等社会であるということである。その現状をいかにして克服していくべきか、あるいは平等概念に対する再検討が必要なのかに関しては今後の課題としたい。

註

（1）金田耕一「ポスト国家主義の展望」、『紀要』第四十四号、日本大学経済科学研究所、二〇一四年、一一二頁。
（2）モーリス・ブルース、秋田成就訳『福祉国家への歩み』法政大学出版局、一九八四年、二頁。
（3）佐川英美「福祉国家論考：新しい福祉ガバナンスの前提認識と方向性」、『キリストと世界』第二十五号、東京基督教大学、二〇一五年、一一二頁。
（4）斎藤忠雄「福祉国家論の時代文脈」『経済論集』第九十号、新潟大学、二〇一〇年、一五二頁。
（5）新川敏光著『福祉国家変革の理路』ミネルヴァ書房、二〇〇四年、三頁。
（6）H・L・ウィレンスキー『福祉国家と平等―公共支出の構造的・イデオロギー的起源』下平好博訳、木鐸社刊、一九八四年、一七六―一八九頁。
（7）同前、二〇四―二〇七頁。
（8）田口富久治編著『ケインズ主義的福祉国家』青木書店、一九八九年、八四―八九頁
（9）OECD（経済協力開発機構）『福祉国家の危機―経済・社会・労働の活路を求めて―』ぎょうせい、一九八三年、一一五頁。この書物は一九八〇年一〇月パリで開かれた「一九八〇年代の社会政策に関する会議」で議論された内容をまとめたものである。
（10）同前、一一七頁。
（11）同前、二四六頁。OECDの主要六ヵ国（アメリカ、イギリス、フランス、西ドイツ、イタリア、スウェーデン）の一九七一年から一九七七年にかけての経済成長が年平均二・四％だったのに対し、公共支出は年平均七・五％もの上昇を示した。その前の一九六一年から一九七〇年の間は、四・四％（経済成長）と七・二％（公共支出の伸び）の上昇であった。
（12）前掲書、新川、五四頁。
（13）足立正樹編著『福祉国家の転換とすく試写会の展望』高菅出版、二〇〇一年、八三―八四頁。健全な市場経済育成政策とは、完全競争の有効な価格形成のための反独占政策、私有権の実質的保証のための財産形成政策である。

(14)同前、八八頁。
(15)岡本英男『福祉国家の可能性』東京大学出版会、二〇〇七年、五九—六〇頁。
(16)加藤雅俊『福祉国家再編の政治学的分析』御茶の水書房、二〇一二年、五八—五九頁。
(17)ウルリヒ・ベックは、個人化の過程というのは市民層の発展に伴い、この市民層に生じるものとされてきたが、別の形態の個人化も存在するとした。それは、近代資本主義の自由な雇用労働者や、福祉国家の大衆民主主義という条件のもとでの労働市場過程の力学に特徴的な個人化の過程であり、発展した労働市場条件のもとで個々人が解放されるという二律背反するものであるとした(ウルリヒ・ベック『危険社会—新しい近代への道』東廉/伊藤美登里訳、法政大学出版局、一九九八年、一三八頁)。
(18)一九七〇年代以降、労働市場においての雇用形態の変化がもたらされた。つまり、同じ職場内で机を向って座ってはいるものの、正社員から派遣、嘱託、契約、任期制、臨時など労働と雇用の形態は多様になり、それに沿って福利厚生や保障の程度、社会的報酬の体系が完全に異なっている。R・カステルはこれを「不安定雇用」と主張する。
(19)ロベール・カステル『社会の安全と不安全—保護されるとはどういうことか』庭田茂吉・アンヌ・ゴノン・岩崎陽子訳、萌書房、二〇〇九年、三八—六四頁。フランスでは、一九七〇年代前半までを黄金の三十年と呼んでいるが、実は不公平と不平等の問題は常に抱えていて、労働や雇用体系問題として長期失業や非正規雇用、ワーキングプアなどがあげられている。言い換えると、雇用全般が不安定化しているということである。しかし、それは共時的に把握するのが極めて難しいであるがため、個人の通時的な観点から把握しなければならないとした。つまり、ある時点での失業率が何パーセント、非正規雇用が雇用全体の何パーセントといった数値だけでは説明できない現実があるためである。すなわち、十年後や二十年後には現在より収入が増えているのか、その時には結婚していて子供はいるか、自分は高卒だが子供は大学に生かすことができるのかなど、未来を想像することは不可能になるのを意味する。
(20)大山博・炭谷茂・武川正吾・平岡公一編著『福祉国家への視座』ミネルヴァ書房、二〇〇〇年、二七二頁。P・テイラー・グッピーによると、福祉国家の国際比較研究のアプローチは大きく二つのグループに分けられ、「linear(直線的)」アプローチと「regime(体系的)」アプローチと呼んでいる。直線的アプローチは福祉国家の形成について特定の要因として、社会的コンテキスト、経済発展、政治的、制度的要因を取り上げて分析をし、評価と展望を試みるものである。体系的アプローチは、福祉が社会の中の利益や社会階層のパターンを形成しているが、それらが歴史的に福祉国家形成の継続と安定にどのようにフィードバックしているのかといった政治的要因と経済的要因の相互作用を分析しようとするものである。

(21) 野口定久編集『福祉国家の形成・再編と社会福祉政策』中央法規、二〇〇六年、一九五頁。

(22) ところで、日本、アメリカ、カナダ、オーストラリアを別の視座でカテゴライズした分析もある。このアメリカ―太平洋型社会福祉レジームはヨーロッパ大陸の福祉国家とは違い、政府の介入が微弱であり、社会福祉費用の相対的に少ない国々で、民間セクターへの依存度が高く福祉政策の残余主義的特徴を持つ福祉国家として分類されている（Rose, Richard and Shiratori, Rei (eds) 1986: *The Welfare States East and West*, Oxford: Oxford University Press.）。また、伝統的に儒教や仏教の価値観を持っていて、第二次世界大戦後急ピッチで経済成長を成し遂げた特徴を持つ日本や韓国といった東アジア社会福祉レジームを分析した研究も存在する（ロジャー・グッドマン、イト・ペング「東アジア福祉国家」、G・エスピン－アンデルセン編『転換期の福祉国家―グローバル経済下の適応戦略』埋橋孝文監訳、早稲田大学出版部、二〇〇三年）。そして、進展していくグローバル化のためには社会福祉の見直しが必要となってくるが、日本を含む東アジアの社会福祉のパターンが西洋諸国の社会福祉パターンと異なるため、社会福祉のグローバリゼーションには福祉国家レジームだけではなく、文化領域も考慮しなければならないという主張もある（Ramesh Mishra 1999: *Globalization and the Welfare State*, Cheltenham: Edward Elgar.）。

(23) G・エスピン－アンデルセン編『転換期の福祉国家―グローバル経済下の適応戦略』埋橋孝文監訳、早稲田大学出版部、二〇〇三年、二頁。

(24) 金田耕一「ポスト国家主義の展望」『紀要第四十四号』日本大学経済科学研究所、二〇一四年、一一三頁。

(25) 田中拓道『福祉政治史―格差に抗するデモクラシー』勁草書房、二〇一七年、二七〇―二七二頁。ワークフェアを新自由主義の産物として把握し、ワークフェアを主要政策として取り入れていたヨーロッパ各国の「第三の道」路線は、福祉を後退させたという議論もある（新川敏光「福祉国家の世紀と階級政治―労資和解体制の成立と変容」宮本太郎編著『福祉国家再編の政治』ミネルヴァ書房、二〇〇二年、五七―五八頁）。

(26) 前掲書、G・エスピン－アンデルセン、一〇—一一頁。
(27) 宮本太郎「経済グローバル化と福祉国家レジーム」『日本比較政治学年報 Vol.2』二〇〇〇年、一〇七—一〇八頁。
(28) 宮本太郎編著『福祉国家再編の政治』ミネルヴァ書房、二〇〇二年、一—二四頁。
(29) W・A・ロブソン『福祉国家と福祉社会—幻想と現実』辻清明／星野信也訳、東京大学出版会、一九八〇年、i頁。
(30) 堀内隆治『福祉国家の危機と地域福祉』ミネルヴァ書房、二〇〇三年、三二—三三頁。福祉国家の下での福祉は、国家法制を中心に公的な事業として行われ、国民の最低生活を保障するものであったが、福祉社会は、福祉国家における公的扶助、医療・年金などの公的負担への限界状況への憂慮を克服するため、国民の自立・自助、公的負担と私的負担の役割分担、コミュニティによる心の福祉になどよって福祉の強化を提唱したものであるとする意見もある。
(31) 丸尾直美／カール・レグランド／レグランド塚口淑子編『福祉国家と労働市場—変容する日本モデルとスウェーデンモデル』ノルディック出版、二〇〇八年、四五頁。
(32) 前掲論文、斎藤忠雄、一六九頁。
(33) 宮本太郎『福祉政治—日本の生活保障とデモクラシー』有斐閣、二〇〇八年、一七四—一八四頁。「生活のあり方にかかわる政治」とは、家族のあり方や男性と女性の社会的役割の再定義、さまざまな体と心の弱まりについてのケア、生活と両立しうる新しい働き方、文化・宗教・性的志向性などともかかわる多様なライフスタイル相互承認、などをめぐる政治である。

第7章　資本主義の選択と雇用のポートフォリオ

村上綱実

第1節　資本主義および雇用関係の危機

本章の目的は、雇用関係の危機的状態を回避する事実認識の共有である。危機への対応として、市場資本主義を前提として共同体的な資本主義の戦略的選択を提案する。雇用関係の危機を考えるとき、「雇用ポートフォリオ」を使用者側からの視点だけなく、働く側からのそれを導入することがリスクをヘッジし、危機への対応となる。本章の構成論点は、（1）「危機」の概念を素描し、（2）「雇用ポートフォリオ」の歴史性を取り除き、分析概念として一般化し、（3）資本主義の倫理性を確認し、（4）長期雇用戦略の現実的意味を検討し、最後に（5）問題提起を行う。

1-1　「危機」のカテゴリー

事実に整合する一つの確実な判断が成立しない不確実な現代的状況からすれば、危機的状況にあることは、常態である。「危機」の想定と予見は、現代の問題状況への予防的対応である。「危機」の用語に関し、一九七〇年代から八〇年代の「資本主義の危機」の社会科学的な問題を検討したハバーマスの古典的研究[1]を最初に素描しよう。

ハバーマスの資本主義に関する問題提起は、一九七〇年代の「市場原理的な資本主義」から「国家に調整される資本主義」への移行での継続的な社会発展の矛盾である[2]。一九七〇年代は、先進国では人々がより豊かになるという希望から徐々に低成長と停滞、今日の激しい格差への入り口である。「危機」の用語は、ハバーマスによれば、医学分野で慣用化され、医師は、患者の自然治癒力が健康回復に向かう疾病過程の決定的局面にこの用語を使用した[3]。「危機」は「治癒力の喪失」であり、免疫システムによる回復の見込みのない状態である。危機的となれば集中治療か終末治療となる。「危機」のもう一つの側面は、新たな自己同一性の構築から、従来システムからの脱却への過程を意味する。この図式は一八世紀の歴史哲学を経由し、一九世紀の進化論的社会理論に至る[4]。

二〇一六年九月一六日、ブラチスラヴァでのEUサミットで、ドイツのメルケル首相は、「現在のEUの状況は危機的」と言及した。これは自己免疫システムの回復力更新のためのより正確な認識が必要とのメッセージの発信である。「危機」の用語に関し、以下の二つが要件となる。危機は、(1)観察され、経験的パラメーターで測定される。この場合、人々が危機を意識するかは問題ではなく、意識されない状態も想定され、観察・測定される客観的過程に着目する必要がある。たとえば一日一軒以上の割合で街角から書店が消滅するとのパラメーターの代入は、一定の局面から日常生活の危機を示し得る。(2)「危機」が意識されても、疾病の危機的状況に当事者は無力であり、主体性を奪われた状態である。[5]「危機」は事前察知のための分析概念である。

ハバーマスによれば、アリストテレスからヘーゲルに至る「危機」の古典的系譜から、当事者たちは、新たな自己同一性を確立し主体性の回復が想定される。この過程が社会的な「進化」を意味する。「パラメーター」は、その導く認識によって結果としての現状に変更を加え得る。

第2節 「雇用ポートフォリオ」と資本主義の選択へ

2－1 雇用ポートフォリオの前提と一般概念化

雇用関係の再考のため「雇用ポートフォリオ」を分析概念としてみよう。この用語は、一九九五年、日本経営者連盟の報告書『新時代の「日本的経営」』[6](以下『報告書』)で着目され、一九九〇年代以降、日本企業の雇用政策の一つとなった。『報告書』は日経連事務局から五〇〇〇部頒布、その後二三〇〇〇部まで増刷され、この種の報告書としては異例である。その理念は「長期的な視野」と「人間尊重」[7]である。それを基調とし『報告書』は「日本的雇用・処遇制度に欧米の合理性やマーケットメカニズムの要素も加味していく」[8]としている。「長期雇用者と流動化させる雇用者との組み合わせ」[9]を想定し、その経過から新しい雇用形態の導出を考えている。「ポートフォリオ」は、投資を特定対象に集中させず、リスクの異なる金融商品を組み合わせ、リスク分散する資産運用の用語である。これを雇用に応用すれば、正社員だけの雇用は、労務コストを固定費化する。異なる種類の雇用形態の人材を組み合わせ、労務コストを流動化させリスク分散し危機回避する。分類される雇用形態は以下の三類型である[10]。

（1）「長期蓄積能力活用型」：新卒採用・年功賃金の「正社員」であり、長期継続雇用が前提とされる。職務の習熟化と配置転換をへて基幹的な業務に昇進する中核的人材となる。

（2）「高度専門能力活用型」：長期雇用を前提とせず、専門的知識・能力の活用が期待される。労働時間より従量制など成果主義、年俸制で処遇する。ＡＩ技術者など、特定分野の人材を即戦力として外部労働市場より調達する。専門性が不要となれば雇用調整の対象となり得る。

（3）「雇用柔軟型」：基本的に定型業務の有期雇用の非正規の人員であり、「職務給」が適用され年功的な処遇はない。この雇用形態の拡大は人員余剰の際の解雇対象者の確保、その圧縮は「正社員化」、「地域・職務限定正社員」など中間形態の導入など、人手不足への対応となる。定型業務の人員は、外部委託など、外部労働市場から調達する。

以上の三類型を組み合わせ、人件費の固定化リスクを回避する。その組み合わせは流動的に調整される。「雇用形態の多様化や需給関係の変化は、新しいタイプの雇用システムを生み出していく」[11]。余剰人員の危機が見込まれれば、新卒採用を絞り込み、非正規を採用し、即戦力として専門職を中途採用する。正社員を最少化し非正規雇用が拡大する。人手不足なら、正社員化への流動性が想定

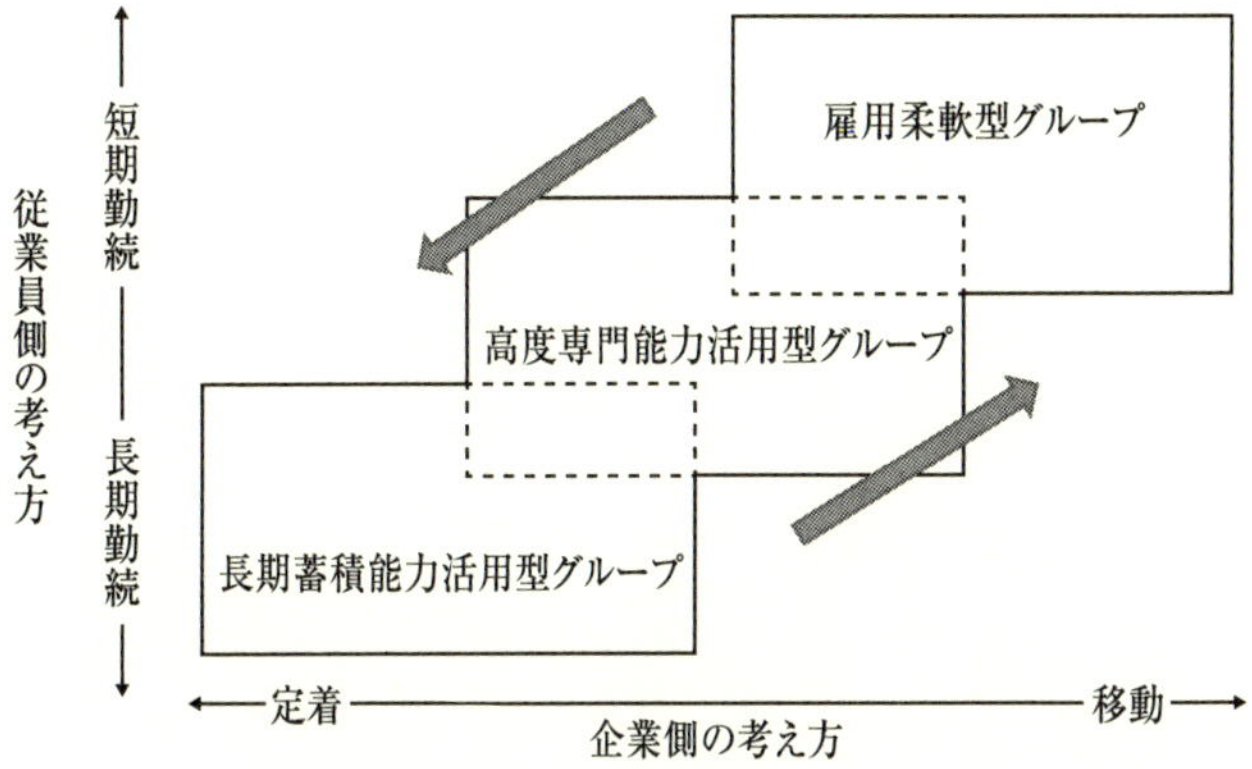

図1　企業・従業員の雇用・勤続に関する関係
（日経連『新時代の「日本的経営」』p.32 より加筆）

される。「図1」は、日経連のコンセプトを図式化したものである。

流動性には、いくつかのパターンがある。「図1」の右上から左下へのシフトは、人手不足の場合の定型業務の非正規職員の正社員化を意味する。左下から右上にシフトは、定年退職した正社員が非正規として再雇用される場合、また人員余剰の場合、新卒採用の抑制、非正規の採用によって人事コストの削減を意味する。新卒採用の絞り込みや退職勧奨は、終身雇用制の「解雇最小化行動」である。また流動性には二つの類型がある。一つは、外部労働市場からの転職、もう一つは内部労働市場での異動である。

日経連の『報告書』の執筆者へのインタビューで「正社員で雇えば雇用も保障するし年功賃金だけれども、全員を正社員にすると……、不況が来たときに「解雇できません」「賃金を下げられません」となって立ち往生する。その時に対応できるために、派遣社員やパートタイムの人たちも組み合わせ⑫

……」との指摘がある。『報告書』の策定当時、バブル経済の崩壊、プラザ合意後、二年で為替レートが一ドル二四〇円から一二〇円となる円高から企業経営は極めて厳しい状況にあった。「減価償却を除けば国民所得の七二〜七三％までが人件費……。結局コストを下げるには人件費を下げる以外にない」、「人件費の上昇をいかに抑えるかがメインのテーマ」、「職掌を分けて、単純業務をする人の賃金が定年まで毎年上がっていくようでは……。定型業務の人の賃金は、ある程度いったら上がらない[13]」と言及している。『報告書』の策定者たち自身、非正規を「全体の二割」を想定したが、実際には「三五％」に拡大し「想定外であった[14]」。非正規雇用は、現在、四〇％に達している[15]。

雇用多様化の法制度化を確認しておこう。一九八五年の労働者派遣法で派遣可能業務は、専門性の高い一三業務に限定されていた。二〇〇二年、小泉政権下、内閣府「総合規制改革会議」にて「円滑な労働移動」、「就労形態の多様化」として、（1）労働者派遣法での派遣期間の一年制限の撤廃、（2）三年まで派遣が認められる業務の拡大、（3）製造業への派遣と派遣期間上限三年を五年に、（4）判例だった解雇の基準やルールの法制化が提言された[16]。一九九六年一二月、「労働者派遣法施行令の一部を改正する政令」が公布・施行され、一六から二六業務に適用が拡大された[17]。『報告書』の策定者自身は、「非正規が二〇％で止まってくれれば、社会の劣化は最小限に防げた……。二〇％を一％超えるごとに、その分だけ社会が劣化し[18]……」との指摘がある。派遣労働は、特定業種に限定されていたが、二〇〇四年に製造業に認められ、日雇い派遣まで拡大された。

2―1―1 「雇用ポートフォリオ」の一般概念化

「雇用ポートフォリオ」の戦略は、一九九五年の状況下での人事コスト削減の要請から導入された。その歴史性を取り除き「雇用のポートフォリオ」を分析装置としての一般化に着手しよう。この用語は、一九八七年の成瀬健生の研究、『人事トータル・システムの設計と運用』で採用されている。[19] 経営側は、適宜、労働力を確保し利潤最大化の戦略をとるが、労働組合側からすれば、景気変動リスクを労働者側が負うことへの懸念があった。

『報告書』によれば、企業経営が対応すべき問題状況は、(1)低成長下の「雇用の維持・創出」、(2)人員の当面余剰と将来不足、(3)「事業再構築」、(4)人員の産業間・職種間の移動の活発化、(5)国内雇用の空洞化であった。[20] これらから歴史的側面、すなわち個性記述的(ideographic)、個別性の認識から離れ、経験的規則性(nomothetic)の認識を導く分析概念としての一般化を検討する。人員の過不足をパラメーターとし流動性が内部労働市場か外部労働市場も含めるかも考慮する必要がある。「空洞化」は労働集約的な生産ラインを現地化し、より付加価値の高い企画・研究開発を国内に集中させ、国内生産と現地生産のシナジー効果など考慮し、パラメーターに依存し生産拠点の国内復帰も考えられる。『報告書』の策定当時は、余剰人員への対応を急務とし、現在は「人員不足」である。

人事コストの削減だけでなく、「人的資本の最適ポートフォリオ」を考慮すれば、ドーリンジャーとピオレの議論が重要である。この先行研究にゲーリー・ベッカー(Gary S. Becker)の『人的資本』[21](一九六四年)があり、この「人的資本」には「暗黙の契約」、「特殊性をもった」

(idiosyncratic) 労働交換が想定されている。各企業の内部労市場の要請は、企業特殊的人的資本 (enterprise specific human capital) が前提となる。企業には企業独自の技能が培われる。ＯＪＴなどの技能訓練は、その企業で必要な設備投資と同様に人的資本への投資、人材育成の要請がある。[22] 従業員からすれば、将来の処遇を期待し自らの労力と時間を投入し、技能向上への動機づけが導かれる。その技能が企業特殊的で他社では通用しなければ、雇用の流動化および労働移動は従業員個人の人的資本・技能の付加価値を低減させる。また企業は、そのような技能の流出は損失であり埋没費用となる。企業が技能訓練の費用回収のために労使ともに長期雇用の継続が合理的である。企業は熟練労働者の確保が困難な場合、賃金外給付を上乗せする。余剰人員の場合、従業員は、リスク回避なら、労働移動より雇用の継続を選択し、賃金の減額を受容する。「使用者は従業員と比べ、そのポートフォリオを分散する能力がより高いと想定されることから、双方にとって有益な形でのリスクと賃金の交換が存在しうる」[23]。ドーリンジャーとピオレの「人材育成投資」のポートフォリオは多様な職務技能への人材育成コストの分散である。

これらの職務・技能への分散投資、「職務技能のポートフォリオ」は、使用者側の戦略だけでなく、働く側からの働き方の選択のポートフォリオが考えられる。現状では、従業員の低賃金での雇用継続の以外に選択肢はない。職務技能の併用と分散投資は、働く側の収入源のポートフォリオとなる。就業規則に職務専念義務の規制があれば、その規制緩和が従業員の働く選択肢を広げ、企業も労働コストの固定リスクを回避する機会が得られる。雇用ポートフォリオの一般概念化は、経営側からすれば最適の雇用形態と職務技能の組み合わせであり、働く側からすれば副業を含めた働き方の選択である。働く側からのリスク分散を検討し、働き方の選択としてのリスク回避を考慮することが、雇用ポートフォリオの分析概念としての一般化の一つである。さらにマクロ的な問題を検討しておこう。

第3節　資本主義の選択：資本主義と「近代資本主義」

3－1　比較制度学派の視点と資本主義の経済システムの多様性と選択

新古典派経済学は、ワルラス的な完全競争モデルを最適システムとして考えてきた。自由競争市場の完備が資源の最適分配と効率性を達成する。そのワルラス均衡が存在しうる唯一最適な条件と考えられた[24]。この均衡状態に最も近似する経済システムがアングロ・アメリカン資本主義である。その特徴は、（1）市場参入障壁が低く、（2）雇用の流動性が高く、（3）コーポレートガバナンスの透明性である。完全競争モデルへの近似が資本主義の合理性と妥当性を主張する根拠とされる[25]。しかし「唯一最善の方法はない」が組織論の一般的命題の一つである。組織の構造と戦略は、問題状況に適合して最適性が得られる。比較制度学派の視点も、「唯一最善の方法はない」の命題に基づく。資本主義の経済システムにも絶対的優位の経営スタイルはなく、複数のシステムが共存・競合する。アップルやグーグル、アマゾンの収益性の高い組織形態には学ぶべき多くの戦術がある。しかし、それらを日本の企業が模倣しても多くの成果を期待できるとは限らない。

最適解は制度状況に応じて複数あり、最適均衡も複数ある。本稿では、市場的組織と共同体的組織の比率が制度的状況に応じ複数の均衡解を得ると考えている。複数の均衡は、流動的、混合的、結合的である。複数均衡の相互補完も考えられる。[26] 以下に市場原理的な市場的組織、組織に共同体的な側面を戦略的に導入する共同体的な組織について確認しておこう。

M・ヴェーバーは、人間関係の性質を「共同社会関係」(Vergemeinschaftung) と「利益社会関係」(Vergesellschaftung) に分類している。[27] 「共同社会関係」は、主観的な感情的あるいは伝統的な「共属」(Zusammengehörigkeit) にもとづく関係である。この関係では「あなたの喜びは私の喜び、あなたの苦しみは私の苦しみ」との道徳感情が共有される。一方、「利益社会関係」は、利害の調整と結合にもとづく関係である。それは、利害状況に依存し、費用を上回る利得をもたらす限り関係は合理的に継続する。雇用関係において、非正規雇用は「利益社会関係」に近似し、余剰人員は合理的に解消される。正規雇用の関係は「共同社会関係」に近似し、所属による義務から関係が成立し、解雇は最小化され、配置転換・転籍などで関係が維持される。解雇しない戦略から従業員の職務への動機づけや忠誠心を確保し、組織内の取引コストを節約する。長期雇用戦略による「共同社会関係化」も考えられる。組織内の人間関係で「利益社会関係」の比重の高い組織を「市場的」、「共同社会関係」の比重の高い組織を「共同体的」と呼ぼう。さらに資本主義の市場交換関係では、どのように倫理性を考えられるだろうか。「共同体的組織」を分析概念として、近代資本主義の交換主体の倫理性と公益性、非営利の問題に言及しよう。

3-2 資本主義の「非営利性」

3-2-1 近代資本主義初期の経済主体の非営利性

近代資本主義の初期、一八世紀までさかのぼってみよう。そのプロトタイプの営利活動は「営利を目的としない営利活動」であった。「非営利」を、ここでは「営利活動にはかかわらない」との"Non Profit"ではなく、「営利を追求するが利益のためではなく」との"Not For Profit"、そして利益を分配・享受しない（Non-profit-distributing）という「非利益分配拘束」としよう。この場合、出資金は返還されるが利益は出資者に分配されず、事業目的に再投資される[28]。

経済活動の事業運営の継続性は利益の達成によって確保される。寄付や募金に依存すれば、事業は資金が底をつけば終結する。経済活動が一度限りでなく、事業運営の継続性を前提とすれば利益達成は不可欠である。しかし利益達成は事業の継続性の必要条件だが目的ではない。営利活動から得られた利益は分配・享受されず、事業目的と実現すべき使命に再投資されることが「非営利性」を意味する。

近代資本主義の「非営利性」は、M・ヴェーバーの『プロテスタンティズムの倫理と資本主義の精神』[29]（一九二〇年）の研究にみられる。ヴェーバーは、近代資本主義の経済活動を担った人々のプロテスタントの比率が総人口に対するプロテスタントの比率より高いという特徴から検討を始めている。一八・一九世紀、西ヨーロッパの経済主体はプロテスタンティズムの信仰にある人々であった。そのような人々は得られた利益を分配・享受せず禁欲的に再投資することを倫理的に課している。「獲得した富のうえに満ち足りて休息することは、たいていのばあい破滅の前兆」[30]である。経済活動に勤勉に励み、隣人である顧客・消費者の需要に高品質で応え、よろこんでもらうことが経済主体の職業的な倫理的使命であった。「職業労働は隣人への愛の奉仕として、神の恩恵に対する感謝の義務」[31]である。プロテスタントの経済活動は利益を追求するが、それを目的とせず利益分配しない「非利益分配拘束」において「非営利」の性質をもつ。その倫理観は、投機的な運用を排除し、利子の計算さえ戒められている。[32]このような経済活動の倫理性から「営利活動」の徹底的な合理化と再投資がなされ、伝統的な生活スタイルからの離脱、経済活動の近代化、技術革新と成長、禁欲的な職業倫理が普及する社会状況をつくりあげていった。

経済活動の倫理的目的から掛け値なしの正直な商売が行われた。欺くことのない商業活動の継続が市場交換の前提とする社会資本としての信頼を形成し、取引・機会コストを節約し、商業活動を活発化させ、市場を拡大させる。近代以前の「資本主義」の利潤追求と「近代資本主義」のそれは、スタイルがまったく異なる。前者は、富を享受・享楽する自己利得の最大化の動機をもつが、後者は、営利活動を勤勉かつ誠実に行うことを目的とし、「非営利（Not for Profit）」的で倫理的義務に動機づけられている。次節で「禁欲的プロテスタンティズム」と「資本主義の精神」に関するヴェーバーの研究を素描しておこう。

3−2−2　近代資本主義の精神

利得への衝動と貪欲さは、今日と同様、あらゆる時代、あらゆる地域の経済主体に見られる。

「近代資本主義」の生成期には、そのような衝動が抑制され、合理的な計算に基づく意思決定と管理から収益性が確保され、利益を再投資し、営利活動を倫理的に動機づけるのが「近代資本主義の精神[33]」である。

カソリックや仏教の禁欲は、現世から隔絶された修道院内部、出家後の世俗を離れた寺院の静寂な生活空間内に限定される。それは「世俗外的禁欲」(außerweltliche Askese)であり、その信仰において現世は堕落した醜塊であり、現世に生きることは無意味となる。一方、プロテスタントは「世俗内的禁欲」(innerweltliche Askese)であり、日々の職業生活での徹底した禁欲が課せられ、信仰の理想の世俗世界での実現が目指された。仏教でも鎌倉仏教の浄土真宗と日蓮宗は「世俗内的禁欲」の性質の側面がある。それは親鸞や日蓮らが「流罪」となったことに由来する。「流罪」は信仰の断念ではなく、世俗の中で信仰に生きる決断となり、浄土真宗が近江商人に見られる勤勉で誠実な行商の商業活動を導いた。日蓮は「辻説法」を行い、その信仰形態は「世俗内的禁欲」に方向づけられる。しかし、それらが明治以降の近代資本主義的経営に因果的に関連づけられる証拠を確認できない。

ヴェーバーによれば「職業義務」は「労働力や物的財産(「資本」……)を用いた単なる利潤の追求の営みに過ぎないにもかかわらず、各人は自分の「職業」活動の内容を義務と意識すべきと考え、また事実意識している……。——こうした思想は、資本主義文化の「社会倫理」に特徴的[34]」であった。「労働が絶対的な自己目的であるかのように励むという心情が一般的に必要となる……。しかしこうした心情は、決して、人間が生まれつきもっているものではない。また、高賃金や低賃金という操作で直接作り出すことができるものでもなく[35]」、長期的な教育の結果である。このような心情が近代の「資本主義の精神」であり、経済活動の合理化を進めた。

3-2-3　資本主義の精神と信頼形成および「アダム・スミス問題」へ

経済活動の合理化、近代資本主義化が進展するとともに、その宗教的な意味合いは少しずつ失われ、信仰と直接関係づけられない禁欲的な職業意識が経済的交換の過程で一般化していった。ベンジャミン・フランクリンの次のような言説を確認しておこう。

「時間は貨幣だということを忘れてはいけない。一日の労働で一〇シリング儲けられるのに、外出したり室内で怠けたりして半日を過ごせば、娯楽や怠惰のためにたとえ六ペンスしか支払っていないとしても、それを勘定に入れるだけではいけない。本当は、そのほかに五シリングの貨幣を支払っているか、むしろ捨てているのだ[36]」。

「借りた貨幣の支払いは約束の時間より一刻も遅れないようにしたまえ。でないと友人は失望して、以後君の前では全く財布を開かぬようになるだろう。信用に影響を及ぼすことは、どんなに些細な行いでも注意しなければならない。朝の五時か夜の八時に君の槌の音が債権者の耳に聞こえるようなら、彼はあと六ヵ月延ばしてくれるだろう。しかし働いていなければならぬ時刻に、君を玉突き場で見かけたり、料理屋で君の声が聞こえたりすれば、翌日には返却してくれと、準備も整わぬうちに全額を請求してくるだろう[37]」。

以上のフランクリンの言説は、営利活動の宗教的な意味が、世俗的な生活倫理に浸透していく過程を表している。彼にとって「真実と正直と誠実」の実践は、結果として功利主義的な倫理的要請のようにも読めるが、神は自分に善をなさしめようとしていると考えており、彼の言説は、宗教的意味づけによる経済活動の日常的な倫理実践である。「営利は人生の目的と考えられ、人間が物質的生活の要求を充たすための手段とは考えられてはいない(38)」。

非営利の理念と倫理がもし今日、一般化するとすれば、私たちの内面的な動機づけになるかどうかは吟味すべき問題である。この問題を資本主義の基礎理論ともいえるアダム・スミスに戻って考えてみよう。スミスの『国富論』の中で最も重要な指摘は、ミクロ経済学を根拠づける市場交換の本質を示す動機であり、『国富論』の第一編第二章の以下の部分である。

「われわれが食事を期待できるのは、肉屋や酒屋やパン屋の主人が博愛心を発揮するからではなく、彼らが自分の利益を追求するからである。人は相手の善意に訴えるのではなく利己心に訴え、自分が何を必要としているかではなく、相手に何が利益になるか説明する」。「善意だけに頼っていては、助けを期待できない。相手の利己心に訴える方が……、望む結果が得られる」、「他人の善意に頼ろうとするのは物乞いだけだ(39)」。

『国富論』の以上の指摘と以下の『道徳感情論』のそれを比較しよう。

「人間をどれほど利己的とみなすとしても、その生まれもった性質の中には、他の人のことを心に懸けずにはいられない何らかの働きがあり、他の人の幸福を目にする快さ以外に何も得るものがなくとも、その人たちの幸福を自分にとってなくてはならないと感じさせる[40]」。

交換の動機は『国富論』では「利己心」だが、関係形成の動機は『道徳感情論』では「共感」(sympathy)である。両者をどのように整合させられるだろうか。対外的な市場交換では利己心に、共同体内部では道徳感情の共感に動機づけられるだろうか。『国富論』だけに依拠すれば、人間は利己心と合理的計算に動機づけられ、ミクロ経済学の理論化の原点を確認する。一方、『道徳感情論』に示される「共感」、他者のよろこびを自らのそれとする人間の基本的性質は人間の経済活動とどのように関係づけられるだろうか。行為の動機は、人の自然な感情としての共感に導かれる。一方、市場での経済活動では、合理的計算に基づく自己の利得に動機づけられ、それ以外は想定されない。今日の資本主義の危機の問題は、スミスの「道徳感情論」と「国富論」との調停である。

第4節　組織内交換と長期的関係・短期的成果

4－1　組織の短期的成果の重視

組織の古典理論は、官僚制的で緊密な組織、制定された規則、職務記述書、マニュアル順守のワーク・フローで構成される。現代の組織理論は、ネットワーク的で流動的、「ルースカップリング」の緩やかな関係の管理による効率性の確保を論じている。このトレンドに雇用の流動化も整合する。この傾向は不確実性の高い市場状況に適合する。しかし流動的でフレキシブルな組織形態も問題を起こし得る。組織のフレキシビリティは働く人々の生活を不安定にする。

雇用の流動化は、組織内の関係を緩く短期化し、成果も短期的に要請される。意思決定のスピード、短期化は、長期的目的の追求とどう整合されるだろうか。ネットワーク組織は生活と社会の秩序の安定性を侵食する。キャリア形成は、一つの職場で訓練を受け、技能を身に着けながら、長期的な期間を経て昇進し、生活設計を確実なものとする。雇用の流動化は職業生活を変質させ、成果の達成ゆえに格差を激化する。

「長期的視野」の経営は、組織内の関係や職業生活の構造だけでなく、研究開発の成果にも関係する。継続性から生まれる成果を雇用の流動化で短期化できればコスパは高い。しかし本田技研のエアバックの独自開発に一三年、スバルの「アイサイト」商品化に一〇年を要している。成果が短期で得られねば打ち切られるなら、直ぐに成果の出るものだけが追及され、長期的な成果は断念せざるを得ない。

4-2　長期雇用戦略と成果主義の金銭的報酬の効果

4-2-1　長期雇用と年功賃金の統計的傾向

日本の雇用慣行の特徴は、終身雇用制・年功制・企業内組合とされ、「内部労働市場戦略」とし

表 4.1.　平均勤続年数（厚生労働省「賃金構造基本統計調査」）

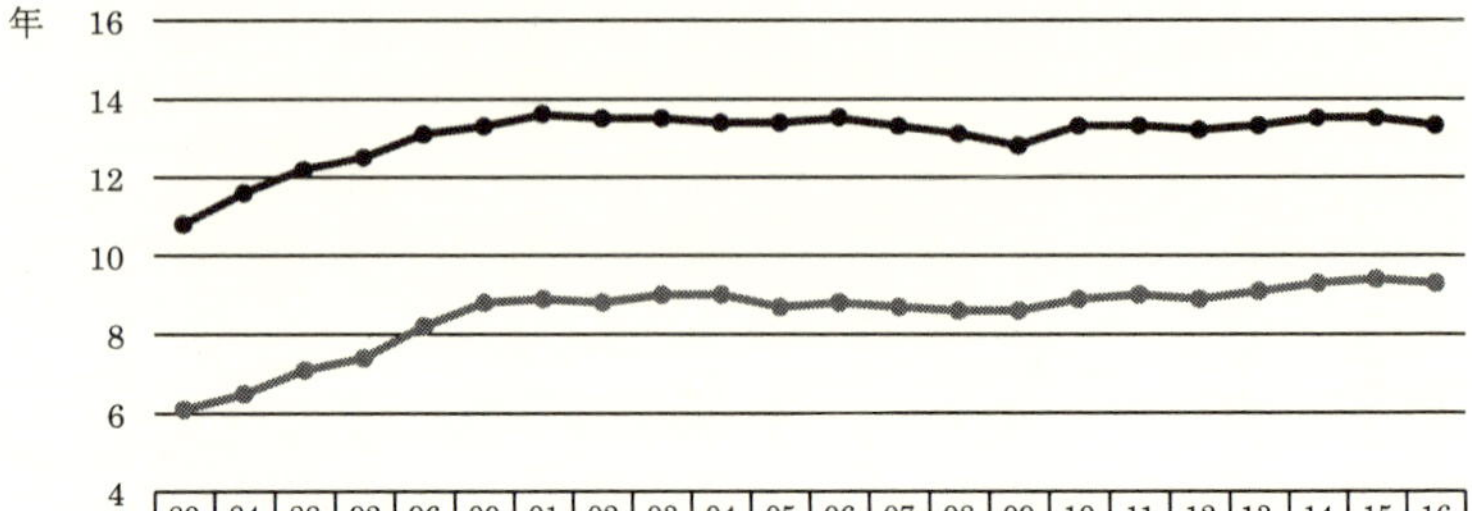

	80	84	88	92	96	00	01	02	03	04	05	06	07	08	09	10	11	12	13	14	15	16
男	10.8	11.6	12.2	12.5	13.1	13.3	13.6	13.5	13.5	13.4	13.4	13.5	13.3	13.1	12.8	13.3	13.3	13.2	13.3	13.5	13.5	13.3
女	6.1	6.5	7.1	7.4	8.2	8.8	8.9	8.8	9.0	9.0	8.7	8.8	8.7	8.6	8.6	8.9	9.0	8.9	9.1	9.3	9.4	9.3

て集約できる。これらの雇用慣行の「崩壊」が繰り返し指摘されてきた。一九五〇年代以降、職務と生産工程の標準化・合理化によって、経験年数の蓄積による暗黙知の熟練は消滅し、年功制の合理的根拠の企業内特殊熟練の重要性も後退し、年功制も消滅するとされた。一九七三年の第一次オイルショックの景気後退、一九七九年の第二次オイルショック、一九八五年のプラザ合意後の円高不況、一九九一年以降のバブル崩壊後、もはや従来の雇用形態は成立しないとされた。「失われた一〇年」が「失われた二〇年」に、長引くデフレの低成長と衰退、不況のたびに、従来の雇用慣行は維持できないとされた。しかしそのような言説が繰り返されることは、終身雇用制や年功制が維持されていることを意味する。[41] そうであれば「年功制」および「終身雇用制」とは何かを再考し正確に理解する必要がある。ここでは雇用関係の統計から事実関係を確認しよう。また「終身雇用制」の「終身」の形容は事実に合致せず、本章では、それに替え「長期雇用制」あるいは「長期雇用戦略」を使用する。この場合の「長期」は、平均勤続年数より長期とする。

「表4.1.」は、厚労省「賃金構造基本統計調査」の平均勤続年

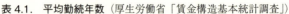

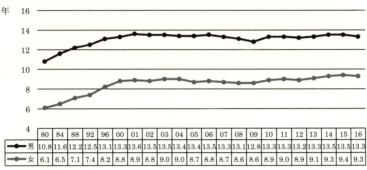

数を表している。一九八〇年から二〇〇一年までに深刻な不況もあったが、平均勤続年数は男女とも緩やかな上昇傾向にある。二〇〇〇年以降、女性九年、男性一三年前後で一定に推移している。長期雇用制の崩壊、長期雇用戦略からの離脱は統計的に確認できない。世界の時価総額トップ五〇社に入る日本企業は、一社だけであり、長期雇用戦略を採用しているトヨタ自動車である[42]。

長期雇用・年功賃金制は、大企業の正社員と公務員に適用される。この雇用戦略は正規と非正規および性別の処遇の格差に依存している。

「表4.2.」は、国税庁「民間給与の実態調査」の正規と非正規の雇用形態別・性別で確認できる二〇一二年から二〇一五年までの年間平均給与の格差を表している。二〇一五年現在、正規男性の平均給与を一〇〇とすると、正規女性六八・一、非正規男性四一・九、非正規女性二七・三である。年間平均給与の伸び率は、二〇一二年から二〇一五年で、正規女性一・六八％、正規男性一・一五％、非正規女性〇・八四％、非正規男性〇・〇四％である。

「表4.3.」は、総務庁「家計調査結果」での総世帯の二〇〇〇年から二〇一六年までの一か月間の消費支出を表している。二〇〇〇年に一家計一か月当たり二八一、二〇八円だった消費支出は、二〇一六年には最低値の二四二、四二五円となり、下降傾向にある。

「表4.4.」は、国税庁「民間給与実態統計調査」から、二〇〇〇年以降の平均給与の推移を表している。基本的に下降傾向にあったが、二〇〇八年のリーマン・ショック直後の二〇〇九年に急下降し、その後、二〇一二年から、わずかな上昇傾向にある。ただし厚労省の「毎月勤労統計調査」の「現金給与総額」は、二〇一七年一月から七月の平均値は前年比マイナスであり、賃金は減少して

表 4.2.　年間平均給与（国税庁「民間給与実態統計調査」）

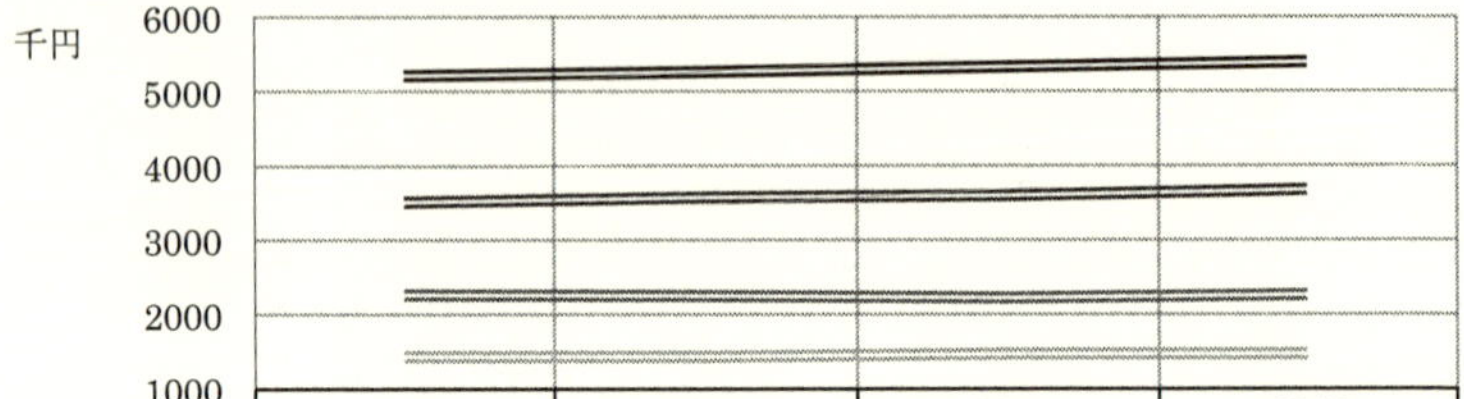

	2012	2013	2014	2015
正規男	5,205	5,266	5,323	5,385
正規女	3,496	3,561	3,593	3,672
非正規男	2,255	2,245	2,220	2,258
非正規女	1,436	1,433	1,475	1,472

表 4.3.　総世帯の消費支出（総務庁統計局「家計調査結果」）単位千円

	00	01	02	03	04	05	06	07	08	09	10	11	12	13	14	15	16
	281,2	273,1	269,8	266,4	267,7	266,5	258,0	261,5	261,3	253,7	252,3	247,2	247,6	251,5	251,4	247,1	242,4

表 4.4.　平均給与（国税庁「民間給与実態統計調査」）単位千円

	00	01	02	03	04	05	06	07	08	09	10	11	12	13	14	15
	4,610	4,540	4,478	4,439	4,388	4,368	4,349	4,372	4,296	4,059	4,120	4,090	4,080	4,136	4,150	4,204

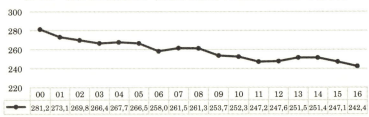

表 4.5. 生活意識の推移（厚生労働省「国民生活基礎調査」）

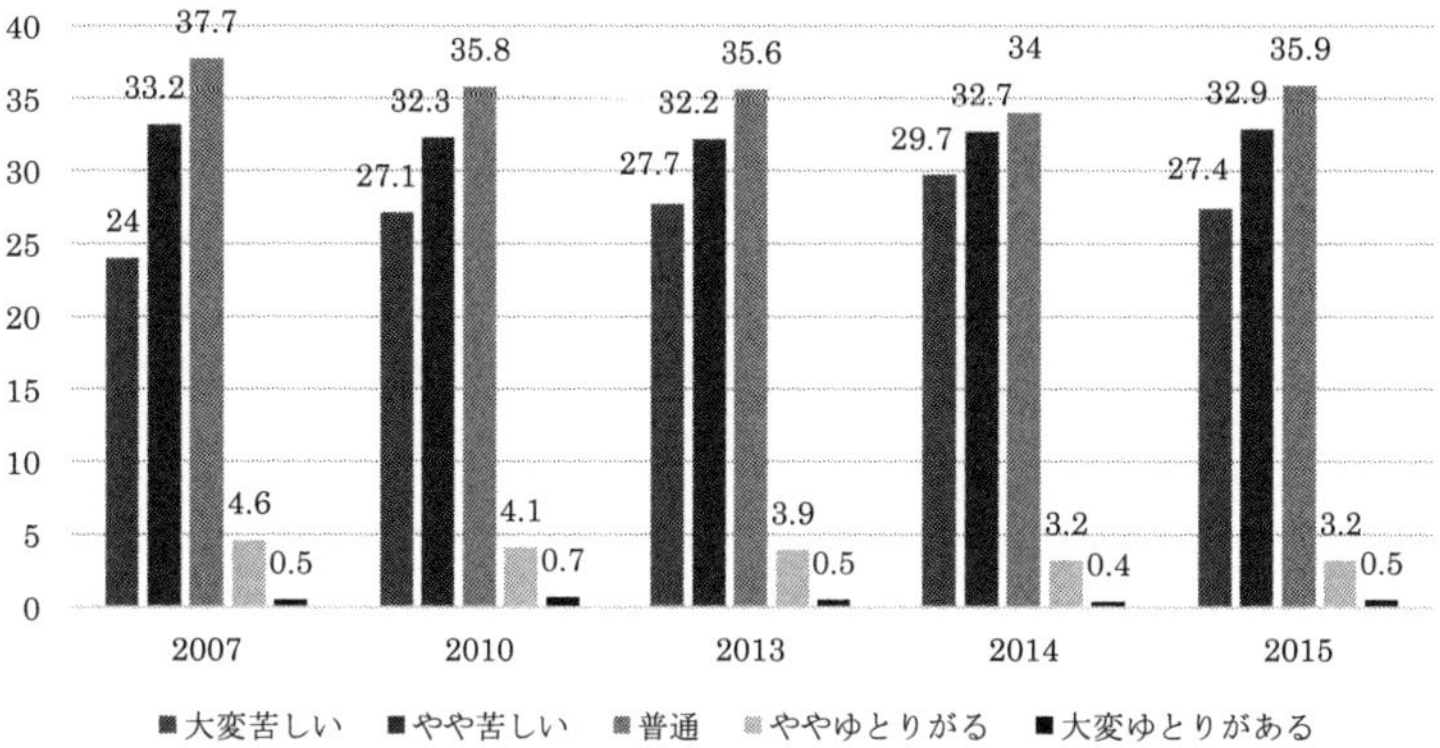

表 4.6.
女性：学歴／年齢階級／性別賃金
（単位千円・平成 28 年）

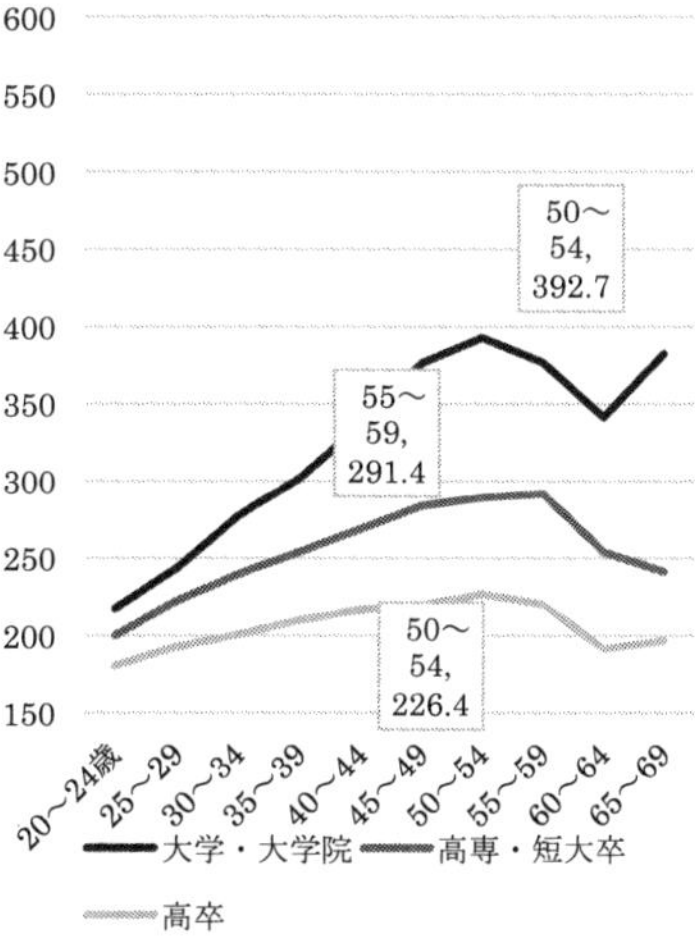

表 4.7.
男性：学歴／年齢階級／性別賃金
（単位千円・平成 28 年）

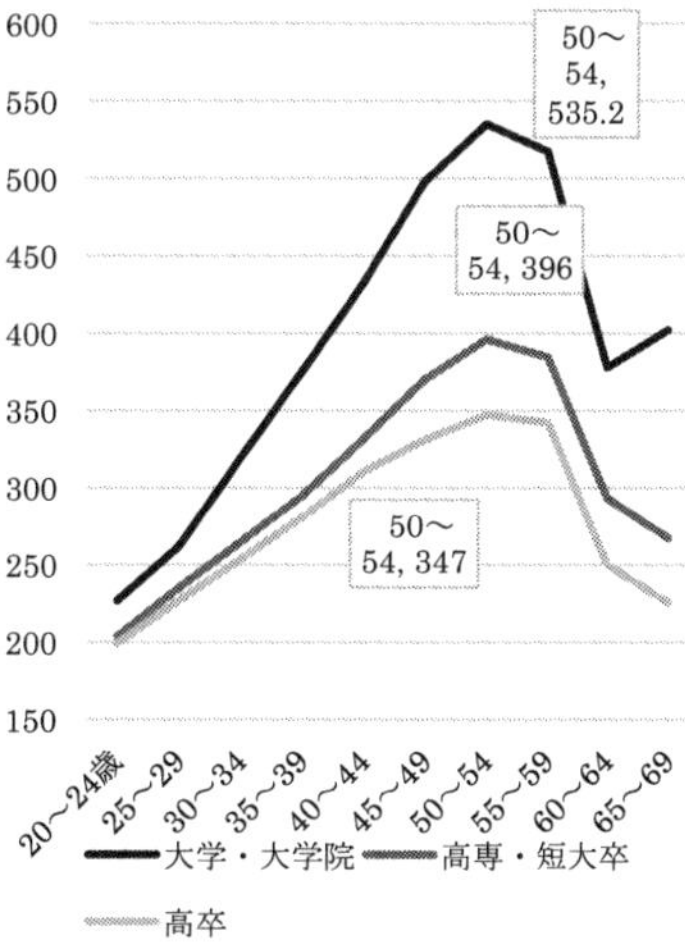

表 4.8.　男女の賃金（厚生労働省「賃金構造基本統計調査」）
男性＝ 100 に対して

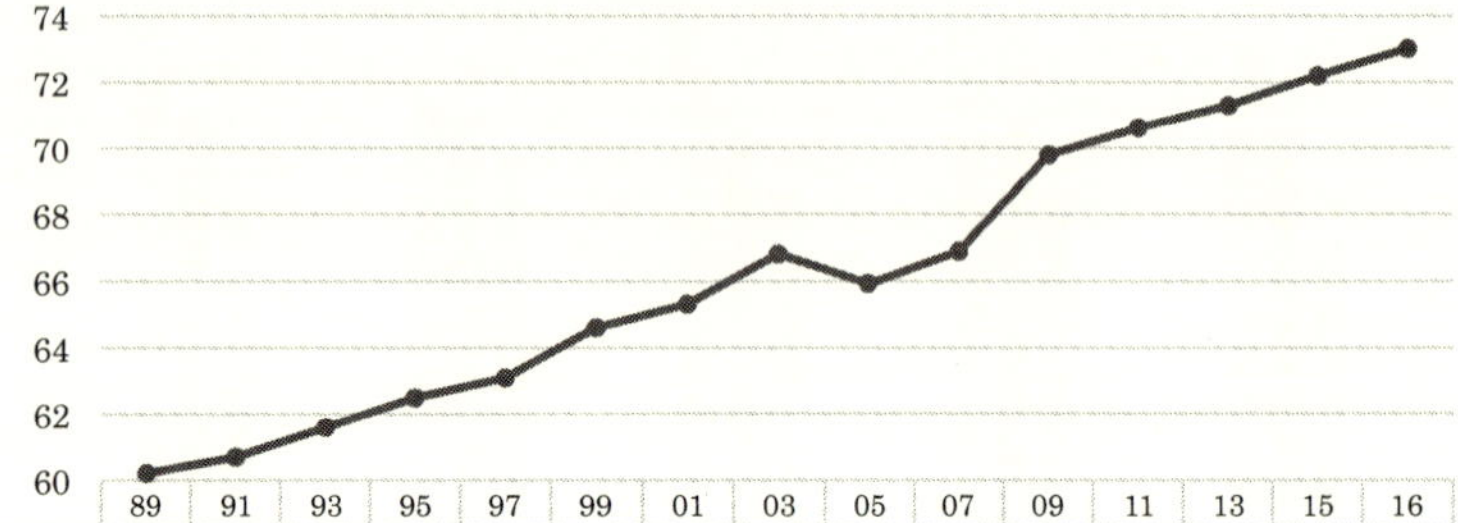

89	91	93	95	97	99	01	03	05	07	09	11	13	15	16
60.2	60.7	61.6	62.5	63.1	64.6	65.3	66.8	65.9	66.9	69.8	70.6	71.3	72.2	73

いる。消費支出は減少し、社会保険などの負担は増加している。「表 4.5.」は、厚生労働省「国民生活基礎調査」の生活意識を表している。これによれば、約六〇％の世帯は生活が「苦しい」、「ゆとりがある」のは約四％である。

「表 4.6.」、「表 4.7.」（厚生労働省「賃金構造基本統計調査」）は、学歴別・性別の年齢階級別の賃金プロファイルを表している。男性は年功給が適用され、女性は低学歴化とともに年功給から職務給に接近する傾向がある。

「表 4.8.」は男性の平均賃金に対する女性のその割合を表している。これによれば二〇一六年現在、女性の平均賃金は、男性の七三％である。男女間の賃金格差は徐々に減少傾向にある。

以上の統計資料より、六割の世帯は生活が苦しく、賃金には、学歴・雇用形態・性別の格差がある。賃金曲線は基本的に年功的カーブを示し、平均勤続年数は緩やかな上昇傾向か一定であり、長期雇用と年功賃金が雇用形態の基本である。正規雇用への年功賃金の適用には、以下の理論要因が考えられる。

（1）長期雇用制を前提とし、企業内特殊熟練と職務範囲の拡大は勤続年数との連動が見込まれる。その熟練と範囲は配置転換とローテーションから深まり拡大し、職務能力のランクが上昇する。組織への共同体意識や忠誠心、感情的一体化も勤続年数に関係する。共同体への所属から職務への道徳的な義務が成立し、それらは社会資本として組織内の信頼と協力を導き、取引・機会コストを節約する。

（2）企業組織の共同体的な性質として年功制の賃金項目には「生活資金給付」が含まれる。若年層では、それほど生活費を要せず、結婚、出産、教育、住宅購入など生活費の増加とともに賃金も上昇する。賃金には、労働の対価だけでなく、生活費給付の側面が含まれる。長期雇用での生活費給付は、社会保険や企業年金、企業内保育所など企業の生活共同体的側面である。

（3）年功賃金カーブとともに確認されるのは、雇用形態・学歴・性別の賃金格差である。年功給の適用される正規と職務給の非正規に雇用形態を分け、非正規雇用の割合を高め、賃金原資の固定費化リスクを分散し、人件費を削減させる戦略がある。雇用の流動化は、余剰人員があれば非正規化、人手不足なら正規化へシフトする。共同体には内と外の境界が成立する。正規雇用は共同体の内部者、非正規は外部者である。

（4）長期的視点からの研究開発や企業内訓練には、長期雇用制と年功制の合理性が成立する。生活保障のない長期的な経営判断と研究開発、熟練要請は、働く側からすればリスクが高く生活不安がともなう。長期的技術開発には専門技術者の専従化が合理的である。基礎研究に関し、*Nature Index 2017 Japan* は、日本の研究論文の世界の科学雑誌に占める割合の低下を指摘している。これによれば、日本の科学研究が失速し、高水準の六八の科学雑誌に掲載された韓国、中国の研究論文は増加しているが、日本のそれは、二〇一二年に九・二％から、二〇一六年には八・六％に減少し、日本の科学界の主導的な地位は脅かされていると指摘している。その背景には、中国・韓国が研究開発費を増やす一方、日本は研究交付金を削減し、短期雇用の研究者が大幅に増え、若い研究者が苦しい状況に置かれている現状があると指摘している。[43]

4-2-2 生活給としての賃金

賃金体系の生活保障の側面は、一九五四年の日経連の「定期昇給制度」の定義にさかのぼる。そこでは「一定の査定基準に基づいて定期又は臨時的に定額制の給与の基本部分の調整増額を行い、併せて労働者の標準的な生活費の保障を考慮しようとする方式を制度化したもの[44]」とされている。「ベースアップ」についても「経営的基盤の有無に拘わらず全員一律に労働者の生活水準向上のために行う賃金増額」とある。「経営基盤」に拘わらずの指摘には重みがある。この定義は、労組ではなく、日経連のそれである。[45] 野村正實は、賃金には「労働の対価と呼ぶのが適当であるような賃金項目もあり、労働力商品の所有者の生活を維持することを主たる目的としている賃金項目もある[46]」としている。

賃金体系の生活保障部分は、ヨーロッパでは物価連動型の手当[47]として実質賃金の低下を補うため、第二次世界大戦後、「生活費変動補償」(Scala Mobile) として制度化されている。この制度で一九七〇年代の労働組合運動が活発な時期、労働側に有利な改定がなされた。八〇年代以降、組合活動の衰退とともに減額され、一九九二年、国際競争力の喪失懸念、インフレ要因の是正として政労使の合意から、この制度は廃止された。[48] 次節において成果連動型の賃金の検討を行う。

4−3　成果主義と金銭的動機づけ

4−3−1　職務給および能力主義

能力主義・成果主義の賃金は、職務能力・成果に連動する職務給のバリエーションである。敗戦後の職務給の導入まで振り返ってみよう。一九四六年八月二二日、GHQの労働諮問委員団は、その最終報告書に「労働者の収入は、労働者の為した仕事の性質に非常に密接に連関しているとはいえない……。基本賃金率は、一般の産業では、年齢、性、婚姻関係、被傭者の勤務時間に応じて異なっている。更に、基本給は全所得の極小部分のみしか示さないことがしばしばある。というのは数種類の特別の手当や賞与が支給される」と指摘した。[49] ゆえに「(1) 基本給に含まれない特別の手当の重要性を極度に縮減することによって、賃金給料構成を簡単にすること。(2) 基本賃金率を年齢、性等の個人的特性に結びつけるよりはむしろ、仕上げられた仕事の性質に出来るだけ緊密に結びつけること」を勧告した。[50] この勧告の「仕上げられた仕事の性質」に連動する「基本賃金率」は「職務給」である。[51]

敗戦後の「職務給」導入は、GHQの勧告から試みられたものの結局、一九六〇年代半ばに消滅する。[52] その理由は、定期昇給制度と職務給が整合せず、職務給の導入で昇給がなくなるからであった。こうして職務給の賃金項目と定期昇給の賃金項目を組み合わせる賃金体系が成立する。[53]

「能力主義」の導入は、一九六九年、日経連から提唱された。その趣旨は、「従来の年功制の能力主義であり得なくなった点、その陥った欠点を改め、長所は生かそうとする」[54] であった。日経連の能力主義は、従来の雇用慣行の基本的特徴である年功制を変更するより、従業員の職務の個別的管理の強化である。[55]

4-3-2 成果主義

成果主義は、一九九三年、富士通の「成果重視型人事処遇制度」の導入がメディアで扱われ注目された。これ以降、人事制度改革は「成果主義」関連で導入される。[56] 一九九一年、バブル崩壊後、各企業は徹底的なコスト削減を強いられ、その大半は人件費である。賃金は雇用契約の労働条件であり、一方的に不利益変更できない。労使合意の賃金削減には、成果主義の成果に見合う賃金の変更が可能である。成果主義は、本来、従業員の努力の成果に連動し処遇する理念に基づく。実際には賃金の削減意図を背景に成果主義は導入された。

富士通は、一九八九年から欧米の同業他社に労使共同で調査団を派遣している。そこで個人成果の処遇、目標管理の上司・部下の協議による評価、ホワイトカラー・エグゼンプションが調査された。そして従来の学歴・勤続年次での管理、上司による一方的評価、評価結果の非公開、賞与制度が職務動機づけとの関連が希薄であることが問題提起された。[57]

調査結果から、富士通では、一九九三年、管理職を対象に「目標管理評価制度」が導入され、翌九四年から対象範囲を拡大させた。この制度は、期首に上司と部下が面談し目標を定め、期末に再度面談し、その達成度を評価する。評価結果を部下に知らせ、一時金に反映させる。九八年には、評価結果を一時金だけでなく、昇給と等級昇級にも反映させた。しかし三年後、二〇〇一年、成果評価の結果を等級昇級には反映させず、一時金と昇給に限定した[58]。

成果主義の導入は、勤続・学歴を重視する人事制度からの離脱であった。その導入は職務への動機づけに効果はなかった。「導入後、あなた自身の働く意欲、仕事のやりがい感は向上しましたか」に対し、「大きく向上」一・七%、「少し向上」一五・一%、「以前と変わらない」四四・一%、「少し低下」一四・二%、「大きく低下」一〇・七%、「入社時から現在の制度が導入済み……」一二・二%であった。「やりがい感」の低下が二四・九%、向上は一六・八%であり、成果主義の導入は従業員の職務への「やりがい感」を低減させた[59]。

日経ビジネスの「成果主義に関するアンケート[60]」(二〇〇九年四月実施、有効回答数一一七三)によれば、「あなたの会社が導入した成果主義」は、「失敗」六八・五%、「成功」三一・〇%であった。「成果主義に基づく自身の評価に満足しているか」では、「不満」四三・三%、「満足」一六・二%であった。「成果主義型の導入後、仕事に対する意欲」は、「向上していない」三六・三%、「向上した」一六・一%だった。この調査で、成果主義によって「意欲が向上していない」の回答は「向上した」の二倍以上ある。「職場に何らかの弊害が発生したか」に対し「発生した」六五・七%である。その弊害の内容は「評価の妥当性を欠いている」六三・五%、「長期的な仕事に取り組みにくい」四九・七%、「チームワークが悪化した」三九・〇%、「部下や新人の指導育成がおろそかになった」三六・〇%であった。成果主義は、職場全体より個人成果の達成を優先させ、個人成果に直接結びつく、成果が短期的に見込める職務だけが選択される傾向がある。

成果主義に関する調査結果をさらに確認しよう。米コンサルティング会社ヒューイット(Hewitt

Associates）の三五〇社を対象の調査（二〇〇四年）では、「成果給プログラムは、当初のゴールを達成できていないか、そこそこにしかできていない」との回答は八三％[61]だった。調査結果のこの傾向は珍しくない。成果主義に賃金削減以外の効果の多くを期待できない。成果主義の成功には一定の条件が必要である。前述の日経ビジネスの調査でも、成果主義の「失敗の原因」は、「制度そのものの問題」が三二・五％、「制度そのものよりも運用上の問題」が六六・〇％であった。現行の賃金制度は年功制であり、成果主義と年功制との整合性を考慮すること、成果主義の前提を確認する必要がある。

成果の達成は、本人の努力だけなく、選択できない状況に依存する。成果主義の正当性は、働く側の努力で成果が達成できれば、それに見合う対価が得られる市場的な公正性と透明性である。年功制のそれは共同体的な公正性である。共同体的な公正は「職場のチーム効果[62]」を考慮すれば、個人成果だけでなく、部下の指導、職員間の情報共有、協力と支援が重要となる。個人の成果よりも職場チーム全体の成果への貢献を評価する必要がある。成果主義の市場公正性の確保のためには労力と費用が必要である。分配の公正性の確保、格差を正当化し、意欲を引き出す誘因の仕組みが必要となる。報酬システムの設計、苦情処理、報酬委員会の設置と運営、これらのために膨大な時間と労力を要する。それを考えれば年功制の維持費用は安価である。年功制は勤続年数に一定程度応じた能力主義的で長期的な運用だが、成果主義の評価は短期的で複雑である。成果は、個人の能力と努力、市場状況・職務内容と状況に依存する。いつ査定するかも重要である。能力があり努力を継続しても成果が得られない場合もある。個人の努力だけで成果は必ずしも得られない。職場での信頼関係と効果的な情報共有と時間が必要となる。成果の達成要因が個人の能力か組織の仕組なのかも考えねばならない。以下で成果主義の心理的要件を理論的に検討する。

4-3-3　個人と組織の成果

成果主義が効果的なのは、個人事業主の集合体のような組織である。一般的な企業では、人材を有機的に組合わせ、各部門での成果が見込めるよう組織化され、信頼と協力の職場環境を整えることが管理職の課題となる。組織の業績は個人の成果に還元されない。このことは「創発特性」(emergent property)と呼ばれる。バーナードの古典的な組織理論から引用しよう。「たとえば五人の努力が一つの体系、組織に調整される場合、五人の努力の合計にあらわれるものと、質および量において大きいか、小さいか、または異なる、何かまったく新しいものが作り出される[63]」。「組織構成員の一人一人がこれこれの産物を生産したとみなすことは正しくない。成果の増加(あるいは減少)は努力の結合あるいは調整から生ずる[64]」。成果主義の第一の問題は、組織の業績を個人の成果に還元、分配することにある。組織内の協力関係から導かれた成果を個人に分配する公正性はどのように確保できるだろうか。

4-3-4　成果主義の金銭的インセンティブ

(1)「外部インセンティブのバイアス」

金銭的報酬による「外部インセンティブ」の重要性は一般的に想定されている。そこには強い思い込みがあるのも確かである。その問題は、C・ヒース（Chip Heath）によって「外部インセンティブのバイアス」[65]と呼ばれる。私たちは、金銭的報酬などの外部要因を必要以上に重要と考え、内面的な要因を過小評価する傾向がある。ヒースの心理学的実験では金銭的な「外部インセンティブ」が一番大事との回答は二二％あったが、自分以外の回答者は「外部インセンティブ」が一番重要と回答すると予測したのは八五％であった。[66]つまり自分が金銭に動機づけられる以上に他人は強く金銭に動機づけられると考える傾向がある。ゆえに成果主義の効果は過大に評価される傾向がある。

すでに一九八〇年代に米国では、八〇％以上の労働者が金銭的報酬をインセンティブとする成果主義が導入された組織で働いている。[67]成果主義は、それが適合しないと考えられてきた行政組織や病院、学校にも採用され、そのような学校では、生徒の成績に応じて教師にボーナスが支払われる。[68]「外部インセンティブのバイアス」は、成果主義を導入する強い動機づけになると同時に期待した程の効果のなかった事実を説明する。

（2）「自己高揚効果」

自分を卑下せず肯定的にとらえ、自分は平均以上で人より優れていると思いがちである。この傾向は、J・D・ブラウンによって「自己高揚効果」（Self-Enhancement Biases）と呼ばれる。[69]他人の評価以上に、いくつかの点で自分は優れていると思い、万一、失敗しても自分以外の理由や他人のせいにする。同時に自分の落ち度に気づかない。[70]成功すれば自分をほめ、失敗すると他人のせいにする。この傾向を前提とすれば、自分への低い評価は不当と認識される。「上司の評価は、もっと高くていいはず」、「より公正な評価があってしかるべき」、「何らかのバイアスと問題が作用している」と思う傾向がある。このような「自己高揚効果」は、成果主義を導入した職場で、公正な評価が得られたのか疑問に思い、上司が評価するより自分はより高く評価されるべきと考える。成果主義の人事制度では常に不満と不公正の感覚が蓄積され、結果的に職務への動機づけが喪失する。

（3）成果主義の実施の条件

成果主義が成功する条件は、フェファーとサットン（Pfeffer and Sutton）の研究[71]を整理すれば、（a）職務が定型的、（b）業務が個人に独立して完結、（c）職員間の連係と協力を要せず、（d）成果・品質・生産性の計測とモニターが容易、（e）目標が明確で設定が容易なこと、これらの条件が成立するほど、成果主義の金銭的インセンティブが有効となる。これらの条件を最も充足するのは資産運用のトレーダーである。通常の組織や職場では複数の目標が相互に関連し同時的に追及され、他の職員との情報共有や相互支援が必要である。成果主義の効果が期待される範囲は限定される。スポーツ競技なら個人種目が相当する。メンバー間の調整やバックアップ、協力、チームワークが必要なら、選手間の年俸格差が大きいチームほど勝率が低い[72]。

4−3−5　同一労働同一賃金とホワイトカラー・エグゼンプション

同一労働同一賃金を議論するためには、職務範囲と熟練度に関する理解が前提となる。職務給が適用される非正規の「職員A」と年功給が適用される正規の「職員B」が同一労働の「職務a」を担当するとき、「職員A」は、職務担当歴は短期で「職務a」だけを担当できるが、それ以外はできない。一方、「職員B」は、勤続年数を重ね熟練しており、「職務α」に関連する「職務β」「職務ε」なども担当可能である。この場合、「職員A」と「職員B」に同一労働同一賃金を適用することは、「職員B」の熟練性と職務範囲を考慮しない処遇となる。市場状況の変化から「職務α」だけでなく、同時に「職務β」の担当も必要となったとき、「職員A」はカバーできないが「職員B」は対応できる。この場合、同一労働同一賃金の適用による賃金の調整は、労務費最小化原則を前提とすれば労働分配率を下げることになる。これらの問題の緩和には、非正規と正規間の雇用形態の流動化、非正規と正規の媒介的な雇用形態の制度化が考えられる。

「ホワイトカラー・エグゼンプション」あるいは「高度プロフェッショナル制度」は、年功給を受けていた四〇歳代以降の職員か六〇歳代以降の職員への適用かで効果が異なる。前者の場合、成果に連動させ、成果に上乗せしていた年功部分の賃金（生活給）が節約される。四〇歳代から年功賃金のカーブは上昇し、六〇歳代から下降する。ゆえに成果への連動は前者には賃金原資の節約となるが、六〇歳代の職員には年功給の適用が賃金原資を節約させる。むしろ雇用の流動化とフレキシビリティを期待するなら、ホワイトカラー・エグゼンプションが適用される人材は、個人事業主として独立させ業務契約を結ぶ方が市場的な公正性を確保でき合理的である。長期雇用戦略と年功給が適用されている正社員へのホワイトカラー・エグゼンプションの適用は、この制度が労働分配率に与える効果から確認できる。

4－4 「長期性」と「短期性」および柔軟性：雇用・研究開発・成果

雇用の問題は、「長期性」[73]（longevity, long term）と「短期性」（short term）・「柔軟性」（flexibility）の問題が組織理論的な要件となる。「長期性」は職場での人間関係が「緊密」（tight）か「緩和」（loose）かに関わってくる。ネットワーク組織論は、官僚制的な厳密かつ緊密な管理と職場の人間関係ゆえに従来の方法から脱却できない硬直性を問題視し、よりフレキシブルで緩い人間関係から、より自由な発想や創造的なイノベーションの達成を指摘し提案する。しかしフレキシビリティは、支配と服従の関係から解放する一方、より不安的な人間関係と生活の不確実性を導き、短期的な成果達成を突きつける。ネットワーク組織の導入は、短期の結果が得られねば、解雇、職場の再編の新たな管理方式となり[74]、フリーランスとしての非正規雇用の割合を高める。

以上のような新管理方式は、短期的な成果達成を要請する。成果の達成、研究開発・雇用期間は「長期性」を回避する。従来の「職業生活を通じて一つの技術を磨き、それに頼っていく」のではなく、転職を重ね、キャリア・アップすることが戦略となる。職場での緩やかな人間関係を維持し、可能ならアウトソースする。人材派遣や非正規雇用へのシフトで雇用調整し柔軟に適応する。研究開発とアフターサービスなど付加価値の高い業務に特化するファブレスな組織も、それに整合する。変化に適応するため組織構造も職務内容も変わり続けていく必要がある。

組織形態は、官僚制的ではなく、ネットワーク的に組織化され、フラットでフレキシブルな構造となる[75]。ネットワーク組織では「緩い結びつき」（loose coupling）と呼ばれ、組織への忠誠心や感情的な一体化を回避し、社会的紐帯を弱めることで競争力を確保する戦略がある。それは、雇用の流動化、組織の再編と再構築、市場状況の変化への適応能力を確保する。最適な人材をグローバルな労働市場から調達し、最適な職務につける。最適性の追求のために期間を定めず必要に応じて免職・転任・配置転換、契約解除し、労働条件の変更機会を確保し合理化する。

ネットワーク組織のデメリットも考えねばならない。迅速な変更は、働く人々の不安を引き起こす。「どのように報われるのかも、自分がどんな道をたどっているのかもわからない[76]」状態となる。長期性から短期性への移行は、英米での株式市場での短期的投資とリターンの要請と適合し、証券取引所での株式の平均保有期間は一九八五年からの一五年で六〇％短くなっている[77]。

組織形態の変更は、雇用契約の短期化を伴う。企業は、終身雇用制の古典的な官僚制組織から、よりフラットでフレキシブルな組織を目指し、ネットワーク組織形態への移行を実現させてきた。IBMもかつて終身雇用制であった。W・パウエルによれば、官僚制的な階層的組織よりも「ネットワーク型のほうが立て直しがきく」、「階層型の固定的な制度より手っ取り早く分解でき、組織のあり方を再定義しやすい[78]」。同様な指摘は、M・グラノベッターの「弱い紐帯の強さ」(the strength of weak ties) に見られる。組織内の人間関係の強い紐帯は、組織への忠誠と求心力をともなう感情的結束をもたらし、現状を維持し外部を遮断する。強い紐帯の人間関係は自由な情報の流れを停滞させ、イノベーティブな処理を妨げる。グラノベッターの「紐帯」の強弱は、相互関係の（1）時間量、（2）感情的な強さ、（3）親密さ、（4）互酬性の高低に相関する[79]。弱い紐帯の関係にある人々のネットワークから、イノベーションの波及が生まれる[80]。

表 4.9.　転職後の所得と賃金の経過（Krolikowski, 2014）
（http://voxeu.org/article/job-ladders-and-earnings-displaced-workers）

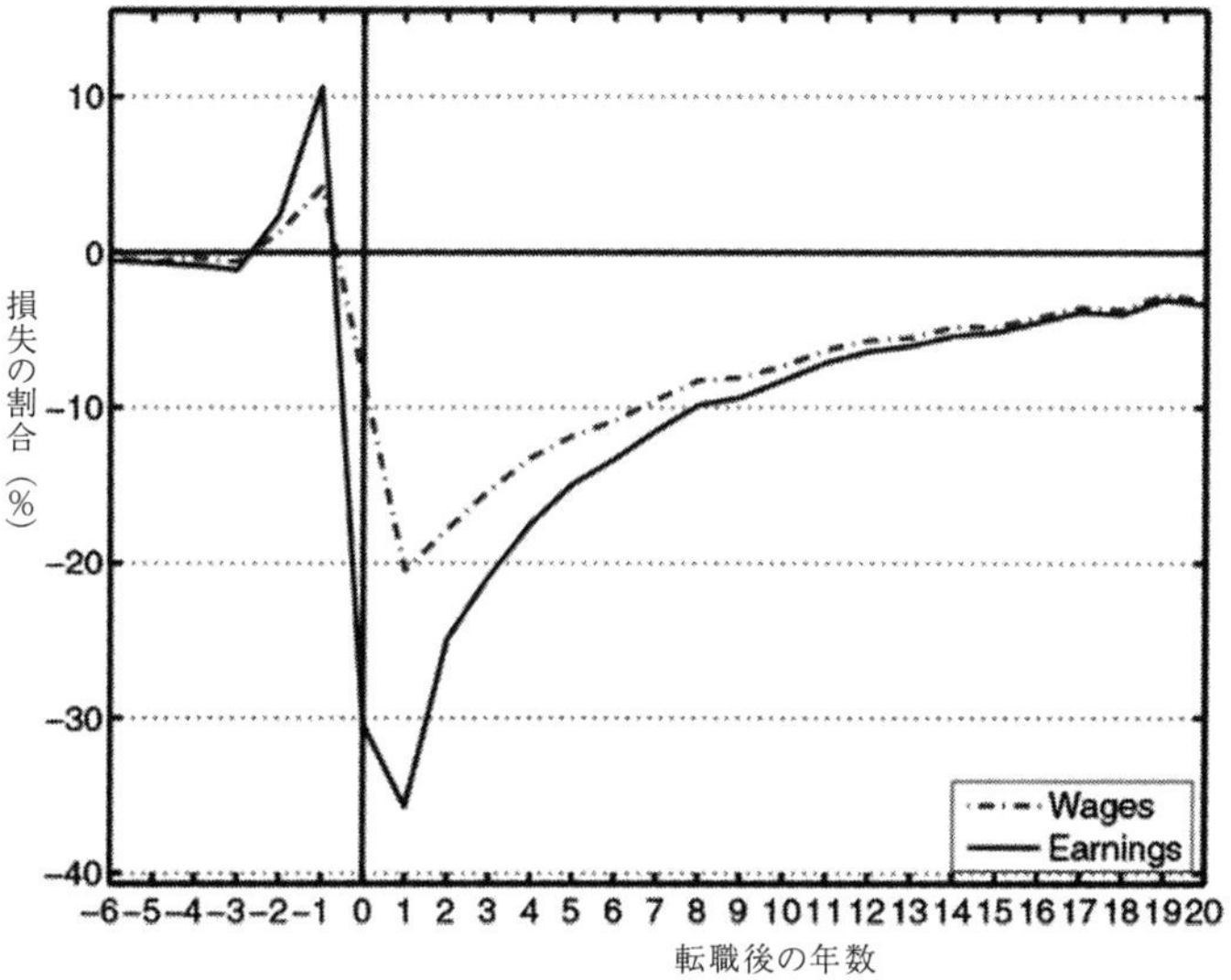

雇用の流動化のリスクにヘッジを考える必要がある。信頼できる公的統計は、一九八〇年代だが、転職後、収入が減った人の割合の方は収入が増えた人の割合よりも大きい。転職者の全体の三四％が所得を大幅に削減させ、二八％は大幅に増加させている。[81] 解雇者も含む転職者は、P・クロリコフスキー（Krolikowski）の研究[82]（二〇一五年）によれば、転職は平均所得を減少させ、転職前の水準には戻らない。「表4.9.」は、縦軸に転職前の所得と転職後の失われた所得の割合を示し、転職時点を横軸にゼロとして、転職初年に所得は三〇％以上減少、最少化している。その後、減少分を取り戻すが、二〇年経過後も以前の水準に戻らない。雇用の流動化は、成功した一部の人々の生活を豊かにし、それ以外の大多数の

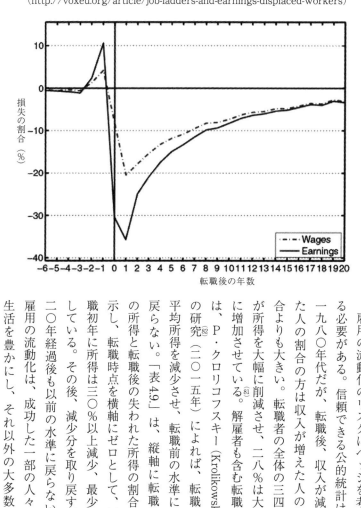

人々の生活を困窮させる。米国の激しい格差からすれば驚く必要はない。雇用の流動化は、転職者と解雇者の割合を増加させる。転職後の数年は良くても、その後どうなるかは不可知である。

一九八〇年から一九九五年にかけて、米国で解雇された労働者は一三〇〇万人から二九〇〇万人であり、より良い条件で再雇用された人は少数である。[83] 一九九〇年代の大規模な人員削減を行った企業を対象とするアメリカ経営協会とワイアット・カンパニーズの調査では、ダウンサイジングを繰り返した企業は「収益の落ち込みと労働生産性の低下」を招き、「コスト削減目標を達成した企業は半分以下、増収になったのは三分の一以下」、生産性を向上させた企業の割合は四社のうち一社に満たなかったと報告されている。[84] 事業再構築とダウンサイジングによって多数の熟練労働者が解雇された。ラスト・ベルトの労働者は、このような危機に直面している人々である。

第5節　問題提起

5－1　資本主義の選択

近代資本主義には、非営利の道徳的要件があり、公益性と倫理性を含む共同体的な資本主義か、市場原理的な資本主義の二者択一ではなく、両者をどう整合させるかが問題である。対立項をどのように矛盾なく整合させるかというマネジメントの問題である。「ソーシャルビジネス」は、その可能性の一つである。

5－2　長期性と短期性

短期成果の追求の戦略は市場的である。資産運用では、確実に今、利益を確保することが要請される。ただしそれも長期的戦略と組み合わせる必要がある。長期視野の研究開発の可能性を閉ざせば、日経連の理念として示されていた長期視野の経営戦略の競争優位は消滅する。

5－3　使用者側からの雇用ポートフォリオ戦略

今日の雇用ポートフォリオは「高度専門能力」の活用である。内部の人材開発では得られない人材を外部から採用、活用し全く新しい事業と運営への挑戦が想定される。金融から事業会社などへの執行役員レベルの人材、ＡＩやＥＶ開発など高度専門技術者の採用が考えられる。定型・準定型業務の人手不足の危機への対応は、作業ロボット導入の費用と人件費の差が合理的な対応を示し、この結果、作業効率は高められる。

5－4　働く側からの雇用のポートフォリオ

経営側からの「雇用ポートフォリオ」が有効なら、働く側からの「収入源のポートフォリオ」を考慮する必要がある。リクルートキャリアの「兼業・副業に対する企業の意識調査[85]」（二〇一七年）によれば、副業の禁止は七七・二％、容認は二二・六％、推進は〇・三％である。これは長期雇用戦略を中心にポートフォリオを考えているからである。就業規則で副業禁止を明記するなら定年までの雇用も明記すべきである。

スタートアップ事業は、本業との雇用関係の維持と両立させる方法が考えらえる。社内ベンチャーも、従業員がスタートアップの責任者として一定のリスクを分担し、企業側のリスクを分散させる方法が考えられる。退職してスタートアップするのではなく、雇用関係を維持しながらの方法が選択できれば、社内の人材の能力を高め、社外の人脈を構築し得る。ポートフォリオを組織論的に展開すれば、官僚制とネットワークの組み合わせと接合である。

5-5 成果主義と分配の正義・市場と共同体の公正性

成果主義は、その導入期、賃金原資の削減の行動計画をにじませていた。市場の公正性は組織の共同体的な公正性とともに分配の正義にかかわる問題である。共同体内部での生活資金の平等な分配の正義と市場の公正性をどのように接合させるかである。年功賃金が適用されていれば、若年期に強制貯蓄させ、四〇歳代より後払いとして受け取り、後払いの年齢層にホワイトカラー・エグゼンプションの適用は、労働分配率を下げる効果が成立する。

5-6 年功給と女性の活用による労働分配率の減少

年功給は、人口構成がピラミッド型のとき「合理的」との指摘は、今日では妥当しない。日本の年功給のカーブは、六〇歳以降、鋭く下降しており、女性は男性の賃金の七〇%程度であり、人口構成の高齢化による定年延長と再雇用、女性の活用によって、年功賃金制は労働分配率を下げる効果があり、経営的に「合理的」である。雇用の流動化、ホワイトカラー・エグゼンプションなどの導入は、実質的に賃金率を低下させる。二％の物価上昇は困難であり、全く新たな社会デザインの視点が要請される。

註

（1）Habermas, J., 1973, *Legitimationsprobleme im Spätkapitalismus*, Suhrkamp Verlag, Frankfurt am Main,（ハバーマス、J.、細谷貞雄訳『晩期資本主義における正統化の諸問題』岩波書店、一九七九年）。
（2）同前、一頁。
（3）同前、一―二頁。
（4）同前、三頁。
（5）同前、二頁。
（6）新・日本的経営システム等研究プロジェクト『新時代の「日本的経営」―挑戦すべき方向とその具体策―』日本経営者団体連盟、一九九五年。
（7）同前、六四頁。
（8）同前、七頁。
（9）同前、三一頁。
（10）同前、三三頁。
（11）同前、三三頁。
（12）八代充史・牛島利明・南雲智映・梅崎修・島西智輝『『新時代の「日本的経営」』オーラルヒストリー』慶應義塾大学出版会、二〇一五年、九四頁。
（13）同前、八九―九〇頁。

(14) 同前、九五頁。
(15) 厚生労働省「就業形態の多様化に関する総合実態調査」、二〇一五年。
(16) 「規制改革の推進に関する第1次答申」(二〇〇三年、http://www.kantei.go.jp/jp/singi/kisei/tousin/011211gaiyou.html)
(17) 新・日本的経営システム等研究プロジェクト、前掲書、二七—二八頁。
(18) 八代・牛島・南雲・梅崎・島西編、前掲書、九七頁。
(19) 同前、九二頁。
(20) 新・日本的経営システム等研究プロジェクト、前掲書、二一—二二頁。
(21) Becker, Gary S., *Human Capital*, New York: National Bureau of Economic Research, 1964(佐野陽子訳『人的資本—教育を中心とした理論的・経験的分析—』東洋経済新報社、一九七六年)。
(22) Doringer, P.B and M.J. Piore, *Internal Labor Markets and Manpower Analysis*, 1985, New York: M. E. Sharpe, Inc., p. xvi.
(23) Ibid, p. xvii.
(24) 青木昌彦『比較制度分析序説』講談社学術文庫、二〇〇八年、二二—二三頁。
(25) 同前、二四頁。
(26) 青木昌彦『青木昌彦の経済学入門』ちくま新書、二〇一四年、六三頁。
(27) Weber, M., 1976, *Wirtschaft und Gesellschaft*, 5.Aufl., besorgt von Johannes Winckelman, Tübingen: J.C.B. Mohr, S.21-22.
(28) Salamon, L., 1999, *America's Nonprofit Sector: A Primer*, 2nd ed., N.Y.: The Foundation Center, p.10-11.
(29) Weber, M., 1920, Die protesantische Ethik und der »Geist« des Kapitalismus, *Gesammelte Aufsätze zur Religionssoziologie*, Bd.1, SS.17-206(大塚訳、『プロテスタンティズムの倫理と資本主義の精神』岩波書店、一九八八年)。
(30) 同前、二一七頁。
(31) 同前、二二一頁。

(32) 同前、二一七頁。
(33) 同前、一〇頁。
(34) 同前、三六頁。
(35) 同前、四六—四七頁。
(36) 同前、二六—二七頁。
(37) 同前、二七—二八頁。
(38) 同前、三二頁。
(39) Smith, A., 1985 (1776; 1904), *The Wealth of Nations*, Tokyo, the Charles E. Tuttle Company, Inc., p.14.
(40) Smith, A., 2009, *The Theory of Moral Sentimnts*, Penguin books, p.13.
(41) 野村正實『日本的雇用慣行——全体像構築の試み』ミネルヴァ書房、二〇〇七年、四二九頁。
(42) http://www.180.co.jp/world_etf_adr/adr/ranking.htm
(43) http://www.nature.com/nature/journal/v543/n7646_supp/full/543S7a.html
(44) 日本経営者団体連盟事務局『昇進制度——その理論と実証的考察』日本経営者連盟弘報部、一九九四年、一九九五頁。
(45) 野村、前掲書、三二六—三二七頁。
(46) 同前、二三四—二三五頁。
(47) 同前、三〇七頁。
(48) 日本労働研究機構「イタリアの労働事情」一九九三年。
(49) 野村、前掲書、四四二頁。
(50) 労働省『資料労働運動史 昭和20 - 21年』、八四二頁、野村正實『日本的雇用慣行——全体像構築の試み』ミネルヴァ書房、二〇〇七年、四二二頁。
(51) 野村、前掲書、四二二頁。
(52) 野村、前掲書、四二二頁。
(53) 日本経営者団体連盟『職務給の研究——職務給の本質とその実践』一九五五年、三〇七頁/野村、前掲書、四二三頁。

（54）日経連能力主義管理研究会『能力主義管理――その理論と実践』日本経営者団体連盟、一九六九年、二二頁。

（55）野村、前掲書、四二三頁。

（56）野村、前掲書、四二四頁。

（57）飯島健太郎「富士通の成果主義人事制度――その変遷と今後の方向」『日労研資料』五月号、1261号、四頁／野村、前掲書、四二四―四二五頁。

（58）野村、前掲書、四二五―四二六頁。

（59）富士通労組『調査情報』No.266、四三頁／野村、前掲書、四二八頁。

（60）http://business.nikkeibp.co.jp/article/manage/20090507/193988/?rt=nocnt&P=2

（61）*Hewitt Associates News & Information*, June 9, 2004, Pfeffer, J. and R.I. Sutton, *Hard Facts, Dangerous Half-Truths, and Total Nonsense*, Boston: Harvard Business School Press, 2006, p.126.

（62）村上綱実『非営利と営利の組織理論：非営利組織と日本型経営システムの信頼形成の組織論的解明』（第二版）、二〇一四年、二二七―二三〇頁。

（63）Barnard, C. I., 1938, *The Functions of the Executives*, Cambridge, Mass: Harvard Univ. Press, p.79.

（64）Ibid, p.250。

（65）Heath, C., 1999, "On the Social Psychology of Agency Relationships: Lay Theories of Motivation Overemphasize Extrinsic Incentives," *Organizational Behavior and Human Decision Processes* 78, pp.25-62.

（66）Pfeffer, J. and R.I. Sutton 2006, *Hard Facts, Dangerous Half-Truths, and Total Nonsense*, Boston: Harvard Business School Press, p.115.

（67）Heneman, Robert L., 1990, "Merit Pay Research," in *Research in Personnel and Human Resource Management, vol.8*, Greenwich, CT:JAI Press, pp.203-263; Pfeffer and Sutton *Hard Facts*, p.114.

（68）Pfeffer and Sutton, *Hard Facts*, p.114.

（69）Brown, J. D., "Evaluations of Self and Others: Self-Enhancement Biases in Social Judgments," *Social*

Cognition 4, New York: Guilford Press, 1986, pp.353-376.

(70) Kruger, J. and D. Dunning, 1999, "Unskilled and Unaware of It: How Difficulties in Recognizing One's Own Incompetence Lead to Inflated Self-Assessments," *Journal of Personality and Social Psychology* 77, pp.1121-1134; Miller D.T. and M. Ross, 1975, "Self-Serving Biases in the Attribution of Causality: Fact or Fiction?," *Psychological Bulletin* 82, pp.213-225; Pfeffer and Sutton, *Hard Facts,* p.126.

(71) Pfeffer and Sutton, *Hard Facts,* p.119-120.

(72) Ibid, p.128.

(73) Ibid, p.22.

(74) Senet, Richard, 1998, *The Corrosion of Character: The Personal Consequences of Work in the New Capital*, New York: W. W. Norton & Company, p.10.

(75) Ibid, p.23.

(76) Ibid, p.9

(77) Ibid, p.22-23.

(78) Powel, W., and Laurel Smith-Doerr, 1994, "Networks and Economic Life," Neil Smelser and Richard Swedberg, eds., *The Handbook of Economic Sociology*, Princeton: Princeton University Press, p381.

(79) Granobetter, M., 1973, "The Strength of Weak Ties," American Journal of Sociology Vol.76, No.6, May, p.1361.

(80) Granobetter, M., 1982, "The Strength of Weak Ties: A Network Theory Revisited," Peter V. Marsden and Nan Lin, *Social Structure and Network Analysis*, Newbury Park, CA: Sage Publications, p.214; p.216-217.

(81) Congressional Budget Office, 1993, *Displaced workers: Trends in the 1980s and Implications for the Future*, Washington, D.C. Congress of the United States, p.xii; Senet, p.85-86.

(82) Krolikowski, P., 2014, "Job Ladders and Earnings of Displaced Workers", Working Paper, University of Michigan, (http://voxeu.org/article/job-ladders-and-earnings-displaced-workers).

（83） Ibid, p.49.

（84） Applebaum, E. & R. Batt, The New American Workplace, Ithaca N.Y.: Cornel University Press, 1993, p.23.

（85） 株式会社リクルートキャリア、https://www.recruitcareer.co.jp/news/20170214.pdf.

第8章　市民参加と地域自治のゆくえ
――人口減少時代の地方自治

土屋耕平

第1節　人口減少時代の参加と自治

二〇一三年一二月に『中央公論』で「戦慄のシミュレーション　2040年、地方消滅。「極点社会」が到来する」が発表されたのに続き、増田寛也編『地方消滅―東京一極集中が招く人口急減』が刊行された。二〇四〇年までに、全自治体の約半数となる八九六自治体が消滅する可能性があるという見解は、地方自治関係者だけでなく日本社会に大きな衝撃を与えた。

安倍晋三政権は二〇一四年、「まち・ひと・しごと創生長期ビジョン」を閣議決定し、人口減少問題と地方創生に取り組むことを宣言した。地方創生では、地域に住む人々が自らの地域の未来に希望を持ち、個性豊かで潤いのある生活を送ることができる地域社会を形成することが目指されるとともに、国は、都道府県や市町村に対し、二〇一五年度中に「地方人口ビジョン」と「地方版総合戦略」の策定するよう求めた。地方創生は日本の創生であるとされ、地方と東京圏がパイを奪い合う「ゼロサム」ではなく、それぞれの強みを活かし、日本全体を引っ張っていく「プラスサム」でなければならないと訴えていた。しかし、日本社会全体の人口減少を前提に地方創生を目指すと、大部分の自治体は人口獲得の点で負ける戦いを強いられる可能性が高い(1)。

地方創生の目的は人口減少の抑制にありながら、国の地方創生の総合戦略には、実効的な少子化対策が含まれていないという批判がある(2)。実際、「まち・ひと・しごと創生総合戦略（平成二六年一二月二七日閣議決定）」の子ども・子育て支援の充実の項目では、二〇一七年度末までに待機児童の解消をめざすとしていたが、目標を達成できる見込みがないことから、総合戦略の二〇一七改訂版（平成二九年一二月二二日閣議決定）で、待機児童の解消が二〇二〇年度末へと先送りされた。

自治体を取り巻く社会環境条件は、かつてなく厳しくなっているようにも思われる。少子高齢化の進展や人口減少、格差社会の拡大、財政状況の深刻化、地域によっては出口の見えない閉塞状況が続いているようでもある(3)。

地域政治における、いわゆる「改革派」首長の台頭は、こうした政治的社会的な状況が助長していると見ることもできよう。「改革派」を標ぼうする首長がパフォーマンスを示しながら展開される劇場型政治では、抽象的で単純化された図式やスローガンなどが幅をきかせることとなる(4)。劇場型政治は、政治家としての信念や政策判断を情緒的に語るという感情の政治の特徴をもち、敵をつくりあげ社会を分断させながら、政治的支持調達を図ろうとするような政治のスタイルである。

しかし、困難に直面する地方自治に求められているのは、社会を不用意に分断させるような、劇場型政治やポピュリズムではない。自治体が抱える課題や問題点に関して、情報公開をするだけでなく行政自ら情報提供を行って、首長、議会、職員機構、住民、それぞれの主体が相互に熟議をできるような地域政治であろう。熟議とは「ひとりひとりが議論において対立する意見を真剣に吟味すること」[5]である。政治の参加者が互いに熟議し議論を重ねながら、意見を調整して政治統合を図っていくことが期待されている。本稿では、自治体行政における戦後の市民参加を振り返りながら、地方自治における市民参加や熟議民主主義の位置づけを明らかにする。続けて、コミュニティ参加に焦点を当て、平成大合併後の地域自治のあり方を考察していきたい。

第2節　自治体行政における市民参加

(1) 行政統制と熟議民主主義

日本の地方自治においては、市民参加は六〇年代から七〇年代にかけて大きな関心を集めていた。その時期の参加への関心の高まりを第一の波と呼ぶとき、九〇年代後半以降の市民参加への注目度の高まりを市民参加の第二の波として位置づけることができる[6]。

九〇年代後半から二〇〇〇年代前半頃に試みられた参加の動向としては、市町村の基本構想の見直しと新たな基本計画の策定などにあたり、審議会委員の一部の公募参加にとどまらず、審議会への参加者全員を公募で選び、総合計画に対する提言を行う取り組みであった。「みたか市民プラン

21会議」や「新宿区民会議」など、参加する人数を制限しない一〇〇名以上の大規模な開放参加型の参加組織が形成される事例もあった。[7] 公募による市民会議方式は戦後自治史の一つの到達点という評価がある。

二〇〇〇年代半ば以降からは、大規模な公募参加とは異なる新しい実践が進められてきた。具体的には、市民討議会、討論型世論調査、コンセンサス会議などであり、ミニ・パブリックスとも言われる。[8] ミニ・パブリックスは、熟議のフォーラムであり、一般の市民が構成する社会の縮図に近づけながら、熟議が可能な限りできるように設計されている仕組みである。[9]

第一に、市民討議会は、「日本版計画細胞会議」[10]と言及されるように、ドイツで実施されてきた「計画細胞会議（プラーヌンクスツェレ）」をモデルにして、二〇〇五年に東京青年会議所によって千代田区で実験的に開催されたのが始まりである。自治体が実施主体となった市民討議会としては、二〇〇六年の三鷹市における「まちづくりディスカッション」が最初とされ、二〇一二年三月時点で二〇〇件以上の実施例がある。[11] 市民討議会は、特定非営利活動法人市民討議会推進ネットワークが開催支援をしていたり、まちづくり分野の市民活動で著名な特定非営利活動法人まちぽっと（旧東京ランポ）が業務委託を受けたりしたことがあるように、市民討議会を普及させる社会運動としての意味あいも見られる。同一自治体で毎年繰り返し実施されることもあり、[12] 自治体レベルの参加手法として認知され試行されるだけでなく、定着しつつあるといえるのかもしれない。

第二に、討論型世論調査（deliberative polling）は、ジェームズ・フィシュキン教授などが考案したもので、スタンフォード大学ＤＤ（Deliberative Democracy）センターの登録商標であり、ＤＤセンターの定める基準で実施されるものである。日本では、民主党政権期の二〇一二年年八月に行われた「エネルギー・環境の選択肢に関する討論型世論調査」をはじめとして、国と自治体などを合わせ七つの実施例がある。[13]自治体レベルでは、道州制の是非をテーマとして二〇〇五年に神奈川県で実施されたものが最初の討論型世論調査であり、他では、札幌市（二〇一四年）において「雪とわたしたちのくらし」をテーマに市民意識を掘り下げて把握するために実施され、藤沢市（二〇〇九年と一〇年）では総合計画（基本構想）の策定の参考とするために行われた。

第三に、コンセンサス会議は、当初デンマークで導入され、科学技術分野での市民参加手法として開発され活用されてきたものである。[14]自治体レベルの実施例としては、二〇〇六年から七年にかけて北海道で行われた「遺伝子組み換え作物コンセンサス会議」があり、これは「北海道遺伝子組換え作物の栽培等による交雑等の防止に関する条例」の施行後三年後の見直しに伴い、道民意見の把握などを目的として実施されたものであった。[15]なお、条例が改正されることはなかった。

九〇年代後半以降から現在まで続く市民参加への再注目は、「協働」論の隆盛が背景にあったといえる。しかし、市民参加を要請する理論的な背景が従来と大きく変化しているわけではない。『協働』ということばは、現代の民主主義が直面する代表制の危機を打開するという側面[16]」があるとされるが、そこには代表機関の決定と住民の意思との間に隔たりがあり、その隔たりが行政サービスの量や質の面で顕在化している、または行政活動を遂行する上で無視できないものになっているという認識があった。[17]

そもそも日本に限らず、代表民主制を前提とする現代の行政国家において市民の直接的な参加が注目されるようになったのは、官僚制が台頭し発展することによって、公共政策の決定過程が寡頭的なエリート主体の議会の専管事項ではなくなり、同時に大衆に対する応答性が強く求められるようになってきたという文脈においてであった。市民参加には、政治におけるエリートと大衆の関係、議会制と官僚制という政治と行政の関係、両者の関係を再構築する役割が長らく与えられてきたのである。

フリードリッヒが指摘したように、多くの政策は立法者によって直ちに規定されるようなものではなく長い時間をかけ徐々に展開していくものであるから、行政が政策展開の過程で継続的に重大な関与を行うことになる。議会が官僚制を完全に統制できないために、不可避的に行政に裁量が生まれるのである。さらに議会は、平均的市民の声を政府に伝達することで政治共同体の構成員と行政の間を媒介してきたものの、この仕組みは共同体の成員である市民が代表者と異なる意見を持っている場合には、意見を行政に反映させる上で不利な立場を市民に背負わせることになる。

そのような政治・行政を取り巻く新たな条件に対応するために、機能的責任としての技術的知識とともに、政治的責任としての民衆感情（popular sentiment）に、行政が応答的であることが求められたのであった[18]。市民参加は行政に意見を伝達するルートを切り開き、行政責任を引き出す上で不可欠な制度として位置づけられることになったのである。

（2）「市民」による公共性の形成

市民参加を行政統制の手段として位置づける考え方は、大衆社会が形成され集団が噴出する大衆・デモクラシーの展開過程と軌を一にしていた。普通選挙権の確立によって政治共同体の成員が拡大し、工業化の進展によって労働組合や職能集団の組織化が進行したことが、市民参加を要請する前提条件であった。もっとも、市民権をもつ市民の量が増大することで集団が噴出し、行政への参加の回路が開かれたといっても、市民や集団が政治行政過程でどのような役割を演じるのかは直ちに決まってくるわけではない。政治的平等の進展によって誕生した大規模な市民の層は、時に非合理性の象徴として消極的な意味で大衆と位置づけられ、能動的な参加主体とは必ずしも見なされてはいなかった。

日本の地方自治では五〇年代の後半には、「圧力政治」や「町会の圧力団体化」が指摘されていたから、そもそも参加の第一の波は、大衆・デモクラシーが展開するその時期にあったと考えることもできる。[19] しかしながら、当時の参加は、「大衆」参加であって、「市民」[20]参加とは必ずしも見なされてはいなかった。なぜなら、参加の舞台となった圧力団体の組織構造からして、圧力団体は「大衆社会的同調性」の培養・増幅装置として機能する側面が強いと判断されていたためである。[21]

個人が複数の集団において「特定の目的」のみを充足し、それぞれの集団で個人の自由の実現を図り、集団を介在させながら政治過程への自発的参加が進展することが期待されていたので、集団の噴出は積極的に評価されてもいた。[22] しかし、町会自治会を始め当時の圧力団体の組織構造は、必ずしも自由な個人の自発的な結合体ではなく、「既存集団丸抱え」[23]的な性格とされ、集団噴出の基盤になっているのは全人格的な共同体的連帯感情と見なされていた。

大衆を「市民」として捉える上での転機は、時に権力への抵抗も辞さない市民運動・住民運動が簇生することよってもたらされた。住民運動を権力との関係から類型化すると、自助・抵抗・参加・同調に区分できるが、七〇年前後から、従来まで多く見られてきた作為要求型の運動だけでなく、行政活動を始めとする権力への抵抗、異議申し立てが全国的にも日常化するようになってきたのである。[24]

それまでの町内会自治会等による運動の多くは、表面的には自助に見える活動が行政と同調関係にあり、意見・要望を伝達する参加も権力に対する批判の契機をもたない行政へのお願いや善処の要請にとどまっていると見られていた。町内会自治会の役員は多くの場合、民生委員や青少対委員を務めていたり、防犯協会、防火協会といった行政協力団体の幹部になっていたりして、町会自治会の運営は近隣の地元有力者層によって担われることが多かった。[25] こうした組織の性格が行政との同調的・融合的な関係を強化していたが、公害などによって近隣の生活環境の悪化に直面する中で、新しい目的志向の住民運動が生まれただけでなく、伝統的な地縁組織が行政への異議申し立ての活動に取り組む事例も現れてきたのである。[26]

行政は公共の利益をみずからの価値基準として活動することを制度的に要請されているが、それらの政治・行政に対する告発は、政府による公共性認定の独占を打ち崩すものとして理解された。そして、「政策の公共性を誰がどのように構成するか[27]」という問題が提起されるようになったのである。その問題提起はシビル・ミニマムの提起と連動していた。シビル・ミニマムは市民にとっては生活権の内容であり、自治体にとっては国のナショナル・ミニマムを改編しうるものであって、自治体が準拠すべき政策公準であった。シビル・ミニマムは社会保障・社会資本・社会保健の三領域（全生活領域）から構成される「市民福祉」の水準を設定していくが、「情報の整理・公開があれば、わが自治体のシビル・ミニマムの設定は市民によって充分おしすすめうる」[28]とされた。

公共性は統合の象徴としての意味あいをもっているから、市民参加によって、「市民」という新たな主体が、政府活動の正統化原理である公共性を、シビル・ミニマムの設定をとおして構成するという新しい政治のあり方が示されることで、中央政府を起点とする統制型統合ではなくて市民参加を起点とする参加型の社会統合が展望されるようにもなったのである。

しかし、公共性を「市民」の視点から形成するといっても、一般市民が具体的に公共政策を刷新していくことは困難である。萌芽期から現在まで、そのような市民参加の中心的な実験場として活用されてきたのが市町村における基本構想・基本計画・実施計画の策定過程である。行政計画は官僚制の将来的な行動のルールとしての側面を持っている一方で、一連の実験では、市民参加によって計画に民意を反映させていくことで、基本計画を中心とした総合計画について、行政活動を拘束する統制ルールとしての性格を強めていくことを目指してきた。

総花的になりやすいという批判もあるものの、総合計画は総合性を持っているから、例えば、道路あるいは下水道の整備を優先するのか、それとも保育行政を充実させるのかといったように、わがまちの行政分野の重点をどこに置くのか、あるいは行政責任領域をどこに定めるのかを市民が議論する上では、都合の良い計画であったといえる。また、市民参加は、明細性が求められる実施計画ではたいてい行われなかったから、議論する際に高度な将来予測は求められなかった。明細度が必ずしも高くない基本計画での参加では施策の方向性を示すことが目標とされ、多くの場合個別事業の順位づけは良くも悪くも行われなかったから、諸要求を調整し統合する役割は限定されていた。概して、総合計画における市民参加に専門的議論や合意形成が困難な論題を持ち込まずに済んだといえるだろう。[29]

（3）市民討議会と参加による学習効果

近年の熟議民主主義の流れの中で、財政的な裏づけのある実施計画レベルで市民参加が行われた事例がある。二〇一一年に新宿区で実施された第二次実行計画における区民討議会がそれである。[30]区民討議会では、参加者は、無作為に一八名ほどの三グループに振り分けられ、各グループ内でさらに四～五名ずつの班がつくられた。参加者への情報提供は次のとおりである。[31]事前配布資料としては、事業予算額を含む計画素案と行政評価関係資料があり、当日配付資料とともに、当該事業を担当する課長級職員が事業計画等の説明をした。さらに参加者への追加的情報提供として、外部の有識者と職員との間で質疑応答が行われたという。

「討議」作業の流れは次のとおりである。班メンバーの意見を大きめの付箋紙に書き込み、それを模造紙（討議ボード）に貼り付けながら議論する。続けて、意見の中から主な意見を合議で選択して討議ボードに記入し、それに基づき班別発表をするというものであった。最後の「投票」は、それぞれの事業に対する評価と判定を投票用紙に記入し行われた。

第二次実行計画の素案から修正があった事業の一つが「災害情報システムの再構築」事業であった。[32]「討議」の主な意見としては、必要な情報を的確に提供し受け取れる体制を整備する、防災ラジオや避難地図を各戸配布する、災害弱者への情報提供、家族などの安否確認、商業施設や企業など大規模組織への情報伝達方法の充実を図るといったものであり、判定結果では事業の必要性や緊急性が高く評価された。さらに、事業を拡大すべきとの意見が多かった。そのため、新宿区は第二次実行計画では事業の拡充をすることとし、り災証明書の発行や被災者台帳の作成を円滑に行うため被災者生活再建支援システムが導入された（「新宿区第二次実行計画平成二四年」）。四年間の事業費は一五〇〇万円増額され、三億四千万円となった。

区民討議会の意見に対する担当課長の評価としては、自主防災組織を担う町会長レベルで行っている通常のコミュニケーションではうかがい知れない、一般区民の反応が確認できたとされ、本事業にかかわる住民ニーズの大きさが再確認されたという。その結果として事業の拡充という判断がなされ、予算が拡充されたということである。

区民討議会の検討対象となった計画事業を全体として見ると、参加者の意見がすべて反映されたかというと、そうではなく、首長による選挙公約などに基づく政策枠組みに反するものは計画案に反映されなかったとされる。敷衍すれば、市民が議論して集約した意見が、どの程度行政計画に反映されるかは、政治過程で誰が権力をもっているのかという問題とも重なるのであって、首長だけでなく議会の会派構成など自治体の政治情勢にも大きく左右されることが示唆されよう。結果として、素案の修正の程度はインクリメンタルなもので、自治体職員の管理職レベルで判断可能な範囲での変化をもたらしたと評価されている。[33]

本家の「計画細胞会議（プラーヌンクスツェレ）」を考案したP・C・ディーネルによれば、プラーヌンクスツェレは、十分に知られていない国民の価値観を行政は知ることができるので、計画を立案する行政の情報受容度を高める効果があるとする[34]。行政の計画する能力を質的にも量的にも拡大し、合理的解決をより貫徹できるとも主張されるのである。

プラーヌンクスツェレでは、これまで議論してきた行政統制など、制度に対して重要な効果があるとするだけでなく、「討議」に参加する参加者にも大きな効果があると指摘される。第一に、個人に対し公共的問題に関わることができる可能性を提供し、社会的に活動的な少数のエリート（議員など）に限定せずに、市民としての能動的状態を獲得する可能性を広げるのである。第二に、学習過程としての効果である。市民は、政治システムの分業への理解や政治手法に関する最低限の知識を、政治的社会化を通して訓練してきたが、政治的社会化の結果として政治システムへの信頼が低くなり政治的無関心になりがちで、それを政府の広報活動や政治教育で補おうとしている。市民的態度を形成する上での欠陥はプラーヌンクスツェレの社会化効果で改善されるという[35]。

プラーヌンクスツェレにおいて市民を発展させる価値に重きが置かれる一方で、有権者が無知なのは合理的な選択の結果であるとの議論もある[36]。日常の生活が忙しく政治に関して詳細に調べる余裕のない有権者にとって、自らの限られた認知能力を政治に向けることは多くの場合、合理的ではないとみなされるのである。これは合理的無知といわれるものである。この合理的無知を引き起こす誘因を克服するために、前述のとおり、事前に資料配布をしたり、行政職員が説明するだけでなく外部の有識者によって行政職員から情報を引き出したりすることが行われているのである[37]。また、討論型世論調査の事例では、参加者には政治的有効性の向上が見られるとの分析もあり、参加者は自分の政治への影響力に自信を深め、政府は自分の懸念を取り上げてくれると以前よりも思えるようになったという調査結果がある[38]。

そして、これは大規模開放型の公募参加とは異なる点であるが、市民討議会や討論型世論調査で、参加者に謝金が支払われる理由は、ミニ・パブリックスを小社会とするためであり、それぞれの自治体での人口構成や、住民の考え方や態度の面での代表性を確保しようとするためである[39]。議論のテーマについて関心が低かったり、経済的なゆとりがなかったりする人々の参加につながるよう、無報酬ではなく謝金が支払われるのである。

第3節　自治体内分権とコミュニティ参加

(1) 平成大合併と「地域自治組織」の制度化

市民参加が自治体施策のあり方についての討議に市民が参加し、新しい政策を立案し提言していくことを目指すものであるのに対して、コミュニティ参加は、市町村内部の一定範域における市民の自治への参加として理解される[40]。「地域自治組織」の制度化は、平成合併推進のための方策であった。ただ、この構想には住民自治を拡充させる視点も含まれており、地域自治区に設置される地域協議会で導入された、委員の公募公選制が有名になったように、新しい実験的な制度が地域自治や協働、参加の可能性を拡げるのかどうかが一つの焦点となってきたといえるだろう。

日本の市町村は、明治以来の三度の大合併などで規模を大きくしてきた[41]。市町村合併が繰り返し行われてきた理由は、すべての市町村に行政体として担うべき事務を一律に義務づけるとともに、事務を執行できるだけの規模や能力を備えることが要請されてきたからであった。明治の大合併（明治二一〜二二年）では、戸籍、徴税、徴兵、義務教育であり、昭和の大合併（昭和二八〜三六年）では、新制中学、福祉、公衆衛生などの事務を新たに担うことが求められてきた。さらに平成大合併（平成一一〜二二年）では、第一次地方分権改革の下、分権型社会では地方自治体が自主性・自立性を高めて活力ある地域社会を実現していくことが求められるとし、そのためには、総合行政主体として市町村の行政体制の整備が必要であるとする論理などが政府から打ち出されることで、合併へと誘導する方策が整備され、全市町村の六六・三％が合併に関わることとなった[42]。

二〇一一年の時点で、市町村は三二三二から一七三〇へと数を減らした。結果として、一市町村の面積は全国平均で一一四・八平方キロから二一五平方キロへと倍増し、人口は三万六三八七人から六万八九四七人へと増加した。しかし、総務省が自ら整理したように、市町村の規模がこのように拡大した一方で、合併後の課題・問題点などが多く指摘されており、住民などから「役場が遠くなって不便になった」「住民の声が届きにくくなった」「中心部だけが良くなって周辺部がさびれた」といった市町村合併の否定的評価も見られるのである[43]。

合併市町村では、「自治体において、その行政区域を必要に応じてより小さく区分し、各区域を管轄する出先機関を置いて、住民の利便のために、本庁から一定の権限の移譲を行う[44]」という行政組織内分権が基本的には実施されている。ただ、旧市町村役場の機能は様々であり、旧役場の機能に近い組織形態の順番で見ると、新市町村の役場機能を部課単位で分割して旧役場に配置する分庁方式、管理部門を本庁に統合し、事業実施部局などの部局は各支所（旧役場）に残す総合支所方式、旧役場には主として窓口サービスのみを残す窓口サービス中心の支所方式などがあり、旧役場が担う機能が縮減すればするほど、住民からは役場が遠くなったというイメージが強まり、職員組織が大幅に縮小したり役場周辺への来訪者が減少したりすることで地域の活気が失われたという感覚も強まることになる[45]。

もっとも、こうした評価や事態が起こりうることは合併前からある程度想定されていたことであった[46]。合併をすると行政区域の拡大によって住民と行政との距離が広がり、特に編入される側の住民の意見が合併市町村の施策に反映されにくくなるという見方があり、それが合併の阻害要因になっていると考えられていた。そうした合併の阻害要因を緩和させる目的もあって、「一般制度としての地域自治区」、「合併に係る地域自治区」、「合併特例区」、これら三つの制度が二〇〇四年に導入されたのである[47]。これらは二〇〇二年一一月の第二七次地方制度調査会第一〇回専門小委員会に提出された、「西尾私案」が出発点となっていたものであり、「内部団体」あるいは「地域自治組織」と言われていたものである。

「地域自治組織」の制度構想には、二つの源流があったとされる[48]。第一は、日本都市センターの研究報告書『自治的コミュニティの構築と「近隣政府」の選択』などで示されたように、基礎自治体の内部に「近隣政府」を創設する自由を求めるもので、政令指定都市の行政区を自治区に改めることも適用可能な制度とし、具体的な制度設計においては基礎的自治体に裁量権を付与するような制度とする構想であった。この流れを受けたものが「一般制度としての地域自治区」とされる。

第二は、市町村合併後も、旧市町村単位のアイデンティティを持続させる仕組みとして、旧市町村単位に下層自治体を創設する自由を求める流れであるとされる。当時の市町村合併特例法は既に、旧市町村の区域ごとに地域審議会[49]を附属機関として設置し、当該地域の施策について合併後の自治体に意見表明する仕組みを設けていたが、浜田市など合併協議中の市町村の中には、住民に身近な行政サービスの一部については決定から事務の執行まで自主的に担いたいとの要望があり、この流れを受けたものが「合併特例区」であったという[50]。

重要なことは、上記の構想が次のような発想を土台にしていたことではないかと思われる。「日本には、住民の発意に基づいて創設された自治体はどこにも存在しないのであるが、住民自治の精神をより確固たるものにするには、既存の基礎自治体の廃置分合や境界変更を住民投票で決する制度を確立することとともに、基礎自治体と自治会町内会の中間に住民の発意の下層自治体を創設する自由を認めることが有効な方策ではないかと、筆者は考えてきた[51]」。しかし、制度化された仕組みでは、住民が創設するというような価値観がまったく盛り込まれないだけでなく、「合併特例区」のみが特別地方公共団体とされ法人格をもつのに対し、どちらの地域自治区も法人格は認められなかったのである。

事務や機能が限定されていたとしても、法人格をもつ団体の創設を可能とするような「地域自治組織」／近隣政府の仕組みは、行政組織内分権にとどまらない、自治体内の地域自治を創意工夫しながら充実させる可能性を秘めていたといえる。都市センターの報告書では、近隣自治機構のイメージとして、近隣政府（準自治体）だけでなく、行政組織内分権、地方政府の一定の権限をコミュニティ組織などに付与するエンパワメント、自治会・町内会・住区協議会などのコミュニティ組織、これらの四つの方式を提示していた[52]。単独で各方式を活用するだけでなく、自治体ごとに各方式を組み合わせていくことも想定されていた。地方自治法に根拠規定を置きつつ、自治体ごとに自治基本条例で詳細な制度設計をするという構想であった。しかし、これらを源流とした「地域自治組織」の創設に対しては、当時の与党国会議員の中から、合併後の新市町村の一体化を阻害するものであり、自治体の重層構造を過度に複雑化させるとする意見が多かったとされ、構想は頓挫したのである[53]。

法制化された各制度の特徴を簡単に振り返ると、「合併特例区」が五年を超えない範囲で設置できるとされ、「合併に係る地域自治区」が設置は合併前の市町村の協議で定める期間とされるのに対し、「一般制度としての地域自治区」には設置期限はない。設置区域については、「合併特例区」や「合併に係る地域自治区」は旧市町村の区域ごとに設置できる。対して、「一般制度としての地域自治区」は当該自治体の全域に設置しなければならない。このような制度になったのは、内閣法制局による法令審査で、特定地域にだけ「地域自治区」を設置することは住民の自治権に不当な差別を設けることになり、「法の下の平等」原則に反することから認められないとされたことが理由だといわれる[54]。また、「合併特例区」や「合併に係る地域自治区」には特別職の区長を置くことができるが、「一般制度としての地域自治区」はそれができず、事務所の長には一般職の職員が充てられる。

（2）地域自治区制度による自治の可能性

「地域自治区」や「合併特例区」制度に対しては、発案者が当初構想していた仕組みとは大きくかけ離れたものになったこともあって、各自治体で利用されることは多くはなさそうだという見通しが制度化直後から明らかになっていた。[55] 実際、制度を採用した基礎的自治体は合併市町村に限られている。非合併市町村で、「一般制度としての地域自治区」を導入した自治体はこれまでのところないのである。地域自治区には、長などから諮問された事項を審議し意見を述べる機関として、地域協議会を置くことになっている。この地域協議会の構成員は、「地域自治区の区域内に住所を有する者のうちから市町村長が選任すると地方自治法で定められている。多くの自治体から地域自治区が避けられる原因の一つは、地域協議会の構成員が地域自治区内の住民に限定されるためであるとの見解がある。[56]

もっとも、二〇〇五年一月に周辺一三町村を編入合併した上越市のように、地域協議会に公募公選制を導入し、「一般制度としての地域自治区」制度を積極的に活用している自治体もある。[57]「上越市地域自治区の設置に関する条例」（以下、「地域自治区設置条例」という）により、旧町村区域に一三区、旧上越市区域に一五区（二〇〇九年一〇月から）、計二八の地域自治区を設置し、各区の地域協議会の定数は一二〜二〇とし、二八区合計で委員数は三九〇である。

地域協議会委員は公募され、応募者数が定数よりも多かったときに、公職選挙法に準じた選任投票を行い、投票結果を尊重して市長が委員を選任する。ただし、選任投票が行われたのは、二〇〇五年二月に旧町村区域の一三区で委員公募をし、安塚区をはじめ五区で応募者数が定数を上回ったときだけである[58]。応募者が定数に満たないときは、委員資格者から市長が選任する。旧町村区域の一三区を対象とした、〇八年の委員公募では定数の充足率は七五・五％であった一方で、〇九年九月の旧上越市区域の一五区での委員公募では充足率が五七・一％だった。さらに、一二年四月の委員公募での充足率は、旧町村区域の一三区で七四％、旧上越市区域の一五区で六九・六％であった[59]。

委員は、交通費に相当する費用弁償として会議一回につき一二〇〇円の支払いを受けるが、無報酬である。これは、地域協議会が附属機関であるにもかかわらず、委員に報酬を支給しないとすることのできる規定が地方自治法に設けられたためである（第二〇二条の五第五項）。第二七次地方制度調査会答申では、「原則として無報酬」とされていた。

地域協議会の重要な権限として市長からの諮問事項の審議があり、地域自治区設置条例の第七条により、合併協議会が作成した新市建設計画を変更しようとする場合や公の施設を廃止する場合などには、市長はあらかじめ地域協議会に意見を聴かなければならないと定めている。旧町村区域の一三区での地域協議会の開催状況は、〇五年二月から一四年三月までの約九年間で計二二八五回に達し、市からの諮問数は一二二八件であった[60]。これらの活動から、「地域の実情をよく知ることができた」「地域の発展について考えることができた」といった意見が地域協議会から上がっている[61]。しかし、地域協議会からは諮問答申のあり方について疑問の声もあり、諮問内容が難しい、諮問から答申までの期間が短いという意見や、地域協議会の答申が市政にどのように反映されたのかわかりにくいという意見もある。

地域協議会は自主的審議事項があるのも特徴であり、これは前述の九年間で二七二件あり、市に提出した意見書件数が一四二件であった。自主的審議では何を議論しているのであろうか。浦川原区では、町内会の担い手不足が目立ち、自主防災組織の結成が遅れていた。地域協議会で議論を重ね、町内会に対する一層の普及活動を求める意見書を市に提出するとともに、地域協議会だよりで自主防災組織結成の必要性を宣伝したところ、自主防災組織結成に向けた動きが強まってきたという。柿崎区では、総合運動公園の整備計画があったが、施設規模が過大で財政負担も重いため、施設縮小と経費削減を内容する意見書を市に提出し、市は事業費を半減させた。吉川区では、老朽化した公立保育園二園と私立一園を統合し、新保育園を一園設置することを市に求め、市の方で三園統合が決定したとされる[62]。しかし、諮問に対する検討などに時間がとられ、自主的審議の時間がとれないといった意見や、委員からの意見があまりでないといった意見も地域協議会から出されている[63]。

旧町村区域の一三区においては、区ごとに住民組織が結成され活動しており、住民組織は、NPO法人化している団体もあれば任意団体もある[64]。例えば、安塚区の「NPO雪のふるさと安塚」は、旧安塚町から立ち上げ資金として八〇〇〇万円の寄付を受け、NPO法人として設立されたものである。設立時には、各世帯から少なくとも一人がこのNPO法人に加入するよう呼びかけられ、世帯加入率は約八〇%であったという。企業会員は二六社であった。安塚コミュニティプラザの指定管理者となっており、市からの受託事業として、高齢者の見守り、放課後児童クラブ、街路樹の維持管理、林道の除草、スクールバスの運転などを担っている。

また、住民の自発的・主体的な地域活動を推進するため、地域活動支援事業が二〇一〇年度より実施されており、これは、五人以上で構成し市内で活動する法人または団体に市が補助金を交付する仕組みであるが、各地域自治区に総額一億八千万円の地域活動資金（四五〇万円＋人口に応じて配分）を配分し、地域自治区ごとに事業を募集し地域協議会で審査し採択するところに特徴があるといえるだろう。地域協議会の活性化や認知度の向上につながったという評価がある。(65)

以上のような上越市の地域自治区を重視した自治体運営は、課題が見られるにせよ、「一般制度としての地域自治区」の可能性を拡げるものであるようにも思われる。地域協議会がコミュニティ参加の場になり、各区で形成された意見書が新市建設計画の変更や公共施設の統廃合、予算編成の方向性づけに、重みをもって反映されるのであれば、地域自治区制度は参加型の政治統合をもたらす政治制度として理解できるかもしれない。(66)

しかし、そうした方向に地域自治区制度が発展していくには、困難がありそうである。地域自治区を行政面から支える総合事務所が二〇一三年に再編された。農林業や土木事業を担当する産業建設グループという部署が改革対象となり、旧町村区域の一三事務所が四事務所に集約された。牧区の場合、合併前に七一人いた職員が総合事務所改革の結果、二〇名になり、牧区出身者が六名まで減ったという。(67) また、新市建設計画では、合併後一〇年間にわたり旧市町村単位ごとに建設事業を地域事業費枠として配分予定であったが、旧町村区域の一三区に比べて旧上越市区域での地域事業費の執行率が高く、地域枠を使い切ってしまうことなどから、二〇一一年度に地域事業費を見直した。(68) 要は配分額を減らしたのである。旧町村区域の一三区では、地域事業費の進捗確認が地域協議会の重要な役割として理解されてきたため、この見直しが落胆につながったとの評価もある。(69)

行政活動には人員や財源といった行政資源が不可欠である。地域自治区制度は、そうした行政資源を各区につなぎとめる役割を果たすことまではできていないようである。上越市では合併算定替という財政の特例が終了するのに伴い、地方交付税が九〇億円程度減少するという見通しもある。[70]地域自治区を重視した自治体運営は、旧上越市地域、とりわけ中心市街地への人口集中やその地域だけが発展していくような事態を防ぐことに、どれだけ貢献できるかが今後も問われてくるのだろう。

(3)「協働型社会構想」のゆくえ

上越市がそうであったように、合併市町村では分庁や支所を整理縮小する傾向にある。それに代わって注目を集めるのが、前述のNPO法人雪のふるさと安塚のような、行政との協働相手にもなる住民組織である。市町村で効率性や経済性を追求する行政改革が推し進められる中で、大都市部の地域を含めて、行政との協働によって地域の課題解決を目指す住民組織が必要であるという言説はますます強まっている。日本都市センターが二〇一三年に実施した「都市自治体における地域コミュニティの現状及び関係施策等に関するアンケート調査[71]」では、それを裏づけるだけでなく、制度化の進展も明らかになっている。

この都市センターの調査では、自治会町内会などの地縁型住民自治組織、ボランティア団体、NPO、学校、PTA、企業等の多様な主体による、地域課題の解決のための組織を、「協議会型住民自治組織」と定義している。調査に回答したのは調査対象八一二の市区のうち五〇七自治体であり、「協議会型住民自治組織があるとしたのは二四八の自治体（四八・九％）であった[72]。地域自治組織の制度化に関して、「今回の法制化の意義は、基礎自治体と自治会町内会の中間レベルに何らかの地域住民自治組織を設置することを、国の法令が法制上初めて明確に公認したという点に止まるのかもしれない[73]」との分析もあったが、地方自治法に地域自治区の規定があり、同時に附属機関である地域協議会の設置が定められていることは、特に町内会自治会との関係で、中間レベルに当たる「協議会型住民自治組織の設立に有利に働いているのではないだろうか。

総務省の『新しいコミュニティのあり方に関する研究会報告書（平成二一年）』では、「地域協働」を「一定の地域を前提として、そこに存在する住民が参画している多様な主体が、当該地域が必要とする公共サービスの提供を協力して行う状態」ととらえている。地域協働が求められるのは次のような状況認識があるとされる。これまでは、公共サービスはもっぱら行政により提供されるものと考えられており、「公共」の範囲と行政サービスの範囲は概ね一致していた。しかし、「公共」の守備範囲が拡大する一方で、経営資源の限界等により行政が対応し得る範囲が縮小し、「公共」の範囲と行政により提供されるサービスの範囲に相当「ズレ」が生じているというのである。

そのため、地域の住民ニーズに対応した公共サービスを効果的・効率的に提供していくための新しい仕組みが必要であるとされ、それは「地域協働体」と呼ばれていた。「地域協働体」は、地域における多様な公共サービス提供の核となり、地域コミュニティ組織など地域の多様な主体による公共サービスの提供を総合的、包括的にマネジメントする組織であり、その構築を推進していくべきと提言していたのである。

この報告書で紹介されている「地域協働体」の先行事例は、上越市のNPO法人雪のふるさと安塚をはじめ、恵那市、安芸高田市（川根振興協議会）などの合併市町村に限らず、新宿区（戸塚地区協議会）などの非合併市町村も含まれていた。戸塚地区協議会では例えば、拠点型の見守り事業と位置づけてサロン活動を行っている。区域内の団地で孤独死が相次いだ時期があり、地区で求められる地域福祉の活動を検討した結果、始められた活動である。サロンは、世代をこえて広く集える場と位置づけられ、地区協議会メンバーだけで運営するのではなく、しんじゅく若者サポートステーションから地域活動を体験したいという若者も受け入れながら行われている[74]。

地域社会で暮らしていくために必要な公共サービスを、行政のみならず、地域社会の中に存在している多元的な力に依拠して組織していこうという社会構想を、「協働型社会構想」[75]という。この「協働型社会構想」は、新自由主義改革の中で、競争に敗れたり競争にさえ参入しがたい人々を社会秩序の枠内に統合していくための条件をつくるものだと言われており、新自由主義改革の必然的補完物とみなされてもいる。

たしかに、福祉多元主義の中で地域コミュニティも役割の位置づけがある。しかし、社会的セーフティネットを担うといっても、住民組織が自己完結的にそうした役割を担えるわけではない。高齢者見守り事業の担い手が地域の（有償）ボランティアであったとしても、要援護者の状況次第では、救急車を呼んだり地域包括支援センターの職員に連絡したり、行政や専門職との連携が不可欠なのである。要援護者の生命を守ることは住民組織だけでできることではない。行政が責任を果たすべき領域は依然として広く存在するのであり、地域コミュニティが担える限界をわきまえて、協働をめぐる議論を深めるべきであろう。

第4節　地域政策と学びあうコミュニティの形成

合併した市町村では、「役場がなくなった」という喪失感が住民に広がっているとも言われる。これは気持ちの問題という見方もある。[76] しかし、過疎問題を対象にした研究では従来から、所得を得るための生産機能の低下と生活環境の悪化ということを問題にするだけでなく、「住民意識の後退」といわれる問題にも焦点を当ててきた。[77] 地域において何をやってももう無駄だという機運が濃くなったり、目標をなくしてやる気を失う「心の過疎」が蔓延していったりすることがある。過疎とは人口減少を発端として、地域社会における多様な機能が低下し、それに伴って人間関係の保持や住民意識などにも影響を及ぼす悪循環の過程とみなすことができるのである。

「たとえ村や町がなくなっても、その場所に暮らしている人がいる。その意味では、地域を救い得る最後の砦は住民である」。[78] ただし、その地域で暮らしていけそうだという見通しが立つから、住民でいることができるのである。中山間地域での暮らしは経済規模が小さい分だけ自己完結しているので、暮らしの自立や安心という点では優れた面があるという積極的な評価を拠り所にできるだろうか。[79] 出稼ぎやパート、アルバイトとの組み合わせが必要だとしても、農業を営み、山の恵みから生活の糧を得る。都会の豊かさとは違う豊かさをそこに見いだせるのかどうか。東日本大震災や原発事故以降、若い世代の意識と行動に変化があるという見方もある。[80] 「若者帰農」や「農的暮らし」への流れは大きな流れではなくとも、たしかにあるのだろう。

地域コミュニティや自治の担い手は、その地域に愛着をもち暮らし続けたいと願う人々と、中山間地域での暮らしに希望を見出そうとする新しい住民から主として構成されることになるはずである。しかし、参加や協働によって自治をつくっていく住民の熱意に期待がかかる一方で、地域の課題を探り、解決策を考え検討していくことは、住民だけで必ずしも行えることではない。支援者が必要なこともある。しかも、住民の力量形成に貢献しながら、住民とともに当事者意識をもって持続的に支援できる体制が求められる。自治体によっては、課題解決型の地域づくりに携わる住民への支援の仕組みとして公民館活動に力を入れている地域もある。[81]

過疎問題に長年にわたり取り組んできた島根県では、二〇〇八年頃から公民館等（旧小学校）の範囲を地域運営の基本単位として、県内を二二三の地区に分け、地区単位での地域づくりを進めている。[82] この公民館の区域は概ね昭和の大合併前の市町村（二四九）に相当するという。[83] 県内の市町村数は一九であり、それよりもはるかに狭域の単位で、しかも県の組織として、しまね暮らし推進課を設け、施策が展開される。「島根県中山間地域活性化計画　平成二八年度—三一年度」に基づき、鳥獣被害対策や高齢者見守りなどの生活機能の確保、自治会輸送などによる生活交通の確保、集落営農や特産品づくり・販売などによる地域産業の振興、これら三つの柱の取り組みを広域的に進め、各地域で住み続けられることができるようにしようとするのが目的である。小さな拠点づくりには、公民館活動との連携も視野に入れながら、島根県中山間地域研究センターが現場での支援を担う。

公民館活動と地域政策との関わりが見られる自治体は他にもある。再生可能エネルギーを核としたまちづくりを飯田市が進めることができたのは、公民館活動が土台になっているという指摘がある[84]。公民館活動が醸成した住民の自治力が活かされ、一般の行政職員が公民館主事として経験を積むことで職員の能力向上につながっているという。飯田市には飯田市公民館のほかに、二〇の地区公民館があり、それぞれに一人ずつ公民館主事が配置されるとともに、地域住民から選ばれた公民館長と三〇~五〇名ほどの住民によって各地区公民館の事業は企画運営される[85]。

大都市部では、コミュニティ行政が市民活動や市民参加の新しい展開の基盤となった自治体がある。東京でいえば、武蔵野市や三鷹市がそうであった。「市民運動、つまり市民政治活動ないし市民文化活動は公民館がなくてもくりひろげられている」と言われ、「「職員」による「指導・援助」のいらない市民はどこにいったらよいのか。そのような市民は公民館にはいかないだろう。ここに市民運営・市民管理の〈地域センター〉がうかびあがってくる。それはコミュニティ・センターとよばれるかもしれない[86]」。しかし、参加や協働のあり方、自治の姿がそうであるように、住民への支援体制も、自治体ごとに多様であって良いのではないだろうか。投票参加に限られず、政策過程での「市民」の役割拡大への期待が高まる中では、市民教育によって政策知や専門知を習得できる機会を提供することが求められる[87]。

ここまで議論してきたように、人口減少時代の地方自治では、「市民」・住民が参加や協働する場が拡大する傾向にあり、そうした役割を演じることへの期待が高まっていることがわかる。たしかに、二元代表制を補完するような市民参加よりも、マンパワーとしての性格をもつ協働することへの要請の方が、言説においても制度化の面でも拡がりを見せている。しかし、公共サービスの提供を担う協働であっても、その事業の立案作業は政策形成の一つである。実働を担う住民組織などにおいても熟議が求められているのである。そして熟議民主主義を含めて市民参加のゆくえは、それが行政統制の要請から発展してきたことから、二元代表制のあり方や議会改革の動向と合わせて注視されるべきであろう。

註

（1）山下祐介／金井利之『地方創生の正体―なぜ地域政策は失敗するのか』筑摩書房、二〇一五年、三五頁。
（2）同前、三九頁。
（3）平井一臣『首長の暴走　あくね問題の政治学』法律文化社、二〇一一年、一二九頁。
（4）同前、九三頁。
（5）J・S・フィシュキン『人々の声が響き合うとき　熟議空間と民主主義』曾根泰教監修、岩木貴子訳、早川書房、二〇一一年、六〇頁。
（6）拙稿「市民参加の技法と計画策定過程」辻山幸宣編『新しい自治のしくみづくり』ぎょうせい、二〇〇六年、二五二―二六一頁。
（7）西尾隆「公募市民・市民委員方式の再評価」『地方自治職員研修』二〇一二年五月号、一七頁。
（8）篠原一編『討議デモクラシーの挑戦』岩波書店、二〇一二年。
（9）John Parkinson and Jane Mansbridge, eds., Deliberative Systems, Cambridge University Press,2012,p.25.
（10）篠藤明徳「市民討議会―日本の政治文化を拓く」篠原前掲書、一〇〇頁。
（11）佐藤徹「市民討議会―実践及び研究の動向・課題・展望」『地域社会研究』第二六号、別府大学地域社会研究センター、二〇一六年。『みたかまちづくりディスカッション2006実施報告書』も参照。

(12) 篠藤前掲論文、一〇九頁。
(13) 柳瀬昇『熟慮と討議の民主主義理論―直接民主制は代議制を乗り越えられるか―』ミネルヴァ書房、二〇一五年、九一―九五頁。慶應義塾大学DP（討論型世論調査）研究センターのWebサイトも参照（http://keiodp.sfc.keio.ac.jp/）。
(14) 久保はるか「科学技術をめぐる専門家と一般市民のフォーラム―デンマークのコンセンサス会議を中心に―」『季刊行政管理研究』九六号、二〇〇一年。
(15) 三上直之「コンセンサス会議―市民による科学技術のコントロール」篠原前掲書。三上直之「コンセンサス会議」『地域社会研究』第二六号、別府大学地域社会研究センター、二〇一六年も参照。
(16) 辻山幸宣「協働とはどういうことか―新しい住民・行政関係」同編『住民・行政の協働（分権時代の自治体職員⑦）』ぎょうせい、一九九八年。
(17) 関連して、一九九六年八月に新潟県巻町（当時）において原発建設の賛否を問う住民投票が実施されたが、条例に基づく住民投票としては日本で初めてのものであり、翌月実施された沖縄県での日米地域協定見直し及び基地の整理縮小を対象とした住民投票は都道府県レベルで初の条例に基づく住民投票だった。住民投票を求める運動は、直接民主主義に基づく政治的意思決定の回路の設定を要求するものであり、二元代表制そのものを否定する訳ではないにしろ、二元代表制への懐疑が運動側、市民の側にあるという見方もある。新藤宗幸「いま、なぜ、住民投票なのか」『住民投票』ぎょうせい、一九九九年、七―八頁。
(18) Friedrich, C. J. “Public Policy and the Nature of Administrative Responsibility” in Mason,E.S.,and Friedrich, C. J.,ed.,Public Policy. Harvard University Press,1940.
(19) 高木鉦作「東京都・区政と町会連合会―行政補助団体の圧力団体化」日本政治学会編『日本の圧力団体（年報政治学一九六〇年度）』岩波書店、一九六〇年
(20) 市民という言葉は「定義の問題」であって、「市民政治の問題が広がってゆくにつれ、市民や市民社会ということの〝真〟の意味は何かの論争は、高まってゆくに違いない」とも言われる。高畠通敏編『現代市民政治論』世織書房、二〇〇三年、vi頁。本稿でも、市民の定義は未だ議論の余地があるものと考えて厳密には定義しない。

(21) 石田雄『現代組織論―その政治的考察』岩波書店、一九六一年、一〇頁。
(22) 松下圭一「巨大社会における集団理論」日本政治学会編『国家体制と階級意識（年報政治学一九五七年度）』岩波書店、一九五七年。
(23) 石田前掲書、七一頁。
(24) 西尾勝「行政過程における対抗運動」日本政治学会編『政治参加の理論と現実（年報政治学一九七四年度）』岩波書店、一九七五年。
(25) 都政調査会編『大都市における地域政治の構造―杉並区における政治・行政・職員』一九六〇年。
(26) 町内会については、自治体行政が発展し充実していく過程で、町内会が自治的活動として担ってきた仕事の一部を行政が吸収したことで、圧力団体機能と行政末端補完機能だけを遂行する状況になってきたという評価がある。倉沢進編『改訂版 コミュニティ論』二〇〇二年、放送大学教育振興会、四二頁。また、実証研究では、自治会による要望活動は市区町村や議員との日常的関係と政治的機会構造によって規定されるとされ、「日常的に関係があり、さらに要望が受け入れられる可能性が高いほど要望活動が行われるのである。議員への要望はさらに、市区町村への信頼が低かったり、情報提供が不十分なときに代替手段として行われる側面がある」との分析がある。辻中豊・ロバート・ペッカネン・山本英弘『現代日本の自治会・町内会』木鐸社、二〇〇九年、一七八頁。
(27) 松下圭一「市民参加とその歴史的可能性」同編『市民参加（現代に生きる六）』東洋経済新報社、一九七一年、一七三頁。
(28) 松下圭一『戦後政治の歴史と思想』筑摩書房、一九九四年、二〇八頁。
(29) 基本計画策定における大規模公募参加については、拙稿前掲論文を参照。
(30) 長野基「討議民主主義に基づく市民参加事業アセスメントの取り組みの研究」日本行政学会編『年報行政研究49』ぎょうせい、二〇一四年。
(31) 同前、一一〇頁。
(32) 同前、一一〇―一一一頁。
(33) 同前、一一三―一一五頁。

(34) P・C・ディーネル『市民討議による民主主義の再生』篠藤明徳訳、イマジン出版、二〇一二年、一二八頁。
(35) 同前、一三二―一四〇頁。
(36) 山田真裕『政治参加と民主政治』東京大学出版会、二〇一六年、一一〇頁。
(37) 三鷹市民プラン21会議をはじめ公募参加でも、論点データ集などによる政策情報の提供とともに、行政職員や学識委員からの説明の機会が全体会や分科会で設けられてきた。
(38) フィシュキン前掲書、二一九頁。
(39) 同前、一七七―一七八頁。
(40) 西尾勝「自治体と市民」西尾勝・大森彌・寄本勝美・新藤宗幸『自治行政要論』第一法規、三二一―三二四頁。
(41) 小原隆治「自治・分権とデモクラシー」斉藤純一・田村哲樹編『アクセス　デモクラシー論』日本経済評論社、二〇一二年、二三六頁。
(42) 総務省「『平成の合併』について」二〇一〇年三月。平成大合併については以下を参照。今井照『「平成大合併」の政治学』公人社、二〇〇八年。小原隆治「平成大合併とコミュニティのゆくえ」室崎益輝・幸田雅治編『市町村合併による防災力空洞化―東日本大震災で露呈した弊害―』ミネルヴァ書房、二〇一三年。小原隆治編『これでいいのか平成の大合併』コモンズ、二〇〇三年。
(43) 総務省前掲資料。
(44) 岩崎恭典「都市内分権の現在・過去・未来」『都市問題』二〇〇三年四月号、五頁。
(45) 例えば、千葉県香取市の小見川区事務所では、二〇〇六年四月に二〇九人の職員が配置されていたが、二〇一一年四月には二八人まで減らされたという。参照、後藤・安田記念東京都市研究所『平成の市町村合併―その影響に関する総合的研究―』二〇一三年、七三頁。
(46) 宮崎県綾町長の前田穰氏は、小規模自治体ほど職員と住民に人間的なつながりがあり、顔の見える行政であるとする。参照、小原編前掲書、一五七―一六〇頁。
(47) 「一般制度としての地域自治区」は、地方自治法に根拠規定があり、二〇一七年四月現在で、一四市町に置かれ一四一の地域自治区がある。「合併に係る地域自治区」と「合併特例区」は、市町村合併特例法に基づき設置されるもので、「合併に係る地域自治区」は一二市町に設置され、二六の地域自治区がある。「合併特例区」は時限設置のため二〇一四年度をもってすべてが廃止されているが、今後の市町村合併により新しく設置される可能性はある。参照、総務省 Web ページ。http://www.soumu.go.jp/gapei/sechijyokyo01.html

(48) 西尾勝「新しい『地域自治組織』制度の創設」同編『自治体デモクラシー改革』ぎょうせい、二〇〇五年、二七五頁。

(49) 二〇一七年四月現在で、三七市町で、一〇〇の地域審議会が設置されている。

(50) 西尾前掲論文、二七六頁。浜田市の自治区の仕組みは、「浜田那賀方式自治区制度」という。地方自治法や合併特例法を設置根拠としたものではなく、「浜田市自治区設置条例」により設置されている。次も参照、島田恵司『だれが地域を救えるのか　作られた「地方消滅」』公人の友社、二〇一五年、七〇頁。

(51) 西尾前掲論文、二七四頁。

(52) 日本都市センター『近隣自治とコミュニティ』二〇〇一年。日本都市センター『自治的コミュニティの構築と「近隣政府」の選択』二〇〇二年。

(53) 西尾前掲論文、二七六頁。

(54) 同前、二七七頁。

(55) 同前、二七七頁。

(56) 名和田是彦「地域コミュニティをめぐる今後の展望」日本都市センター編『地域コミュニティと行政の新しい関係づくり～全国八一二都市自治体へのアンケート調査結果と取組事例から～』二〇一四年、一五八頁。

(57) 徳久恭子「都市内分権の現状とその課題―地域自治区における公民連携の可能性を手掛かりに―」『立命館法学』二〇一〇年五・六号、二〇一〇年。

(58) 内海巌「上越市における地域自治区の取組み」日本都市センター編前掲書、二〇一四年、一〇九頁。

(59) 同前、一一四頁。

(60) 同前、一一二―一一三頁。

(61) 上越市地域協議会検証会議『上越市地域協議会の一層の活性化に向けた検証結果報告書』二〇一五年、一

―三頁。
(62) 内海前掲論文、一一五―一一六頁。
(63) 上越市地域協議会検証会議前掲書、一一頁。
(64) 山崎仁朗・宗野隆俊編『地域自治の最前線　新潟県上越市の挑戦』ナカニシヤ出版、二〇一三年、一〇九―一一四頁。内海前掲論文、一一七―一一八頁。
(65) 上越市地域協議会検証会議前掲書、一頁。
(66) ただし、地域協議会が市町村の予算を審議できるかどうかについて、「当該区域に係るものについても、地域協議会の審議の対象になり得る」としつつ、予算は歳入歳出が均衡し統一がとれたものでなければならないので、慎重であるべきとの解釈がある。参照、松本英昭『逐条地方自治法第九次改訂版』学陽書房、二〇一七年、七三八頁。
(67) 島田前掲書、一六五―一六七頁。
(68) 山崎・宗野前掲書、三五―三六頁。また、新市の施策及び事業に関する小委員会の会議資料によると、地域事業の事業費五五三億円は、六割を標準財政規模、三割を人口、一割を市町村税により旧市町村に按分されていた（「新市建設計画登載事業の事業費配分について」）。上越市Webサイトを参照。http://www.city.joetsu.niigata.jp/soshiki/kikaku/merger-small.html
(69) 同前、三七頁。
(70) 島田前掲書、一六七頁。〇四年度に合併した上越市の場合、合併算定替は、最初の一〇か年度は別々の市町村が存在するものとして普通交付税が保障され、一一年度目から一五年度目までは激変緩和のためその保障額が逓減されていく仕組みである。
(71) 日本都市センター編『地域コミュニティと行政の新しい関係づくり～全国八一二都市自治体へのアンケート調査結果と取組事例から～』二〇一四年。
(72) 「要綱に基づき、自治体で独自に規定している協議会型住民自治組織」が七一自治体、「特に文書により定めていない協議会型住民自治組織」が六三自治体、「条例に基づき、自治体で独自に規定している協議会型住民自治組織」が三九自治体などとなっている。総合計画等で位置づけている「協議会型住民自治組織」と予算措置で位置づけている「協議会型住民自治組織」がそれぞれ三五自治体ずつあった。
(73) 西尾前掲論文、二七七頁。
(74) 戸塚地区協議会福祉・生活分科会『戸塚でつながる―今、あなたはつながっていますか第三集』二〇一六年。
(75) 名和田是彦「自治体内分権と地域社会」白藤博行・山田公平・加茂利男編『地方自治制度改革論』自治体研究社、二〇〇四年、一三三―一三四頁。
(76) 後藤・安田記念東京都市研究所前掲書、七四頁。
(77) 拙稿「過疎地域における住民と行政の実践―岩手県藤沢町の到達点」『月刊自治研』四四巻五〇八号、二〇〇二年。安達生恒「過疎の実態と対策」伊藤善一編『過密・過疎への挑戦（講座・あすの地方自治をさぐるI）』学陽書房、一九七四年、一六六頁。
(78) 島田前掲書、二七〇頁。
(79) 山下祐介『地方消滅の罠―「増田レポート」と人口減少社会の正体』ちくま書房、二〇一四年、一五四頁。
(80) 大江正章『地域に希望あり』岩波書店、二〇一五年、一八頁。
(81) 矢久保学・永田幸彦「松本市の公民館と地域づくりの取り組みを支える人材の育成」日本社会教育学会編『地域を支える人々の学習支援』東洋館出版社、二〇一五年。
(82) 島田前掲書、六〇―六四頁。島根の郷づくりカルテも参照。http://satodukuri.pref.shimane.lg.jp/karute
(83) 同前、二七〇頁。
(84) 諸富徹『「エネルギー自治」で地域再生!――飯田モデルに学ぶ』岩波書店、二〇一五年。
(85) 飯田市の公民館の事例については次を参照。木下巨一「長野県飯田市における公民館的行政の展開と職員」日本社会教育学会編『学びあうコミュニティを培う』東洋館出版社、二〇〇九年。
(86) 松下圭一『社会教育の終焉〔新版〕』公人の友社、二〇〇三年、六〇頁。
(87) 松田憲忠「選択としてのシティズンシップ・エデュケーション―市民参加のための教育は機能するのか?」『季刊行政管理研究』一四一号、二〇一三年。

第9章　危機の時代における社会科学者の良心

――カジノ議論を通じて思う「知識人」のありかた

萩野寛雄

我々は「知性」を神にしないようにせねばならない。「知性」は無論強い筋肉を持つが、仁愛は持たない。（アルベルト・アインシュタイン）

第1節　カジノ法案の成立

二〇一六年一二月、「特定複合観光施設区域の整備の推進に関する法律」（ＩＲ推進法案、通称〝カジノ法案〟）が衆参両院で成立した。衆議院内閣委員会での審議は僅か六時間弱。般若心経や文学論を語っても質問時間が余り、審議不十分とも批判された[1]。唐突との批判[2]を招いたこの平成のカジノ構想だが、実は長い熟成期間があった。

ジョン・キングドンの「政策の窓モデル[3]」で政策過程を分析するなら、一九九〇年代の長期不況や地方の凋落などの「問題」を背景に、カジノは主に地域活性化や独自財源の視点から約二〇年以上にわたり議論されてきた。その「政策代替案」[4]は二十年以上かけて準備・検討され、熟成していた。しかしカジノが公営競技や公営ギャンブルの様に主に財源目的で検討されていた当時は、我国の賭博アレルギー[5]もあって大きな進展が見られなかった。そこに今回、「政治的流れ」が合流して「政策の窓」が開き、カジノ法案は大きく前進した。従来の観光立国事業が、アベノミクスの成長戦略における有力カードとして改めて脚光を浴びた。ビジットジャパン[6]などのグローバル観光戦略やクールジャパン戦略[7]など国策推進の有力コンテンツとして、カジノを伴う「統合型リゾート」(ＩＲ：Integrated Resort)が進められた。これに東京オリンピック誘致成功が加わり、「政策の窓」オープンの条件を満たしたのである。周到な準備と長い時間を費やしながら、カジノ法案は雌伏して時を窺っていた。カジノは様々な反対意見を内包するが故に、慎重に動くことを強いられたからである。故に今回の法案成立を唐突と受けとめる声も大きく、カジノをめぐる様々な議論が巻き起こった。

問題を整理するために過去の日本のギャンブルと政府の歴史を俯瞰すると、幾度かのターニングポイントが見られる[8]。近代国家成立以降では、一度目が明治期の馬券黙許後の混乱と馬券禁止、二度目が競輪に代表される騒乱事件頻発による社会禍頻発と長沼答申による収束、三度目が美濃部東京都知事による財政戦争に代表される革新自治体の公営競技廃止、そして四度目が平成になって約五〇年ぶりに新設されたスポーツ振興投票(toto)の政策過程をめぐる論争[9]である。それを踏まえて今回のカジノ議論を見ると、本書のテーマである「危機の時代」の意識を感じずにはいられない。

その論争は、知識人としての在り方や知性とは真逆の、危機的なものと感じざるを得なかった。

そこで本章では、カジノ論争に垣間見られた現代日本における「知の危機」、「反知性主義」を扱う。オルテガ・イ・ガセの「生」の哲学に鑑みると、約一世紀前に彼が提唱した「文明の危機」は今回のカジノ議論からも大いに見て取れる。ただし本稿ではあくまでカジノやギャンブルの是非は主題でなく、その議論から感じた「知の危機」を主に取り扱う。

第2節　現代日本の「反知性主義」、「危機の時代」

自分に命令する力のないものほど、自分を命令するものを求める。（フリードリッヒ・ニーチェ）

現代国内外に見られる危機的状況については、既に本書でも多くの執筆者が論じてきた。イギリスEU脱退に代表される欧州難民問題の対応や、フィリピンのドゥテルテ大統領やアメリカのトランプ大統領の誕生にWWⅡ前のブロック経済やファシズムの様な内向きの危険な空気を感じ取り、それが世界に蔓延していると警鐘を鳴らすものは多い。我国のヘイトスピーチや嫌韓本ブームをレイシズムとみなし、ナチスの反ユダヤ主義に通じる危機状況と感じる者もいれば[10]、安倍晋三首相の集団的自衛権や安保法案改正を右傾化とみなして[11]、そこに軍靴の響きを聞く者もいる。

平和と戦後民主主義体制の中で、現在の日本は多くの自由を享受している[12]。GHQ統治を経て導入された社会的自由は、高度経済成長が可能にした経済的自由とも合一し、現代日本は極めて自由度の高い社会を構築している。一方で、大き過ぎる自由に苦しむ人々もいる。エリッヒ・フロムは、極めて進歩的なワイマール体制が逆にドイツ人に重荷を課して苦しめ「自由からの逃走」を生み、ナチズムを招来したことを指摘する。[13] 昨今の大学生の就職活動を見ても、自分の「やりたいこと」に沿って進路を選べる自由な時代は逆に、「やりたいこと」を見つけられない学生を苦しめる。節頭のニーチェではないが、一八歳選挙権引下げ時の投票行動に垣間見られた若者の保守傾向をこうした危機的時代の一現象とする者もいる。[14] 森政稔はデイヴィッド・リースマンの大衆社会論[15]を引いて、こうした社会では「政治を情報として消費し巧みに適応するシニカルな『情報屋』型が優位になる[16]」と論じる。インターネットやSNS（Social Networking Service）の普及に伴って、質量を伴わない仮想の、においも実感もないヴァーチャルな世界でつながる集団が形成され、それがリアルな世界でも影響を及ぼすようになるとして、「ネトウヨ[17]」にその典型を見る者もいる。森達也は、チャールズ・メリアムの「ミランダ」(miranda) によって糾合されがちなこうした集団は「論理」を嫌い、「論理」の基盤となる「知識」を嫌悪し、「知性」や「理性」を標的として目の敵にすると断じる。[18] 集団に個を埋没させて快しとする多数派にとって、個を主体として考察を要求し、むしろ心地良くもある同調圧力を抑制する「論理」や「知性」は目障りで、排除したいものである。短い罵倒の言葉で完結できる匿名掲示板やSNSは、「論理」や「理性」を必要しないが故に、彼らにとって格好の土壌となる。

これら「知性」に反するかの現象をして、日本を「反知性主義」が覆っているとする者がいる。内田樹は、こうした「人々が知性の活動を停止」させ、「先の戦争のとき、知性的にも倫理的にも信頼しがたい戦争指導部に人々が国の運命を託したのと同じく、国民の知性が総体として不調になっている」状況に危機をいだく。[19] 内田は、すべてが経済効率だけを判定基準にして淘汰されるべきとする金儲けに最適化したシステムだけが生き残り、そうでないシステムは教育のような次世代の担い手の市民的成熟を支援する仕組みであっても廃絶されるルールの社会を「国民国家の株式会社化」と呼んで非難する。国立大学法人評価委員会の文系学部・大学院廃止や社会的要請の高い分野への転換の提言は、この典型である。内田は、国民の過半が「今、ここ、私」という狭い立場に引きこもり、このシステムに同意を与えている「反知性主義」的な社会を批判する。白井聡は、「安倍政権支持者に典型的に見て取れる態度は、合理的な信頼ではなく軽信・盲信であり、それは当然崇拝に接近する」[20]と、先のナチズムに類似した危険性をこの「反知性主義」に見て取る。

オルテガは、一九二九年上梓の著書『大衆の反逆』で現代大衆社会に警鐘を鳴らした。WWⅡ直前の欧州では、「討論の息を止めよ」の考えによる「直接行動」がヨーロッパの新事態となり、異なる考え、規範との「対話」「手続き」を通じた「文化的共存」を拒否する野蛮的共棲への逆行がおきていた。[21] このオルテガの指摘は、その後のファシズムの台頭、WWⅡという形で実現を見た。へイトスピーチ等の今の我々を取り巻く現象と、二十世紀初頭に欧州で横行した反ユダヤ主義、直接行動の横行とは近似に見える。果たして、オルテガの「大衆」は、この文脈での「反知性主義」と同一だろうか。

第3節　オルテガの「文明の危機」

この事実は、ヨーロッパが今日、民族や文化が遭遇しうる最大の危機に直面していることを意味しているわけである。こうした危機は、歴史上すでに幾度か襲来しており、その様相も、それがもたらす結果も、またその名称も周知のところである。つまり、「大衆の反逆」がそれである。
（オルテガ・イ・ガセット）

オルテガは、二十世紀を十九世紀という偉大な親に甘やかされた子供とする。「自由民主主義」と「科学技術」のもとで甘やかされ、その欲望を過剰に増大させた「大衆」が二十世紀には増殖した。彼ら「大衆」の性質は、「今ここ」しか見えず、その背後を決して見ようとしない。「大衆の反逆」とは、こうした大衆が、「選ばれた少数者」「精神的貴族」となる覚悟を決めないまま社会の中枢に躍り出る決心をしたことである。オルテガには、これは人類が「野蛮」へと堕す集団自殺に映った。本章で用いる「知性」は、オルテガの「（精神的）貴族」の資質と共通する。但し「知性主義」とは必ずしも一致しないので要注意である。一方、オルテガの「大衆」の本質は「反知性主義」に近い。

しかし、現代日本にみられるとされる「反知性主義」をオルテガの「大衆」と比して考える際は、「知性」「知能」「知識」などの用語に敏感になる必要がある。しばしば「反知性主義」や「大衆」

を「知能が低い」「知識が無い」「バカ」などと混同する者がいるが、それは拡大解釈であり、誤りである。オルテガは「（精神的）貴族」や「少数派」をして、「「貴族は驚くべき気力と支配力と責任感を持っていた」とする一方、「脳髄ではなく心臓によって生きていた。きわめて乏しい知性[22]しかもたず、感傷的で、本能的で、直感的、要するに『非合理的』であった。だからこそ彼らは合理化を必要とする『技術』をなんら発展させえなかった[23]」としている。こうした「（精神的）貴族」と対称的に、二十世紀以降の社会を担う「大衆」、即ち後の「反知性主義」を代表するブルジョアや市民階級は、旧来の貴族階級と違って実践的才能を持っていた。「彼らは、組織をつくり、規律をつくり、自分たちの努力に継続性を与えること[24]」を知っており、そのブルジョアの土壌で科学技術は花開いた。オルテガは、「わたしは大衆人がばかだといっているのではない。それどころか、今日の大衆人は、過去のいかなる時代の大衆人よりも利口であり、多くの知的能力をもっている[25]」とする。ここで「利口」「知的能力」という表現を用いているように、「大衆」が「知能」では「貴族」より優れていることをオルテガは強調する。しかし一方、「大衆は、空気と同じように彼らの意のままに供されているあの物質的・社会的組織も、空気と同じ起源をもつものだと信じてもおかしくないほど、知性が低いのである[26]」ともしている。ここでの「知性」こそ、「反知性主義」で問題となる「知性」である。こう見ると、現在の国内外で起きている危機的現象は単に「反知性主義」や「大衆」の語ではくくれない。次節では、この「反知性主義」について詳しく見ていく。

第4節　ホフスタッターの「反知性主義」

私が反知性主義と呼ぶ心的姿勢と理念の共通の特徴は、知的な生き方およびそれを代表するとされる人びとにたいする憤りと疑惑である。そしてそのような生き方の価値をつねに極小化しようとする傾向である。（リチャード・ホフスタッター）

既述のように、現代社会を覆う漠然とした危機意識に対し我国では「反知性主義」という言葉がしばしば用いられるが、この語は勿論、ホフスタッターによって広められた[27]。この「反知性主義」という強すぎる否定的意味を持つが故に一般的には用いられない語が日本で伝播されたのは、森本あんりによる[28]。ホフスタッターが反知性主義をもっぱら否定的意味で用いるのに対し、森本ではニュアンスが異なる。森本は、本来「反知性主義」は「知性」そのものではなく、それに付随する「何か」への反対であり、社会の「不健全さ」よりむしろ「健全さ[29]」とする。アメリカ建国初期の歴史を鑑みると、当時のアメリカ社会は高度に知性主義の社会だった。即ち、「知性」が権力となり、人々はそれに服していた。建国当初のアメリカでは、宗教と強く結びついた「知性」が世俗権力化し大きな力を振るっていた。ハーバード大学等、多くの大学はキリスト教神官養成大学として創設された。中世までは世界中でそうだったように、アメリカでも宗教勢力と世俗権力が「知性」を独占し、権威化していた。

しかし、いつまでも老若男女が知性の知的統制に服したのではない。そこに自ずと「反知性主義」が芽生えたと森本は指摘する。[30] 階級社会の様相を強く呈する欧州から逃避してきた建国の起源をもつアメリカでは、知的に研ぎ澄まされ、皮肉にあふれ、時に人を傷つける貴族趣味なウィット溢れるコンマンより、単純で親しみやすく、泥臭いユーモアをもつ人物が好まれる。[31] 反知性主義の原点となったリバイバリズムも、「知性と霊性、知性のヘゲモニーに対する霊性の異議申し立て」[32]であった。時代が経つにつれ、「知性の独占」や「知性と権力の結びつき」、即ち「知性主義」へのアンチテーゼとして「反知性主義」が蔓延した。高い知性を持つスティーブンソンをアイゼンハワーが破ったことが典型なように、大統領選でも必ずしも高い知性が支持されるわけではなかった。人々は強者をやっつける反権力主義、反知性主義を支持した。反知性主義は、進歩派を尊称する「知性と特定の権威との固定的な結び付け」に断固として反対する。権力と結びついた芸術も、反知性主義の嫌悪対象となる。アンドリュー・ジャクソンが高い支持を受けたのも、知性と結びついて権力を握っていた貴族主義的知識人政治家や既得権益層から連邦政府の実権を奪い取り、一般市民に与えたからである。トランプ大統領の勝利や就任スピーチでの「権力をワシントンの極一部の権力者から市民に取り戻す」との主張も、この伝統に基づく。日本でも田中角栄に同様の現象が見られた。東大卒、京大卒などの高い「知性」（本来これは高い「知能」であって、高い「知性」ではない）を持つとされるか、名門一族に生まれるかに独占されていた戦後政治の実権を低学歴の田中角栄が奪い、市民にその主導権を与えた故に、人々は彼を「今太閤」ともてはやした。以降、高度経済成長を経て「学歴」と結びつく「知性主義」の対抗勢力として、日本でも「反知性主義」が広がった。政界でも、自民党長期単独政権後の内閣総理大臣出身大学を見るとこれを垣間見れるであろう[33]。

こうした敵、即ち「権力」と結びついた「知性」を倒すには、反知性主義にも「知能」だけでなく同時に相当の高い「知性」が必要とされる。反知性や無知性、無教養では相手にならない。「反知性主義」は「反知性」主義ではなく、「知性」が権力と過剰に結びつくことへの反感、知性一辺倒の主義主張への反旗、権威的知性や知識人の大同団結に対する反発[34]、即ち反「知性主義」である。こう見ると「反知性」の意味で「反知性主義」を用いるのは正しくない。「反知性主義」は、既得権を持つ一部が独占していた「知性」に異議を唱え、新しい形の「知性」を模索する動きであると[35]森本はする。オルテガは「野蛮」と「未開」を峻別して「野蛮人」と定義したが、反知性主義は野蛮とは異なる。

しかし森本の解釈とは異なり、日本では「反知性主義」の語が現在の社会病理を表すネガティヴな意味で、ホフスタッターのオリジナルにより近い形で用いられている。ナショナリズムに近いものを「反知性主義」と呼んだり、安倍政権やその支持者批判で用いられたりする。佐藤優が「実証性や客観性を軽視もしくは無視して、自分が欲するように世界を理解する態度[36]」と語るように、実証性や客観性を軽んじ、「知性」そのものに反するニュアンスを持つものも多い。冷泉彰彦によれば、「反知性主義」の語は非常に強い表現で罵倒に近く、アメリカでも一般的にはあまり用いられないのにもかかわらずである[37]。

なのに、「知性」が自らの独占物であるかのうように振る舞い、自分たちと異なる考えを強い言葉で封殺するのは、オルテガの唱える「時代の危機」ではなかろうか。今回のカジノ議論では、戦後日本の「知性」を独占してきた側、権力と化した「知性」と、実用性を求める「反知性主義」側との構図にこれが強く見受けられた。次節では、そのカジノ議論の経緯を整理する。

第5節　一九九〇年以降のカジノをめぐる流れ

外国人観光客を三〇〇〇万人にどうやって増やすんですか。カジノ解禁はやらざるを得ないんです。日本の国内でお金を持ってる人が遊びたい。しかしみんな海外にお金を落とす。海外の人たちも日本は全部スルーして、他の周辺諸国で遊び、お金を落とす。なら国内で遊んでもらってお金をいただいて、医療・保健・福祉に全部回していく。税金でお金をもらう方法と、カジノで遊んで落としてもらったお金を分配する方法を組み合わせたらいいんです。カジノの施設、ホテルがひとつできるだけで七〇〇〇人の雇用が生まれるんです。これからは製造業だけじゃなく、都市ではサービス産業を成長させなきゃいけない。こんなときに雇用をどうやって増やすか。カジノのようなサービス産業で雇用を増やしていくしかない。（橋下徹、筆者要約）

一九九〇—二〇〇〇年代のカジノの流れについては、岩城成幸など多くのレポートがある。[38] バブル崩壊後の平成不況下、国税や地方税が激減し、新税源や租税外財源が必死に探された。東京都のホテル税、大型ディィーゼル車高速利用税、産業廃棄物税、パチンコ税などの法定外税はその一例だが、その中にお台場カジノ構想[39]もあった。この時期は景気後退に加えて国民レジャーの多様化もあり、旧来の租税外財源の主力だった「収益事業」、特に「公営ギャンブル」は経営不振を極めてその受皿たりえなかった。財源を求める地方自治体や地域おこしを目指す民間団体は、代わってカジノに着目した。小泉内閣「骨太の方針」でも「観光立国戦略」が出され、「構造改革特区」に実現可能性が期待された。二〇〇三年には東京、大阪など六都道府県（オブザーバー参加を含めると二十一）が「地方自治体カジノ研究会」[40]を結成し、カジノの在り方や法的スキームを『研究報告書』にまとめた。その後、この枠組みは新たに「地方自治体カジノ協議会」に発展し、二〇〇五年には「日本カジノ創設サミット」が秋田県で開催されている。しかし、構造改革特区は現行法規の枠内とされており、刑法百八五条（単純賭博）、百八六条（常習賭博、賭博場開張図利罪・博徒結合図利罪）に抵触するカジノは対象外とされた。熱海市や鳥羽市、堺商工会議所などがカジノ関連の特区申請を行ったが、何れも認められずカジノ構想は頓挫する。

しかしこの時期（二〇〇一年周辺）には、「合法ギャンブル」[41]である「スポーツ振興投票くじ」（toto）が新設されている。モーターボート競走法（競艇）以来約五〇年ぶり、「長沼答申」[42]以降初の新設だった。我国の合法ギャンブルは、戦前に成立した競馬法を含む全てに特別法が制定され、違法性を阻却することで刑法に抵触しない法的スキームをとる。この時期の構造改革特区によるカジノ構想の挫折とtotoの新設成功は、こうした合法ギャンブルに対する旧泰然たる法的スキームの絶対性と、その主催を「官」が独占するという古い構造の堅固さを改めて認識させた。

この時期には、現在のカジノ議論に影響を及ぼしたアジア諸国での事例も始まった。一つ目はシンガポールである。街は奇麗だが、ごみのポイ捨てに厳しいお堅いイメージのシンガポールは、二〇〇〇年代初期に周辺諸国と比べて観光客誘致に苦戦していた。シンガポール政府にも一九八〇年代からカジノ構想があったが、反対意見が強く遅れていた。それでも、周辺国と比しての観光面の地盤沈下は強く危惧されていた。シンガポール政府には、マーライオンに代表されるような観光資源を自ら作り上げ、観光振興を図ってきた歴史がある。そこで、カジノを核としたIRを可能とする法案を二〇〇六年に成立させ、二〇一〇年にはセントーサ島に「リゾート・ワールド・セントーサ」、「マリーナ・ベイ地区に「マリーナ・ベイサンズ」をオープンした。シンガポールのカジノと東京のお台場カジノ構想とには似通った点も多い。この二つのIRにより人口五〇〇万人のシンガポールに約二七〇〇〇人の新規雇用が生まれ、開業前との比較でインバウンド数二九%増、インバウンド収入四九%増と大幅な成功を収めた[43]。シンガポールのカジノの特徴は、あくまでも観光振興の一部でギャンブルが主目的でないことにあり、カジノ面積もリゾート敷地の五%以内に制限される。中国の景気後退に伴う中華系富裕層減少により二〇一五年にはカジノ部分収益が大幅減少しても、豪華なホテルやレストラン、プール、ショッピングモールやコンベンションホール、ユニバーサル・スタジオ・シンガポールを求める観光客を安定して集めている。

二つ目は韓国の江原ランドで、廃鉱を観光産業の資源として有効再活用すべく開発された[44]。こちらもIRを目的とし、二〇〇〇年に「江原ランドリゾート」の中核施設としてカジノ部分が先行開業、二〇〇三年には総合レジャー施設がオープンした。アメリカでも過疎地域振興目的でカジノが活用されて成功を収める事例が多数みられるが[45]、韓国でも新たな街が出現するなど地域に産業が形成され、雇用や地域住民の所得を高めている。

この二例は、我国のカジノ構想にも大きな影響を及ぼした。二〇一〇年に超党派の国会議員で結成された「国際観光産業振興議員連盟」は、民主党政権下の二〇一一年に「特定複合観光施設区域の整備の推進に関する法律案」を公表する。その際はシンガポールのIRが成功例として用いられ、安倍首相も二〇一四年に同地の両カジノを視察している。韓国の事例は、ギャンブルの効果と同時にその弊害をも再注目させた。江原ランドは韓国で唯一の韓国人が入場可能なカジノであるが、そこでは地域住民の深刻な「ギャンブル依存症」が問題である。[46] これらの事例を踏まえた上で、二〇一六年のカジノ議論が始まる。

第6節　二〇一六年のカジノをめぐる議論にみられる危機

知識に対する関心がいかに献身的で真摯であろうと、知識人がまったく限られた先入観や、完全に外的な目的に奉仕するだけになれば、知性は狂信に呑みこまれる。（ホフスタッター）

一時挫折したカジノ構想が急遽再浮上した背景には、「政策の窓」での「政治の流れ」の変化とその結果として起きた「政策代替案」の変更があった。「政策代替案」では、従来の個別地方自治体を対象とした「構造改革特区」や「総合特区」から、国家戦略と位置付けられた国主導の地域単位での「国家戦略特区」へとカジノ構想のスキームが変わった。その背景には、第二次安倍政権誕生という「政治の流れ」がある。第二次安倍政権のアベノミクス「三本の矢」として、異次元の金融緩和、機動的な財政政策と並ぶ成長戦略（規制緩和）の目玉にＩＲがなり、国家戦略特区による政権主導が更に進んだ。その結果、国全体に及ぶ大規模な法改正を伴わずとも、地域を限定することで刑法抵触部分の法的スキームを判断停止し、スピーディーな事業構想の検討が可能となった。かくして法案化の実現となり、章頭で述べた二〇一六年のカジノ論争が始まる。

しかしそこで見られた論争は、既視感溢れるものだった。賛成派、反対派双方の主張は一九九〇年代に既に出尽くしたもので、「スポーツ振興投票くじ」（toto）の政策過程[47]でもさんざん議論され、遡れば戦後の革新自治体で起こった公営ギャンブル廃止論争、更には明治時代の競馬廃止以降、何度も繰り返されていた。

カジノ推進派の根拠は、大別して①経済・雇用効果、②観光振興、③世界各国での一般性、である。無論、その中で最大目的は①であり、それを糊塗する目的で②と③が語られるのも過去と同じである。合法ギャンブルは違法性阻却のための特別法を必ず持つが[48]、各法が第一条に謳う法の理念[49]がしばしば、本音と異なるお題目であるのと同様である。今回のカジノではＩＲの要素が加わるが、それも一九五一年成立の「モーターボート競走法」の理念と大差ない[50]。

反対派の論拠も同様に変わっていない。それは、①依存症や青少年の教育など弱者への悪影響、②犯罪増加や淳風美俗の破壊、③ギャンブル自体への思想的反対、に整理される。特に、③のギャンブル自体に対する反対は、宗教や思想、哲学に根差しているために議論が成立せず、説得不可能な神学論争が一世紀以上にわたって繰り広げられているが、今回もそれが伺えた[51]。

谷岡一郎は二〇年以上前に、「ギャンブル〈カジノ〉に反対する人々」を、①「思想的拒否グループ」と②「功利的拒否グループ」に分類していた。[52] 図らずも、今回の論争もこの枠組みが繰り返された。①の思想的拒否グループの言い分は、確かに筋は通っている。「ダメなものはダメ」の二〇世紀末までの規範論がまかり通った時代には、それは整合性があった。しかし、今回のカジノ反対派には、②の功利的拒否グループが含まれることで議論が複雑となっている。我国では、「自衛隊は軍隊ではない」と同じように、「パチンコはギャンブルではない」との理屈がまかり通り、平成二八年度には全国に約一一、〇〇〇のぱちんこ店舗（警察庁発表）が営業している。日本の「ぱちんこ店」は、国際基準では最もリスクの高いレベルⅢのゲーミング（カジノもレベルⅢ）に分類されるのにもかかわらずである。[53] 公営ギャンブルに大反対した革新政党の女性党首が「趣味はパチンコ」と公言し、「パチンコ文化大賞」を受賞する一方で、パチンコを規制する側の担当者である警察庁保安課長だった元警察官僚が保守政党の有力政治家になるなど、パチンコは政官界全体を巻き込んでいる。[54] こうした陰に功利的な思惑が含まれる構造は、インターネット時代にはそれが容易に透けて出る。功利的拒否グループがパチンコ合法化絡みでカジノに賛成しておきながら、時には恣意的に規範論をかざしてカジノに反対するという、知識人の危機[55]としか言えない状況がカジノ論争には現れた。

戦後民主日本では、特定のイデオロギーを「進歩派」と尊称する一方で、反対の考え方のものを「保守反動」と蔑称するいわゆる進歩的文化人とされる人々が「知性」を独占してきたかの感があった。アメリカの「知性主義」と類似構造で、戦前には「反体制」だったものが戦後には逆に「知性」の点では権威化している。こうした権威が国家権力と時には協力し、同じギャンブルであっても一部に権威のお墨付き、保護、既得権を与え、そうでないものには逆に参入障壁を設けてきた歴史がカジノ議論の背景にある。こうした「知性」は、カジノに権威的な批判を行う。「カジノ」＝「ギャンブル」＝「反知性」という図式で、そこにこの手の議論につきものの「B層」「反社会的勢力」「依存症」を絡めて議論する。「ギャンブル」は如何わしいもの、汚らわしいもの、「知性」に反するものであり、それを政府が大っぴらに進めるのは危機の時代、との批判がなされてきた。ホフスタッターの「反知性主義」の文脈で言うならば、推進派は「反知性主義」である。節頭の橋下徹などカジノ推進派の言説は、ギャンブルを敵視しながら同時に「パチンコ」を恣意的に例外とする戦後の権威的「知性」に対する「反知性主義」[56]として捉えられよう。その背景には戦後レジュームの変化、戦後の「知性」を独占してきた権威の弱体化があろう。

賛成派、反対派のそれぞれに主張があり、中には議論不可能な規範的な差異も含まれる。しかし、互いの考えの多様性を認め合い、寛容の精神を以て異なる考えとの合意を形成し、共存を進めるのが二一世紀の目指す社会である。それには対話が必要だが、今回のカジノ議論ではそれが相互の対話になっておらず、互いの出張を声高に一方的に叫びあう平行線の議論だった。オルテガは、こうした他者との共存を拒んで自身の価値観を乱暴に押し付ける「大衆」と、自由民主主義と対話に則って他者との共存をはかる「貴族」とを区分した。今回のカジノ議論では、残念ながら本来「貴族」の立場にあるべき「知識人」もが「大衆」の立場に見えた。

反対派は、賛成派の推進理由である経済・雇用効果や観光のインバウンド効果に対する学術的批判や有効な代替策の提示[57]という対話をもっと行うべきである。思想的拒否グループの側も、カジノなどのギャンブル愛好家の多様性を認め、寛容さを以て共存策を提示する責任もあろう。そもそもギャンブルを拒否する思想が、日本の伝統的国民性に根付くものか自体も疑わしい。宗教の多くはギャンブルを禁止するが、「不確かな未来を予想したい」という意識に根差すギャンブルは、人間の本能と不可分との主張もある。[58]江戸時代の風俗をみても、日本の国民性がギャンブル嫌悪一色だったわけではない。太古以来の権力によるギャンブル弾圧の歴史や「ギャンブル＝悪」という観念を国家が作り上げていく歴史過程を研究した増川宏一によれば、近代日本での賭博取締まりの目的は自由民権運動鎮圧のための博徒弾圧策であり、その為に博打＝博徒＝悪という構造を明治期に政府が意図的に形成したと指摘する。[59]博徒と自由民権運動については、長谷川昇も名古屋事件と博徒との関係に言及している。[60]我国で競馬に必然的に付随する「いかがわしさ」の源流に関する立川健治の研究では、その形成も日露戦争後の民意弛緩対策としての戊辰詔書体制で意図的になされたとされる。[61]カジノ議論では、ギャンブル観の歴史、諸説、意見の多様性を無視した神学論争的、規範論的な価値観のぶつけ合い、感情的な議論が多くみられた。そこには価値観の異なる他者との寛容な共存とは逆の非寛容的態度が見られ、これが文明の危機という点ではヘイトスピーチにも、喫煙者叩きにも、インターネットの「祭り」にも、同じことが起きている。喫煙者との共存は、場所を区切ること、販売を規制することなどでできているのに、なぜカジノではそれができないのだろうか。

もう一つ、後楽園競輪廃止に見られた「公営ギャンブル」を「ギャンブル」として糾弾する一方、パチンコは庶民の健全な娯楽で「ギャンブル」ではないとする立場からの脱却も必要である。[62] 店舗数から考えて、ギャンブル依存症に圧倒的に関連するのはパチンコである。[63] これを隠匿しようとすれば、反対派の主張も空虚になってしまう。

賛成派としても、「経済効果や雇用効果、観光客誘致効果が大きい」「先進各国ではカジノは一般的」「パチンコという名のカジノが全国に既にある」等の主張で済ますことなく、反対派の主張と対話し、真摯に応える必要がある。医療・福祉・心理の学際的連携に基づく効果的なギャンブル依存症の予防策や救済策の開発と提供は、当然に求められよう。カジノ収益に、従来の一般財源策とは異なった市民参加の仕掛けを組み込むことも考えられる。クラウドファンディングや一部のふるさと納税に見られるような納税者側の意向をくみ取る仕組みを設け、それに基づいて依存症予防策や救済策を更に充実させるような仕掛けも考えられる。ホイジンガによれば「結婚」と「賭け」は同源であり、[64] 我々の人生それ自体もギャンブルといえる。資本主義経済体制はそれ自体に偶然性を強く含むものであり、投資と投機、ギャンブルの厳密な峻別は難しい。政治体制としての民主主義、投票行動自体も偶然性を多く含む。山野浩一は、賭け好きなイギリス人は未知のものに対する判断を自分で行い、それに賭けると同時に賭けた自分も責任を負うという国民性を持ち、そこからデモクラシー思想の根元も生まれると指摘する。[65] その一方で、日本人は運命やギャンブルに対する覚悟が乏しい。[66] こうした現代日本の政治経済体制を踏まえ、それを担える本当の市民となるための教育ツールとして、また不確実性の高まっている二一世紀の経済生活で大きな失敗をしないための備えとして、各種の依存症への啓蒙教育の教材として、ギャンブルを活用する方策なども正面から論じるべきである。そうでないと、経済・雇用面のために何かを糊塗しているとの印象を持たれてしまい、反対派も納得しないであろう。

「知識人」のあり方は、価値観の押し付けではない、高所的な、客観的な視点文化を提供することである。こうした対話がカジノ論争では、知性を担うとされる側からも十分には生まれず、一方的な価値観の押し付けになってしまっているところに知性の危機を感じずにはいられない。

第7節　危機の時代における社会科学者の良心としての知識人のあり方

過去のリベラルな社会がもっていた長所のひとつは、多様なスタイルの知的生活を認めてきたことである。そのおかげで、さまざまなタイプの知識人を目にすることができる。（中略）ともあれ、さまざまな美点を理解するには、率直さと寛容な精神が必要だ。（リチャード・ホフスタッター）

最後に、カジノ議論に見られた己の意見を大声で主張するだけで相手の主張を認めない「討論の息を止めよ[67]」的「危機の時代」を克服すべく、社会科学者が知識人として果たすべき役割をホフスタッターから探したい。

ホフスタッターは「知性」と「知能」を峻別し、「知能」はひとつの状況のなかで直接的な意味を把握し、処理し、適応し、再秩序化し、評価するものとする。答えの決まっているもの、答えのあるものをいかに効率的に処理できるかの力で、ＡＩ（Artificial Intelligence）がその代表である。一方、「知性」は評価を評価し、様々な状況の意味を包括して探し求める。「知性」は頭脳の批判的、創造的、思索的側面であり、吟味し、熟考し、疑い、理論化し、批判し、想像するものである。答えのないものを突き詰めたり、新しいものを想像したり、時には行動を思いとどまらせる。知能は諸動物のひとつの特質として評価される一方、知性は人間の尊厳を唯一表すものであり、人間の特質のひとつとして高く評価される一方で非難もされる。[68]

知識人も二極化される。「真の知識人」とされる層は、その役割を慎重な歯止め役、批判的不服従派と自認し、その価値は創造性、批判性にあると考える。一方、「専門家としての知識人」は問題自体への価値判断は取捨し、問題解決に貢献する機能こそが知識人の役割であり、知識、技能を活用した実用性をもつ知的技術者にこそ本質的価値があると考える。ＷＷⅡ以降、社会の高度化、複雑化にしたがって、社会問題を把握、解決するのには細分化された精緻な知識や情報、技術が必要になった。その典型たるアメリカでは、科学技術発達の恩恵として大量生産による大量消費が可能な社会が出現した。医療技術の発達は平均寿命を延伸させ、健康で長寿の可能な社会をもたらした。福祉国家の運営にも、大規模組織を継続的に運営する行政技術の発達が不可欠である。しかしホフスタッターは、アメリカでは権力が知識に頼る際、求めるのは知識人の自由な思索的・批評的機能（すなわち「知性」）ではなく、専門的技術だけであり、権力の要求に役立つ何かの実用性であるとし、専門家が適切な役割を果たす上で必要な要素である客観性には、権力は敬意を欠くことが多いとする。[69] そして、権力者が道具としての知識を求める故に、現代アメリカの典型的知識人は「知識人」というより「専門家」（専門家としての知識人）になりがちとする。アメリカ教育の多くは「知識人」でも「文化人」でもない「専門家」を輩出し、彼らは雇用者の要求に従うだけの単なる知的技術者、技術屋になる。こうした「専門家としての知識人」が、いきなり「真の知識人」になるはずはない。こうした権力に助言を与えるだけの専門家の特徴的欠点をホフスタッターは、「〔彼らは〕批判の源泉となる独立した思考能力を使おうとしないことである。彼らは権力の視点を吸収することによって、権力を突き放す力を失ってしまう[70]（〔〕内筆者）」として、アメリカの「反知性主義」に警鐘を鳴らした。

この状況でアメリカが国家としての健全性を維持するには、社会を構成する諸要素の多元性とそれらが相互に関わりあえる自由を担保する必要があり[71]、それには「真の知識人」の本質的価値、役割が求められる。しかし、彼らの多くは長い絶望の歴史の中で、「アメリカの現実と折り合いをつける[72]」ことに慣れてしまった。彼らは権力を過大評価し、権力行使の範囲には限界があることを認識していなかった。その結果、「真の知識人」は過度に権力から距離をとった。責任が無ければある種の純粋さは簡単に手に入るのに、自らの純粋さに関心をいだきすぎた[73]。ホフスタッターはローレン・バリッツの言を引いて、「真の知識人」が象牙の塔に引きこもったのは「孤立と阻害に由来する社会的無責任、無関係、自由を必要としている」からだとする[74]。バリッツは、知識人が知的責任以外に社会的責任も有するようになれば、知識人の基本的特性である自由と弾力性が失われると考えていた。その結果、「真の知識人」は理想を実現させることより、自分たちの純粋性を維持することに関心をもつ確信犯的疎外派知識人となったと主張している[75]。

ホフスタッターは、こうした状況を打破してアメリカ社会に健全な価値の多様性を認める多元的社会を確保する余地を守るための「知識人共同体」に期待した。知識人共同体の内部には、「権力と批判の両世界のあいだに立つ能力を持った知性が生まれるはずだ。そうなれば、知識人社会は、相互に反感と違和感をもつ勢力に分裂する危機を回避できる」[76]はずである。背景を共有し、互いの文脈、論理展開、用語法などを相互に理解できる「知識人」が互いに連帯感を感じ、何より知識人同士に対する倫理と責任を担保することで「知識人」の分断を解消すれば、権力への責任や知的責任以外のまた別な責任が担保され、新しい「知性」が生まれる可能性がある。

ホフスタッターが掲げた危機意識や「知識人」の在り方は、今回のカジノ論争にも大いにあてはまり、現代日本の危機の時代への示唆ともなる。その「知識人」の間において、特に「社会科学者」の果たすべき役割を述べて本章を終えたい。現代科学文明社会では、自然科学系知識人やその知識がますます重要なのは論を待たない。しかし実用性が必要とされ、評価されるが故に、オルテガが「専門主義の野蛮性」[77]と指摘した「技術」への傾斜と危険性も高まる。自然科学は価値中立的に見えるが故に、その知識人は価値判断を権力に委ねる危険性があり、原子爆弾や原子力発電所は良い例である。自然科学の研究、発展には膨大な設備や資金、知的労力を要するがゆえに、自然科学系知識人は権力に関心をいだき、権力が押し付ける条件を受入れる「技術屋」に堕す可能性もある。実用性への過度の偏重は、自然科学系知識人の健全な知性の成長を阻害する。

自然科学系知識の重要性が高まるほど、人文科学系の果たす役割は重要になる。国公立大学人文系学部廃止騒動[78]が「反知性主義」の象徴とされたのもそれ故である。権力の行き過ぎに警鐘を鳴らし、社会の隘路を指摘するには、権力と異なる視座を持つ批判的精神が必要である。山本七平は、戦艦大和菊水作戦の作戦立案過程で専門家が集まった場所において、「議論の対象にならぬ空気の決定」が行われたとする。(79) 山本は、こうした「空気の一方向支配」に対する日本独特の知恵として「水を差す」を指摘する。(80) 現代社会でこうした批判的「知性」、「じゃまをする教養(81)」を担う人文科学系「知性」の役割は重い。しかし人文科学系知識人は、知識人としての本質的価値が批判的不服従派としての役割にあることに固執し、自らの理想への純粋性を過剰に求めるが故に、データによらない、規範論と峻別しにくい独自の「知性」に閉じこもったり、象牙の塔に籠って権力や社会との過度の孤立主義に走ったりする危険性もある。

故に知識人共同体では、自然科学系と人文科学系の中間に位置する社会科学系知識人が触媒となる必要がある。徒に権力に迎合、接近して価値判断を丸呑みするのではなく、学の独立は保持せねばならない。しかし一方で、徒に権力から孤立して孤高を貫くのではなく、権力に近づき、権力がかかえる問題に関与することによって、別な形の啓蒙がもたらされる可能性(82)を捨ててはならない。実用性の偏重が問題なのと同時に、実用性の過度の嫌悪もまた大きな問題である。権力との節度ある均衡、それを知識人共同体で守っていくための橋渡し機能こそが、社会科学者としての良心であり、危機の時代を乗り切るための社会科学者の良心であるとカジノ論争を通じて強く意識することとなった。

註

（1）朝日新聞二〇一六年一二月五日朝刊「カジノ審議中、『般若心経』唱え時間消費　自民・谷川氏」、同年同月六日朝刊「カジノ法案、衆院通過　与党内の対応割れる異例の展開に」、毎日新聞同年同月十二日朝刊「カジノ法案　質問時間に般若心経　谷川氏、批判意に介さず」、同年同月二日朝刊「カジノ法案 課題山積衆院委可決、審議六時間」など。

（2）例えば、毎日新聞社説「カジノ法案　唐突な採決に反対する」二〇一六年一二月二日朝刊。

（3）J. W. Kingdon, *AGENDAS, ALTERNATIVES, AND, PUBLIC POLICIES* 2nd/ e, Longman、一九九五年、九〇頁。「政策の窓モデル」は、宮川公男『政策科学入門』、東洋経済新報社、一九九五年、一八〇頁―や草野厚『政策過程分析入門』、東京大学出版会、一九九七年、一四六頁―に詳しく紹介されている。

（4）「公営競技」「公営ギャンブル」等の定義や歴史は、拙稿「公営競技の歴史と現状」後藤・安田記念東京都市研究所『都市問題』一〇六号、二〇一六年、四二―五〇頁参照。

（5）平成に成立した最新の合法ギャンブルである「スポーツ振興投票」（toto）の政策過程でも、ギャンブルには強い抵抗が見られた。萩野寛雄「スポーツ振興投票法の政策過程」谷岡一郎、菊池光造、萩野寛雄編著『《日本体育・学校健康センター 委託研究プロジェクト》スポーツ振興投票くじ（toto）の研究』、大阪商業大学アミューズメント産業研究所、二〇〇二年。

（6）在外外国人に観光旅行先として日本に関心をもたせ、観光意欲を湧き立たせる日本の新たなイメージ・テーマ、魅力ある観光資源、旅行情報等をメディア、手段を活用しながら集中的にＰＲ、情報提供し、それが意欲の増進だけで終わらぬよう、商品を容易に購入できる環境づくりとして海外の旅行会社、インターネット等での商品の販売を促進すること。重点市場に向けてこれを戦略的・効果的に行うこと。国土交通省パンフレット『グローバル観光戦略』、二〇〇三年。http://www.mlit.go.jp/kisha/kisha03/01/010129/010129.pdf

（7）アジア新興国の追い上げで激しいコスト競争にある工業製品の他に、ファッション、コンテンツ、デザイン、伝統工芸品などの分野で〝クール・ジャパン〟とされるものの魅力を産業化し、世界、特にアジアへ売り込み、アジアから観光客を呼び込んで新たな成長エンジンを獲得し、雇用を創出する戦略。経済産業省『通商白書 二〇一二年版』、四章二節二項。

（8）我国の近代以降の賭博議論は、例えば拙稿「『日本型収益事業の形成過程―日本競馬事業史を通じて―』早稲田大学博士学位論文、二〇〇四年を参照。（早稲田大学リポジトリ）

（9）拙稿「『toto』の政策過程」『Gambling & Gaming』第五号、大阪商業大学アミューズメント産業研究所、三九―六五頁。

（10）例えば梁英聖『日本型ヘイトスピーチとは何か：社会を破壊するレイシズムの登場』、影書房、二〇一六年。

（11）例えば、中野晃一『右傾化する日本政治』、岩波新書、二〇一五年や、柿崎明二『検証 安倍イズム――胎動する新国家主義』、岩波新書、二〇一五年。

（12）ギャンブルで言えば、山口瞳が「戸塚競馬が再開されたとき、僕はまっさきに、喜びいさんで出かけていった。そうして、このときほど、平和というものを強く感じたことはなかった。青空の下で、多くの人が集まって、天下晴れて公認の博奕を打つ。こんないいものはないと思った。防空壕のなかで、懐中電燈でもって花札を引くのとはわけが違う。これが平和というものだと思った」山口瞳『草競馬流浪記』、新潮文庫、一九八七年、一七頁―、と語るような、雑多な、猥雑な、多少のダーティーさをも許容する寛容な自由が、戦後の平和の中で可能となった。

（13）E・フロム『自由からの逃走』（日高六郎訳）、東京創元社、一九六五年。

（14）松谷満は、二〇〇〇年代以降に社会が不安定な状況になったとの認識が一般化した結果、若者を中心に権威への適応を図るという生存戦略が選好されるようになったと分析する。松谷満「どうして『社会は変えられない』のか―政治意識と社会階層」数土直紀編『社会意識からみた日本―階層意識の新次元』、有斐閣、二〇一五年、一五七―九頁。

（15）D・リースマン『孤独な大衆』（加藤秀俊訳）、みすず書房、一九六四年。

（16）森誠稔「反知性主義ポピュリズムと凋落する中道政治」『現代思想　反知性主義と向かい合う』vol 四三―三、青土社、二〇一五年。

（17）「ネトウヨ」とはインターネットスラングの一つで「ネット右翼」の略。実生活では気弱なのに、自身の身元を隠蔽できるネットなどの仮想社会ではアジア諸国や社会的弱者を攻撃する言説などを威勢良く語る者を揶揄して用いられる。対義語として「ブサヨク」「パヨク」。

(18) 森達也「歴史的過ちは、きっとこうして始まった」前掲『現代思想　反知性主義と向かい合う』vol四三—三。
(19) 内田樹「反知性主義者たちの肖像」内田樹他『日本の反知性主義』、晶文社、二〇一五年。
(20) 白井聡「反知性主義、その世界的文脈と日本的特徴」内田樹他『日本の反知性主義』、晶文社、二〇一五年。
(21) オルテガ・イ・ガセ『大衆の反逆』（神吉敬三訳）、ちくま学芸文庫、一九九五年、一〇四頁。
(22) 訳出の違いによる混乱を避けるために、本章では「知性（intellect）」と「知能（intelligence）」として扱う。しかし、人によって用語法が異なるため「知性」と「知能」はニュアンスの正確な理解が困難である。このオルテガの文章も、「乏しい知能」と訳さねば意図が見えないし、章頭アインシュタインの言も「知性」が「知能」のニュアンスで用いられており、両者は紛らわしいので慎重な峻別が必要である。
(23) オルテガ、前掲書、一六七頁。
(24) 同前、一六六頁。
(25) 同前、九九頁。
(26) 同前、八二頁。
(27) R・ホフスタッター『アメリカの反知性主義』（田村哲夫訳）、みすず書房、一九六三年。
(28) 森本あんり『反知性主義：アメリカが生んだ「熱病」の正体』、新潮社、二〇一五年。
(29) 同前、四頁。
(30) 同前、第一、二章（三一—九四頁）。
(31) 同前、一七〇—七一頁、ホフスタッター、前掲書、一九七頁。
(32) 同前、八五六頁。
(33) 学歴の官尊民卑思想が根強く残るかの我国でも、細川護熙内閣（第七九代）から第三次安倍晋三内閣（第九七代）に至る歴代総理大臣出身大学を見れば、東大・京大出身者は一九人中一名のみ、国立大学に拡大しても二名（両名とも民主党政権）で、残り一七名は私立大学出身である。
(34) 松岡正剛「一六三八夜　アメリカの知性主義」ＨＰ『松岡正剛の千夜一夜』http://1000ya.isis.ne.jp/1638.html、二〇一七年八月八日閲覧。

（35）森本、前掲書、二五九頁―。
（36）佐藤優『知性とは何か』、祥伝社新書、二〇一五年。
（37）冷泉彰彦「日本で盛り上がる「反知性主義」論争への違和感」『News Week 日本版（インターネット）』二〇一五年一一月一二日付。（二〇一七年八月八日閲覧）http://www.newsweekjapan.jp/reizei/2015/11/post—786.php
（38）岩城成幸「カジノ導入をめぐる最近の動きと論議」国会図書館調査及び立法考査局『リファランス 二〇〇六・一一』、国会図書館、二〇〇六年。また、高田創「カジノ開設の経済効果は三・七兆円と大きい」みずほ総研リサーチ TODAY 二〇一四年一〇月一四日、みずほ総研、https://www.mizuho—ri.co.jp/publication/research/pdf/today/rt141014.pdf にも良くまとめられている。
（39）石原元都知事は平成十一年の一期目都知事選で掲げ、平成十四年には都庁四十五階展望室でスロットマシン三九台、ルーレット三台などによる模擬カジノを開催した。その後の猪瀬都知事時代にも検討は続いたが、各種条件が整わずに舛添都知事時代には沈静化した。
（40）正規メンバーは東京都、神奈川県、静岡県、大阪府、和歌山県、宮崎県だが、オブザーバー参加は、北海道、山形県、茨城県、栃木県、群馬県、福井県、石川県、愛知県、岐阜県、京都府、奈良県、広島県、香川県、愛媛県、大分県にまで拡大した。
（41）「公営ギャンブル」「公営競技」の既存の用語では、日本で合法的に行われているギャンブル全てを説明できないので、ここでは「合法ギャンブル」の用語を用いる。詳細は、萩野寛雄「公営競技の歴史と現在」後藤・安田記念東京都市研究所『都市問題』百六巻四号参照。
（42）競輪騒乱事件などで公営ギャンブルへの批判が強まった際、一九六一年に池田隼人首相の諮問機関として総理府に設置された「公営競技調査会」会長の長沼弘毅が発表した「公営競技に関する現行制度と今後の基本的方策」。公営ギャンブルの現状維持を打ち出し、公営ギャンブル存続を可能としたが、以降競技場新設増設などの拡大はできなくなった。
（43）岡村篤「シンガポールにおけるＩＲ導入の効果と影響」『ＮＲＩパブリックマネジメントレビュー vol九五』、野村総合研究所、二〇一一年。

(44) 江原ランドについて詳しくは、社会安全研究財団『韓国におけるゲーミング』、財団法人社会安全研究財団、二〇〇三年を参照。

(45) 一九八〇年後半に一人当たりの所得がほぼ全米最下位だったミシシッピ州チュニカ郡は、カジノ誘致で町に産業が生まれて失業者も減り、郡収入が十年間で十数倍になり、「チュニカの奇跡」と呼ばれた。他にも、インディアン自治区への補助金の代わりにカジノ経営権を与えて成功した事例も多数ある。谷岡一郎『カジノが日本にできるとき』、PHP新書、二〇〇二年。

(46) 例えば、日経電子版「究極の選択だった韓国の『国民カジノ』」二〇一四年十二月八日付。

(47) この論争をみれば、その根本が「ギャンブル」の是非をめぐる神学的論争なことがわかる。それを所与のものとせざるを得ないところから、青少年教育への影響、更には国民の勤勉性、淳風美俗の破壊へと危機意識が及ぶと思われる。toto の政策過程でもこの思想が見て取れた。萩野寛雄（二〇〇二年）、前掲論文。

(48) 「ぱちんこ」は合法ギャンブルではないので、根拠法たる特別法を持たない。

(49) 各法は共通して第一条に「公益の増進」を謳う。例えば「競馬法」は馬の改良増殖や畜産振興、自転車競技法は自転車その他の機械の改良及び輸出の振興、機械工業の合理化、当せん金付証票法（宝くじ）は浮動購買力吸収、地方財政資金の調達、スポーツ振興投票法（toto）はスポーツ振興資金を得ること、である。

(50) モーターボート競走法第一条の後半部分は「あわせて観光に関する事業及び体育事業その他の公益の増進を目的とする事業の振興に資する」とあり、現在のＩＲの思想が既に含まれている。

(51) 例えば政権時代にカジノ法案に賛成していた民進党のギャンブル依存症対策検討チームの原案には、国や自治体に対して競馬場などでの未成年者入場制限の実施などを求める旨が記載された。ここには強固なギャンブル自体に対する強い否定観が反映されている。

(52) 谷岡一郎『ギャンブルフィーヴァー』、中公新書、一九九六年、一〇六―一二八頁。

(53) 谷岡（二〇〇二年）前掲書、三六―三九頁。

(54) 例えば、姜誠『5グラムの攻防戦～パチンコ30兆円産業の光と影』、集英社、一九九六年の二章「カードビジネスの光と影」「換金の合法化とパチンコの準公営化」参照。

(55) オルテガは、「一つの思想をもつということは、その思想の根拠を所有していると信ずることであり、したがって、一つの道理の存在、理解しうる真理の世界の存在を信ずることである。したがって思想を形成し、意見をもっということは、そうした審判に訴え、忠誠を誓い、その法廷の法典と判決を受け入れるということとまったく同じことであり、したがって、最良の共存形式は対話であり、対話を通してわれわれの思想の正当性を吟味することであると信ずることに他ならないのである」とする、オルテガ前掲書、一〇四頁。しかし、功利的反対グループは思想を恣意的にとり替え、都合が悪くなると規範論を用いて価値観の異なる者との対話や共存を拒否する。これはまさに「文明の危機」である。

(56) 森本は「知性が大学や研究所といった本来あるべきところに集積され、それが本来果たすべき機能に専念していると見なされる場合には、反知性主義はさして頭をもたげない。しかし、ひとたびそれらの機関やその構成員が政治権力にお墨付きを与える存在とみなされるようになったり、専門以外の領域でも権威として振る舞うようになったりすると、強い反感を呼び起こす。つまり反知性主義は、知性と権力の固定的な結びつき対する反感である」とするが、今回のカジノ論争にはこうした「知性」が見え隠れする、森本前掲書、二六二頁。

(57) 例えば、鳥畑与一は、統計に基づいてカジノ経済効果を学術的に否定するという対話を行っている。鳥畑与一『カジノ幻想』、ベストセラーズ、二〇一五年。

(58) オランダの歴史家ヨハン・ホイジンガは、知恵があることを人間の本質とするラテン語の「ホモ・サピエンス(Homo sapien)」に対し、遊ぶことを人間の本質とする「ホモ・ルーデンス(Homo ludens)」の概念を主張した。ヨハン・ホイジンガ『ホモ・ルーデンス』(高橋英雄訳)、中公文庫、一九七三年。これを受けたフランスの哲学者ロジェ・カイヨワは、人類の遊びの内容を「Agon(競争)」「Mimicry(擬態)」「Ilinx(めまい)」「Alea(偶然、運)」に分類した。このAleaはラテン語で賽子遊びを意味し、ルーレットや宝くじなどのギャンブルが例としてあげられている。ロジェ・カイヨワ『遊びと人間』(清水幾太郎 他訳)、岩波書店、一九七〇年。

(59) 増川宏一『賭博Ⅲ』、法政大学出版局、一九八三年、第五章「賭博観の形成」二五六頁―。

(60) 長谷川昇『博徒と自由民権―名古屋事件始末記』、平凡社、一九九五年。

(61) 立川健治「日本の競馬観(一)~(三)」『富山大学教養学部紀要』第二四巻一~二号、第二五巻一号、富山大学教養部、一九九一―二年。

(62) 筆者はパチンコ自体にではなく、ギャンブルを否定しながら「パチンコはギャンブルではない」とする権威的「知性」や知識人の恣意的態度にヘイトスピーチと同類の危機を感じている。

(63) 毎日新聞二〇一四年八月二十一日朝刊「〈依存症〉多い日本　ギャンブル536万人　厚労省研究班」では、研究班の尾崎米厚鳥取大教授（環境予防医学）のコメントとして「パチンコなど身近なギャンブルが、全国どこにでもあることが海外より率が高い原因ではないか」と分析している。

(64) ホイジンガ、前掲書、一八〇頁。

(65) 山野浩一『サラブレッドの誕生』、朝日新聞社、一九九〇年、九三頁―。

(66) 明治大学学長土屋恵一郎は、デウス・エクス・マキナを例に日本人の運命と向き合う姿勢の無さを説き、そこからカジノへの恐れが生じるとする。土屋恵一郎インタビュー「カジノへの屈折した感情を解明する――能楽から考える「ギャンブルの哲学」」、『SYNDOS』二〇一七・〇三・三〇、http://synodos.jp/、二〇一七年八月八日閲覧。

(67) オルテガ、前掲書、一〇四頁。

(68) ホフスタッター、前掲書、二一一―二頁。

(69) 同前、三七六頁。

(70) 同前、三七七頁。

(71) 同前、三七八頁。

(72) 同前、三四五頁。

(73) 同前、三七七頁。

(74) 同前、三四七頁。

(75) 同前、三七七頁。

(76) 同前、三八〇頁。

(77) オルテガ、前掲書、一五三―一六二頁。

(78) 文部大臣名で平成二七年六月八日に各国立大学法人学長等へ出された通知「国立大学法人等の組織及び業

務全般の見直しについて」では、「特に、教員養成系学部・大学院、人文社会科学系学部・大学院については組織の廃止や社会的要請の高い分野への転換に積極的に取り組むよう努めることとする」とされた。これは同年八月四日付けのアジア版『ウォールストリートジャーナル アジア版』でも、日本政府が経済界の要望に応えるため人文・社会科学系を犠牲にして自然科学系を拡大しようとしていると報じられた。

(79) 山本七平『空気の研究』、文芸春秋、一九八三年、一八頁。

(80) 山本、前掲書、八七頁。

(81) 竹内洋『大学の下流化』、NTT出版、二〇一一年、一五頁。

(82) ホフスタッター、前掲書、三七七頁。

編者あとがき

日本がそして世界があてどなく「漂流」し続けているともいうべき今日の危機的状況において社会科学を生業にしている者は如何にこの状況を分析解明しそれに立ち向かうべきなのかというのが、本書のテーマである。ところで重層的で複雑多岐にわたる領域においてその病状を進行させて来ていた「危機」の存在について我々国民一般が明白に意識するようになったのは、やはり二〇一一年三月一一日以降であったといってよいであろう。震度七の大地震、大津波、そして「想定外」とされた未曾有の原発事故が起き甚大な被害者が出たにも拘わらず、その後の国の政策が国民多数の願う「脱原発」の方向を裏切るものであったあたりから我々は何か全てのことが「おかしい」と急速に感じるようになったのである。

その中には原発事故の被害者への国の対応に見られるように弱者に対する救済が極めて貧弱であり冷淡なものであったことももちろん含まれる。思えば自己責任や自力救済という流れは大部以前からのトレンドになっていたのである。いわゆる経済における弱肉強食の論理を是とする新自由主義型資本主義が潮流となって世界を席巻した結果、経済格差の深刻さが世界的規模となっていたのであった。かつて「一億総中流」とまで呼称された日本社会でさえも分断の危機に瀕するほど格差問題は今や重要な課題となってしまったのである。

一方そうした国民間の貧富の格差という「隙間」に忍び込んで来たのが「ナショナリズムの仮面」を被った「反知性主義」であった。誰もが匿名で情報（しばしば無責任なフェイク（fake）情報さえ）を発信出来るSNSの発展により、「反知性主義」の極みである排外主義的風潮が日本のみならず世界各国で猖獗を極める事態が生まれてしまった。言うまでもなくこの背景には既存の主力メディアが全般的にその果たすべき機能を衰退させて来たことが要因の一つとしてあると思われる。特に日本では以前から外部の圧力に弱いという特徴を有していたが、昨今では本来の任務である政治権力に対する批判力が殆ど封じられてしまったのではと感じさせるほど独立性・自立性は失われ、「劣化」の度合いは進んでしまった。そして既存のメディアの衰退と政府批判の野党勢力の低迷等と並行するように政治権力はこれまで踏襲されて来た民主制度における手続きを省略し、一線を越えてしまっているのではないかと思うほど強引な「力ずくの政治」を行うこととなったのである。

もちろんその「力ずくの政治」が反知性主義的基盤に支えられていることは、日本だけでなく米国や欧州各国の現況を見れば明白であるといえる。この「力ずくの政治」とさらには政治権力による「国家の私物化」とさえいえるような事象の現出がどこに向かうのか、国民の多くは少なからざる不安を抱えた状況にある。現在の日本について識者の中からは「長い戦後」が終わり「新たな戦前」が始まったと指摘する向きがあるが、確かにそうかも知れない。戦後七〇年を経る中で、いつしか日本という国家は国民の認識とは別に「戦争もいとわない」国になったのかもしれないからである。

本書は二〇一五年に企画され、北は北海道から南は沖縄まで全国の社会科学を専門とする大学及び大学院の研究者に呼びかけて執筆されたものである。二度ほど打ち合わせを兼ねた中間発表会のため東京に集合したが、わざわざそのために遠隔地からご参加頂いた執筆者の方々には厚くお礼申し上げたいと思う。一九名という大所帯の方々の原稿がここに揃って何よりである。なおこれらの方々の論説を便宜的に上下二巻に分けたが、この上下の区別は必ずしも明確ではない。主に日本国内の問題とされる内容を上巻に、国際問題に分類される内容は下巻としたが、本のボリュームの関係でその原則から外れる論説もあることをお断りしておきたい。

最後に採算が取れるかどうかも分からない本書の出版を引き受けて下さった論創社の森下紀夫社長には深甚の謝意を表すると共に、当初の予定より大幅に刊行が遅れる中、辛抱強く執筆者を励まして頂いた編集の松永裕衣子氏には心からお礼申し上げたい。

長谷川雄一

二〇一八年二月一日

見と福祉行政」（同 29 巻 2 号、2016 年）、「地域包括支援センターと福祉コミュニティ形成：地域包括ケアでの行政責任」（『プロジェクト研究：早稲田大学総合研究機構』9 号、2014 年）。

＊萩野寛雄（はぎの・ひろお）
1970 年、東京都生まれ。2004 年早稲田大学大学院政治学研究科博士課程卒業、博士（政治学）。大阪商業大学講師、東北福祉大学助教授を経て、東北福祉大学総合福祉学部福祉行政学科教授。主な著書に『新しい公共と自治の現場』（共著、コモンズ、2011 年）、『積極的健康・社会サービスの構想――フィンランド・モデルとの対話』（共編著、福祉工房、2011 年）、『小山剛の拓いた社会福祉』（共著、中央法規、2016 年）。

畑仲哲雄（はたなか・てつお）

1961年、大阪市生まれ。毎日新聞・日経トレンディ・共同通信で計25年間、記者として勤務。2013年東京大学大学院学際情報学府で博士号取得（社会情報学）。龍谷大学社会学部准教授。主な著書に『地域ジャーナリズム――コミュニティとメディアを結びなおす』（勁草書房2014年、第5回内川芳美記念マス・コミュニケーション学会賞）、『新聞再生――コミュニティからの挑戦』（平凡社、1989年）、『現代ジャーナリズム事典』（分担執筆、三省堂、2014年）。

村井良太（むらい・りょうた）

1972年、香川県生まれ。神戸大学大学院法学研究科博士課程修了。駒澤大学法学部教授。博士（政治学）。日本政治外交史専攻。著書に『政党内閣制の展開と崩壊一九二七〜三六年』（有斐閣、2014年）、『政党内閣制の成立一九一八〜二七年』（同、2005年）、福永文夫編『第二の「戦後」の形成過程』（共著、同、2015年）など。

尹　永洙（ユン・ヨンス）

1969年生まれ。韓国出身。2006年早稲田大学博士課程単位修得退学。東北福祉大学准教授。主な著書に『高齢社会の課題とアジア共同体』（共著、芦書房、2014年）、『積極的健康・社会サービスの構想――フィンランド・モデルとの対話』（共著、福祉工房、2011年）など。

村上綱実（むらかみ・つなみ）

1958年、岐阜県生まれ。1986年慶應義塾大学博士課程単位取得。八千代国際大学講師、第Ⅴ期東京都コミュニティ問題研究委員、秀明大学准教授を経て、政治経済研究所主任研究員・立教大学大学院経営学研究科・21世紀社会デザイン研究科兼任講師。主な著書に『非営利と営利の組織理論』（絢文社、2014年）、『法と市民の生活：憲法と私たちの生活』（絢文社、2016年）。

土屋耕平（つちや・こうへい）

1977年、千葉県生まれ。2009年早稲田大学大学院政治学研究科博士後期課程単位取得満期退学。中央学院大学法学部専任講師。主な著作に「地域コミュニティと福祉的就労」（『中央学院大学法学論叢』31巻1号、2017年）、「市民後

†執筆者紹介（執筆順）

＊印は編者

＊中野晃一（なかの・こういち）

1970年、東京都生まれ。プリンストン大学にてPh.D.（政治学）取得。上智大学国際教養学部教授。主な著書に『右傾化する日本政治』（岩波新書、2015年）、『私物化される国家 支配と服従の日本政治』（角川新書、2018年）、『徹底検証 安倍政治』（編著、岩波書店、2016年）、『つながり変える 私たちの立憲政治』（大月書店、2016年）、『戦後日本の国家保守主義――内務・自治官僚の軌跡』（岩波書店、2013年）。

高良鉄美（たから・てつみ）

1954年、沖縄県生まれ。1984年九州大学大学院法学研究科博士課程単位取得満期退学。琉球大学法文学部助手、講師、助教授、教授を経て、琉球大学法科大学院教授。主な著書に『特定秘密保護法とその先にあるもの（別冊法学セミナー』（共著、日本評論社、2014年）、『僕が帽子をかぶった理由――みんなの日本国憲法』（クリエイティブ21、2009年）、『沖縄から見た平和憲法』（未來社、1997年）。

村上雄一（むらかみ・ゆういち）

1969年北海道生まれ。オーストラリア・クイーンズランド大学文学研究科歴史学科博士課程修了（Ph.D. in History）。福島大学行政政策学類教授。主な著書に『オーストラリアの日本人：過去そして現在』（共著、法律文化社、2016年）、『白人とは何か？―ホワイトネス・スタディーズ入門―』（共著、刀水社、2005年）、『オーストラリアの歴史　多文化社会の歴史の可能性を探る』（共著、有斐閣、2004年）。

＊照屋寛之（てるや・ひろゆき）

1952年、沖縄県具志川市（現うるま市）生まれ。日本大学大学院法学研究科博士後期課程単位取得退学。沖縄国際大学法学部教授。主な著作に「米軍基地と自治体行政」（沖縄国際大学総合学術学会編『沖縄国際大学総合学術研究紀要』第12巻第1号、2008年）、「ベトナム戦争と立法院」（沖縄県議会事務局編纂『沖縄県議会史　第3巻通史編3』、2015年）、片岡寛光監修『アジアのオンブズマン』（共著、第一法規、2012年）。

危機の時代と「知」の挑戦（上）

2018年 5 月10日　　初版第 1 刷印刷
2018年 5 月20日　　初版第 1 刷発行

編著者　　照屋寛之　萩野寛雄　中野晃一
発行者　　森下紀夫
発行所　　論 創 社
東京都千代田区神田神保町 2-23　北井ビル
tel. 03 (3264) 5254　fax. 03 (3264) 5232
振替口座 00160-1-155266
http://www.ronso.co.jp/
装　幀　　奥定泰之
印刷・製本　中央精版印刷

ISBN978-4-8460-1708-8